图解法律 系列

图解 刑法修正案（十二）

含破坏社会主义市场经济秩序罪 贪污贿赂罪

法规应用研究中心 / 编

开拓体例 让法律阅读更轻松　图文并茂 让法律学习更高效

中国法制出版社
CHINA LEGAL PUBLISHING HOUSE

出版说明

书前的你,是否也有这样的学习烦恼:

笔记满满当当,可好像没学会什么。

资料用书看了几遍,还是似懂非懂,好像没有记忆点。

怎么才能做到过目不忘、一学就会呢?

本书就介绍了一个很实用的工具——思维导图,带你扫除阴霾,赶超学霸!

"图解法律系列"是运用图表的形式,将可视化思维融入法律工具书的编排和解读中,思维导图和核心知识点相融合,使专业、纸面的法律条文变得生动、立体。精美的版面设计和双色印刷提升了读者的阅读体验;条文与注释结合让重点内容清晰明了、轻松掌握;图形化的思维导图使法条逻辑清晰顺畅。

本丛书具有以下几大特点:

一、专业性

从立法部门对条文的专业解读中提炼要点注释。编选案例均来源于最高人民法院、最高人民检察院发布的指导性案例、公报案例、人民法院案例库参考案例,以及中国裁判文书网和各级人民法院发布的典型案例,并梳理归纳裁判要点,从而更好地指导法律实践。

二、体系性

对修改条文进行了新旧对照,用引注线的方式标注解释条文中的法律专业术语和关键内容,并逐条关联学习中常用的司法解释及其他法律。同时,用思维导图和流程图将重点内容清晰化,强调记忆点,帮助读者全面搭建法律知识图谱。

三、实用性

本书既可做法规书用于阅读法律条文,又可做注释书用于学习内容要点,更可做案例书用于学习裁判要点。一书在手,减少阅读时间,降低学习成本。

四、便捷性

本书采用双色印刷,清晰明了,提升了读者的阅读体验;小开本装帧方便日常携带,随拿随用,方便读者查找和学习。

我们力争做到内容的直观性、形式的生动性、使用的便捷性,打造一本全面实用、好看好用的新型学法适用书!

目 录

中华人民共和国刑法（节录）

第三章 破坏社会主义市场经济秩序罪

第一节 生产、销售伪劣商品罪 ··· 2
 第一百四十条 【生产、销售伪劣产品罪】 ··· 2
 第一百四十一条 【生产、销售、提供假药罪】 ······································· 4
 第一百四十二条 【生产、销售、提供劣药罪】 ······································· 6
 第一百四十二条之一 【妨害药品管理罪】 ··· 8
 第一百四十三条 【生产、销售不符合安全标准的食品罪】 ······················· 10
 第一百四十四条 【生产、销售有毒、有害食品罪】 ································ 12
 第一百四十五条 【生产、销售不符合标准的医用器材罪】 ······················· 14
 第一百四十六条 【生产、销售不符合安全标准的产品罪】 ······················· 16
 第一百四十七条 【生产、销售伪劣农药、兽药、化肥、种子罪】 ·············· 18
 第一百四十八条 【生产、销售不符合卫生标准的化妆品罪】 ···················· 20
 第一百四十九条 【对生产、销售伪劣商品行为的法条适用】 ···················· 22
 第 一 百 五十 条 【单位犯本节规定之罪的处理】 ································· 23

第二节 走私罪 ··· 24
 第一百五十一条 【走私武器、弹药罪】【走私核材料罪】【走私假币罪】【走私文物罪】【走私贵重金属罪】
        【走私珍贵动物、珍贵动物制品罪】【走私国家禁止进出口的货物、物品罪】 ··············· 24

第一百五十二条　【走私淫秽物品罪】【走私废物罪】····················26
　　第一百五十三条　【走私普通货物、物品罪】····························28
　　第一百五十四条　【走私普通货物、物品罪的特殊形式】··················30
　　第一百五十五条　【以走私罪论处的间接走私行为】······················32
　　第一百五十六条　【走私共犯】······································34
　　第一百五十七条　【武装掩护走私、抗拒缉私的刑事处罚规定】············35

第三节　妨害对公司、企业的管理秩序罪······························36
　　第一百五十八条　【虚报注册资本罪】································36
　　第一百五十九条　【虚假出资、抽逃出资罪】··························38
　　第一百六十条　【欺诈发行证券罪】··································40
　　第一百六十一条　【违规披露、不披露重要信息罪】····················42
　　第一百六十二条　【妨害清算罪】····································44
　　第一百六十二条之一　【隐匿、故意销毁会计凭证、会计帐簿、财务会计报告罪】····46
　　第一百六十二条之二　【虚假破产罪】································48
　　第一百六十三条　【非国家工作人员受贿罪】··························50
　　第一百六十四条　【对非国家工作人员行贿罪】【对外国公职人员、国际公共组织官员行贿罪】····52
　　第一百六十五条　【非法经营同类营业罪】····························54
　　第一百六十六条　【为亲友非法牟利罪】······························56
　　第一百六十七条　【签订、履行合同失职被骗罪】······················58
　　第一百六十八条　【国有公司、企业、事业单位人员失职罪】【国有公司、企业、事业单位人员滥用职权罪】····60
　　第一百六十九条　【徇私舞弊低价折股、出售公司、企业资产罪】········62
　　第一百六十九条之一　【背信损害上市公司利益罪】····················64

第四节　破坏金融管理秩序罪··66
　　第一百七十条　【伪造货币罪】······································66

第一百七十一条	【出售、购买、运输假币罪】【金融工作人员购买假币、以假币换取货币罪】	68
第一百七十二条	【持有、使用假币罪】	70
第一百七十三条	【变造货币罪】	72
第一百七十四条	【擅自设立金融机构罪】【伪造、变造、转让金融机构经营许可证、批准文件罪】	74
第一百七十五条	【高利转贷罪】	75
第一百七十五条之一	【骗取贷款、票据承兑、金融票证罪】	76
第一百七十六条	【非法吸收公众存款罪】	78
第一百七十七条	【伪造、变造金融票证罪】	80
第一百七十七条之一	【妨害信用卡管理罪】【窃取、收买、非法提供信用卡信息罪】	82
第一百七十八条	【伪造、变造国家有价证券罪】【伪造、变造股票、公司、企业债券罪】	84
第一百七十九条	【擅自发行股票、公司、企业债券罪】	86
第一百八十条	【内幕交易、泄露内幕信息罪】【利用未公开信息交易罪】	88
第一百八十一条	【编造并传播证券、期货交易虚假信息罪】【诱骗投资者买卖证券、期货合约罪】	90
第一百八十二条	【操纵证券、期货市场罪】	92
第一百八十三条	【职务侵占罪】【贪污罪】	94
第一百八十四条	【金融机构工作人员受贿犯罪如何定罪处罚的规定】	95
第一百八十五条	【挪用资金罪】【挪用公款罪】	96
第一百八十五条之一	【背信运用受托财产罪】【违法运用资金罪】	97
第一百八十六条	【违法发放贷款罪】	98
第一百八十七条	【吸收客户资金不入帐罪】	100
第一百八十八条	【违规出具金融票证罪】	102
第一百八十九条	【对违法票据承兑、付款、保证罪】	104
第一百九十条	【逃汇罪】	105
第一百九十一条	【洗钱罪】	106

第五节 金融诈骗罪 ······ 108

- 第一百九十二条 【集资诈骗罪】 ······ 108
- 第一百九十三条 【贷款诈骗罪】 ······ 110
- 第一百九十四条 【票据诈骗罪】 ······ 112
- 第一百九十五条 【信用证诈骗罪】 ······ 114
- 第一百九十六条 【信用卡诈骗罪】【盗窃罪】 ······ 116
- 第一百九十七条 【有价证券诈骗罪】 ······ 118
- 第一百九十八条 【保险诈骗罪】 ······ 120
- 第一百九十九条 （删去） ······ 121
- 第 二 百 条 【单位犯金融诈骗罪的处罚规定】 ······ 122

第六节 危害税收征管罪 ······ 124

- 第二百零一条 【逃税罪】 ······ 124
- 第二百零二条 【抗税罪】 ······ 126
- 第二百零三条 【逃避追缴欠税罪】 ······ 128
- 第二百零四条 【骗取出口退税罪】【逃税罪】 ······ 130
- 第二百零五条 【虚开增值税专用发票、用于骗取出口退税、抵扣税款发票罪】 ······ 132
- 第二百零五条之一 【虚开发票罪】 ······ 134
- 第二百零六条 【伪造、出售伪造的增值税专用发票罪】 ······ 136
- 第二百零七条 【非法出售增值税专用发票罪】 ······ 138
- 第二百零八条 【非法购买增值税专用发票、购买伪造的增值税专用发票罪】【虚开增值税专用发票、用于骗取出口退税、抵扣税款发票罪】【伪造、出售伪造的增值税专用发票罪】【非法出售增值税专用发票罪】 ······ 140
- 第二百零九条 【非法制造、出售非法制造的用于骗取出口退税、抵扣税款发票罪】【非法制造、出售非法制造的发票罪】【非法出售用于骗取出口退税、抵扣税款发票罪】

	【非法出售发票罪】	142
第二百一十条	【盗窃罪】【诈骗罪】	144
第二百一十条之一	【持有伪造的发票罪】	146
第二百一十一条	【单位犯危害税收征管罪的处罚规定】	148
第二百一十二条	【税收征缴优先原则】	150

第七节 侵犯知识产权罪 · 152

第二百一十三条	【假冒注册商标罪】	152
第二百一十四条	【销售假冒注册商标的商品罪】	154
第二百一十五条	【非法制造、销售非法制造的注册商标标识罪】	156
第二百一十六条	【假冒专利罪】	158
第二百一十七条	【侵犯著作权罪】	160
第二百一十八条	【销售侵权复制品罪】	162
第二百一十九条	【侵犯商业秘密罪】	164
第二百一十九条之一	【为境外窃取、刺探、收买、非法提供商业秘密罪】	166
第二百二十条	【单位犯侵犯知识产权罪的处罚规定】	168

第八节 扰乱市场秩序罪 · 170

第二百二十一条	【损害商业信誉、商品声誉罪】	170
第二百二十二条	【虚假广告罪】	172
第二百二十三条	【串通投标罪】	174
第二百二十四条	【合同诈骗罪】	176
第二百二十四条之一	【组织、领导传销活动罪】	178
第二百二十五条	【非法经营罪】	180
第二百二十六条	【强迫交易罪】	182
第二百二十七条	【伪造、倒卖伪造的有价票证罪】【倒卖车票、船票罪】	184

第二百二十八条	【非法转让、倒卖土地使用权罪】	186
第二百二十九条	【提供虚假证明文件罪】【提供虚假证明文件罪】【出具证明文件重大失实罪】	188
第二百三十条	【逃避商检罪】	190
第二百三十一条	【单位犯扰乱市场秩序罪的处罚规定】	192

第八章　贪污贿赂罪

第三百八十二条	【贪污罪】	196
第三百八十三条	【贪污罪的处罚规定】	198
第三百八十四条	【挪用公款罪】	200
第三百八十五条	【受贿罪】	202
第三百八十六条	【受贿罪的处罚规定】	204
第三百八十七条	【单位受贿罪】	206
第三百八十八条	【斡旋受贿犯罪】	208
第三百八十八条之一	【利用影响力受贿罪】	210
第三百八十九条	【行贿罪】	212
第三百九十条	【行贿罪的处罚规定】	214
第三百九十条之一	【对有影响力的人行贿罪】	216
第三百九十一条	【对单位行贿罪】	218
第三百九十二条	【介绍贿赂罪】	220
第三百九十三条	【单位行贿罪】	222
第三百九十四条	【贪污罪】	224
第三百九十五条	【巨额财产来源不明罪】【隐瞒境外存款罪】	226
第三百九十六条	【私分国有资产罪】【私分罚没财物罪】	228

中华人民共和国刑法（节录）

第三章 破坏社会主义市场经济秩序罪

第一节　生产、销售伪劣商品罪

第一百四十条　【生产、销售伪劣产品罪】

是指在产品中掺入杂质或者异物，致使产品质量不符合国家法律法规或者产品明示质量标准规定的质量要求，降低、失去其应有使用性能的行为。

是指不符合《产品质量法》规定的质量要求的产品。

是指生产者、销售者出售伪劣产品后所得和应得的全部违法收入。

> 生产者、销售者在产品中掺杂、掺假，以假充真，以次充好或者以不合格产品冒充合格产品，销售金额五万元以上不满二十万元的，处二年以下有期徒刑或者拘役，并处或者单处销售金额百分之五十以上二倍以下罚金；销售金额二十万元以上不满五十万元的，处二年以上七年以下有期徒刑，并处销售金额百分之五十以上二倍以下罚金；销售金额五十万元以上不满二百万元的，处七年以上有期徒刑，并处销售金额百分之五十以上二倍以下罚金；销售金额二百万元以上的，处十五年有期徒刑或者无期徒刑，并处销售金额百分之五十以上二倍以下罚金或者没收财产。

是指以不具有某种使用性能的产品冒充具有该种使用性能的产品的行为。

是指以低等级、低档次产品冒充高等级、高档次产品，或者以残次、废旧零配件组合、拼装后冒充正品或者新产品的行为。

要点注释

产品质量应当符合下列要求：（1）不存在危及人身、财产安全的不合理的危险，有保障人体健康和人身、财产安全的国家标准、行业标准的，应当符合该标准；（2）具备产品应当具备的使用性能，但是，对产品存在使用性能瑕疵作出说明的除外；（3）符合在产品或者其包装上注明采用的产品标准，符合以产品说明、实物样品等方式表明的质量状况。

思维导图

应予立案追诉的情形：
- 伪劣产品销售金额五万元以上的
- 伪劣产品尚未销售，货值金额十五万元以上的
- 伪劣产品销售金额不满五万元，但将已销售金额乘以三倍后，与尚未销售的伪劣产品货值金额合计十五万元以上的

拓展适用

《药品管理法》（2019年8月26日）[①]

第九十八条

《最高人民法院、最高人民检察院关于办理危害药品安全刑事案件适用法律若干问题的解释》（2022年3月3日）

第一条至第四条、第十九条、第二十条

《最高人民法院、最高人民检察院关于办理生产、销售伪劣商品刑事案件具体应用法律若干问题的解释》（2001年4月9日）

第一条至第十二条

《最高人民法院、最高人民检察院关于办理危害食品安全刑事案件适用法律若干问题的解释》（2021年12月30日）

第十五条

《最高人民检察院、公安部关于公安机关管辖的刑事案件立案追诉标准的规定（一）》（2008年6月25日）

第十六条

案例精析

申某富等生产、销售伪劣产品案——生产、销售用马肉、鸭肉等冒充的牛肉制品

来源：最高人民法院、最高人民检察院发布危害食品安全犯罪典型案例[②]之一

裁判要点

一些不良商家用价格相对便宜的马肉、鸭肉等冒充牛肉制品牟取暴利。此类假牛肉制品通常出现在牛肉干、牛肉卷、牛肉丸、烧烤食材等产品中，加入牛肉味调味料后达到口味混淆的效果，严重危害食品安全、侵犯消费者权益。不法分子通过电商平台、直播带货销售更容易掩盖产品真实品质，严重扰乱食品安全监管秩序，同时增加了监管和打击难度。本案系利用网络实施的规模化、组织化、链条化犯罪，持续时间长、销售范围广、销售金额特别巨大，司法机关办理案件时注意区分主从犯，既有效打击犯罪，又体现宽严相济。该案也提醒广大消费者在通过电商平台、直播带货等购买食品时，要注意选择正规平台，充分了解商品品牌、成分、口碑评价等，如遭受欺诈要及时保存证据，依法投诉，通过法律手段维护自身合法权益。

[①] 本书收录法律文件的日期为公布时间或最后一次修订、修正时间，全书同。

[②] 《危害食品安全犯罪典型案例》，载最高人民检察院网站，https://www.spp.gov.cn/xwfbh/wsfbt/202311/t20231128_634976.shtml#2，2024年3月10日访问。

第一百四十一条 【生产、销售、提供假药罪】

生产、销售假药的,处三年以下有期徒刑或者拘役,并处罚金;对人体健康造成严重危害或者有其他严重情节的,处三年以上十年以下有期徒刑,并处罚金;致人死亡或者有其他特别严重情节的,处十年以上有期徒刑、无期徒刑或者死刑,并处罚金或者没收财产。

药品使用单位的人员明知是假药而提供给他人使用的,依照前款的规定处罚。

是指以生产、销售、提供假药、劣药为目的,合成、精制、提取、储存、加工炮制药品原料,或者在将药品原料、辅料、包装材料制成成品过程中,进行配料、混合、制剂、储存、包装。

是指药品使用单位及其工作人员明知是假药、劣药而有偿提供给他人使用。

有下列情形之一的,为假药:
(1) 药品所含成分与国家药品标准规定的成分不符;
(2) 以非药品冒充药品或者以他种药品冒充此种药品;
(3) 变质的药品;(4) 药品所标明的适应症或者功能主治超出规定范围。

要点注释

并非所有涉药品刑事案件都需要检验、鉴定,而是要根据专业性要求、判断难易程度等进行差异化处理:对于《药品管理法》第九十八条第二款第二项、第四项及第三款第三项至第六项规定的假药、劣药,能够根据现场查获的原料、包装,结合犯罪嫌疑人、被告人供述等证据材料作出判断的,可以由地市级以上药品监督管理部门出具认定意见。对于依据《药品管理法》第九十八条第二款、第三款的其他规定认定假药、劣药,或者是否属于第九十八条第二款第二项、第三款第六项规定的假药、劣药存在争议的,应当由省级以上药品监督管理部门设置或者确定的药品检验机构进行检验,出具质量检验结论。司法机关根据认定意见、检验结论,结合其他证据作出认定。

思维导图

应当认定为"对人体健康造成严重危害"的情形
- 造成轻伤或者重伤的
- 造成轻度残疾或者中度残疾的
- 造成器官组织损伤导致一般功能障碍或者严重功能障碍的
- 其他对人体健康造成严重危害的情形

拓展适用

《药品管理法》（2019年8月26日）

第九十八条

《最高人民法院、最高人民检察院关于办理危害药品安全刑事案件适用法律若干问题的解释》（2022年3月3日）

第一条至第四条、第十九条、第二十条

《最高人民法院、最高人民检察院关于办理生产、销售伪劣商品刑事案件具体应用法律若干问题的解释》（2001年4月9日）

第一条至第十二条

《最高人民法院、最高人民检察院关于办理危害食品安全刑事案件适用法律若干问题的解释》（2021年12月30日）

第十五条

《最高人民检察院、公安部关于公安机关管辖的刑事案件立案追诉标准的规定（一）》（2008年6月25日）

第十七条

案例精析

高某等生产、销售假药案——"黑作坊"将中药和西药混合研磨成粉冒充纯中药销售

来源：最高人民法院发布药品安全典型案例[①]之二

裁判要点

近年来，一些不法分子利用公众对中药的信任，打着"祖传秘方""纯中药成分"的幌子，私自配制中药，有的还在中药中混入西药成分，冒充纯中药对外销售，不仅影响疾病的治疗效果，还给用药安全和人体健康带来重大隐患。《药品管理法》规定，"以非药品冒充药品或者以他种药品冒充此种药品"的为假药。本案中，被告人高某在中药中掺入了多种西药并冒充纯中药销售，属于"以他种药品冒充此种药品"的情形，经地市级药品监督管理部门认定为假药，故以生产、销售假药罪定罪处罚。本案也提醒广大消费者，不要迷信"祖传秘方"等虚假宣传，应当通过正规渠道采购药品，保障用药安全。

---

① 《最高人民法院发布药品安全典型案例》，载最高人民法院网站，https://www.court.gov.cn/zixun/xiangqing/357261.html，2024年3月10日访问。

第一百四十二条 【生产、销售、提供劣药罪】

有下列情形之一的,为劣药:(1)药品成分的含量不符合国家药品标准;(2)被污染的药品;(3)未标明或者更改有效期的药品;(4)未注明或者更改产品批号的药品;(5)超过有效期的药品;(6)擅自添加防腐剂、辅料的药品;(7)其他不符合药品标准的药品。

生产、销售劣药,对人体健康造成严重危害的,处三年以上十年以下有期徒刑,并处罚金;后果特别严重的,处十年以上有期徒刑或者无期徒刑,并处罚金或者没收财产。

药品使用单位的人员明知是劣药而提供给他人使用的,依照前款的规定处罚。

要点注释

生产、销售、提供行为必须与"对人体健康造成严重危害"存在因果关系,即存在引起与被引起的关系。证明是否因为使用了劣药才导致被害人身体健康受到严重危害,需要通过伤情鉴定、死伤原因医学鉴定等进行证明。另外,如果生产、销售劣药行为同时触犯了两种罪名,则按处刑较重的罪处罚;如果生产、销售劣药,没有对人体造成严重危害的后果,而销售金额在五万元以上的,则不构成生产、销售劣药罪,而应以生产、销售伪劣产品罪处罚。

思维导图

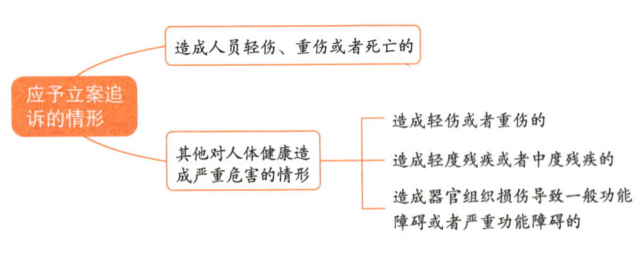

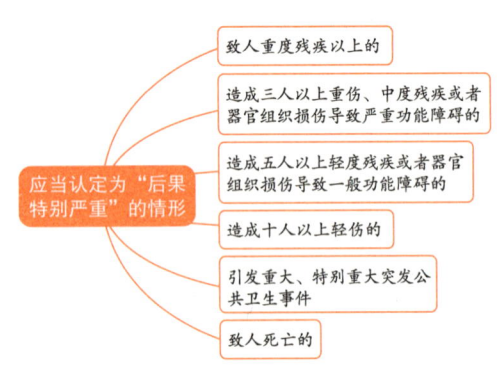

拓展适用

《**药品管理法**》（2019年8月26日）

第九十八条

《**最高人民法院、最高人民检察院关于办理生产、销售伪劣商品刑事案件具体应用法律若干问题的解释**》（2001年4月9日）

第九条至第十二条

《**最高人民法院、最高人民检察院关于办理危害药品安全刑事案件适用法律若干问题的解释**》（2022年3月3日）

第五条、第六条

《**最高人民检察院、公安部关于公安机关管辖的刑事案件立案追诉标准的规定（一）**》（2008年6月25日）

第十八条

案例精析

1. 闫某销售伪劣产品案——将足量疫苗拆分成多支疫苗给受种者接种获利的行为定性

案号：（2022）吉2403刑初134号

来源：人民法院案例库 2023-02-1-067-005①

裁判要点

以抽取原液的方式，将足量的疫苗拆分成多支不足量疫苗，导致疫苗成分的含量不符合国家药品标准，涉案疫苗应认定为劣药。销售涉案劣药行为，未对人体健康造成严重危害的，不构成销售劣药罪，销售金额在五万元以上的，根据《刑法》第一百四十九条第一款的规定，以销售伪劣产品罪定罪处罚。

2. 戴某某生产、销售伪劣产品案

案号：（2022）粤01刑终671号

来源：中国裁判文书网②

裁判要点

涉案的J公司作为药品生产、销售公司，长期违反药品生产质量管理规范，擅自改变生产工艺，在不符合《药品生产质量管理规范》要求的厂房内生产药品，编造、套用药品批生产记录和药品批号进行药品的生产、销售，所生产、销售的药品属假冒伪劣产品，且销售金额巨大。公司法定代表人戴某某长期协助同案人陈某某管理涉案公司，是涉案公司直接负责的主管人员，参与生产、销售伪劣产品，销售金额二百万元以上，其行为已构成生产、销售伪劣产品罪。

---

① 参见人民法院案例库，https://rmfyalk.court.gov.cn/dist/home.html，2024年4月11日访问。下文同一出处案例不再提示。

② 参见中国裁判文书网，https://wenshu.court.gov.cn/，2024年4月11日访问。下文同一出处案例不再提示。

第一百四十二条之一 【妨害药品管理罪】

> 是指用于预防、治疗、诊断人的疾病,有目的地调节人的生理机能并规定有适应症或者功能主治、用法和用量的物质,包括中药、化学药和生物制品等。

违反药品管理法规,有下列情形之一,足以严重危害人体健康的,处三年以下有期徒刑或者拘役,并处或者单处罚金;对人体健康造成严重危害或者有其他严重情节的,处三年以上七年以下有期徒刑,并处罚金:

(一)生产、销售国务院药品监督管理部门禁止使用的药品的;
(二)未取得药品相关批准证明文件生产、进口药品或者明知是上述药品而销售的;
(三)药品申请注册中提供虚假的证明、数据、资料、样品或者采取其他欺骗手段的;
(四)编造生产、检验记录的。

有前款行为,同时又构成本法第一百四十一条、第一百四十二条规定之罪或者其他犯罪的,依照处罚较重的规定定罪处罚。

要点注释

理解本罪需要把握以下要点:(1)行为人在主观上只能是故意;(2)本罪的犯罪主体包括单位和个人。(3)行为人有违反药品管理法规的行为。

思维导图

- 生产、销售国务院药品监督管理部门禁止使用的药品,生产、销售的金额五十万元以上的
- 未取得药品相关批准证明文件生产、进口药品或者明知是上述药品而销售,生产、销售的金额五十万元以上的
- 药品申请注册中提供虚假的证明、数据、资料、样品或者采取其他欺骗手段,造成严重后果的
- 编造生产、检验记录,造成严重后果的
- 造成恶劣社会影响或者具有其他严重情节的

→ 实施妨害药品管理的行为,足以严重危害人体健康,应当认定为"有其他严重情节"的情形

拓展适用

《刑法》（2023年12月29日）
第一百四十一条、第一百四十二条

《药品管理法》（2019年8月26日）
第二条、第六十七条、第六十八条

《最高人民法院、最高人民检察院关于办理危害药品安全刑事案件适用法律若干问题的解释》（2022年3月3日）
第七条至第十条、第十五条至第十七条

案例精析

1. 朱某华妨害药品管理案——涉案药品是否在境外合法上市的认定

案号：（2022）浙0681刑初1076号
来源：人民法院案例库 2024-02-1-070-001

裁判要点

未取得药品相关批准证明文件进口药品或者明知是上述药品而销售，涉案药品在境外是否合法上市，关系到能否直接认定为妨害药品管理罪构成要件的"足以严重危害人体健康"，进而关系到能否认定行为人构成该罪。对于涉案药品在境外是否合法上市，可以根据在案证据并结合境外药品监督管理部门提供的证据材料依法作出认定。

2. 侯某某、闫某、王某某非法经营案——未取得药品经营许可证销售境外仿制药的行为定性

案号：（2019）京0105刑初2822号
来源：人民法院案例库 2024-03-1-169-001

裁判要点

未取得药品相关批准证明文件生产、进口药品或者明知是上述药品而销售，足以严重危害人体健康的，应当依照《刑法》第一百四十二条之一的规定，以妨害药品管理罪论处。通常而言，对所涉情形适用非法经营罪应当特别慎重。

3. 解某某妨害药品管理案

案号：（2023）辽03刑终146号
来源：中国裁判文书网

裁判要点

生效判决认为，依据《最高人民法院、最高人民检察院关于办理危害药品安全刑事案件适用法律若干问题的解释》第七条规定，实施妨害药品管理的行为，未取得药品相关批准证明文件生产药品或者明知是上述药品而销售，涉案药品没有国家药品标准，且无核准的药品质量标准，但检出化学药成分的，应当认定为《刑法》第一百四十二条之一规定的"足以严重危害人体健康"。

第一百四十三条 【生产、销售不符合安全标准的食品罪】

生产、销售不符合食品安全标准的食品，足以造成严重食物中毒事故或者其他严重食源性疾病的，处三年以下有期徒刑或者拘役，并处罚金；对人体健康造成严重危害或者有其他严重情节的，处三年以上七年以下有期徒刑，并处罚金；后果特别严重的，处七年以上有期徒刑或者无期徒刑，并处罚金或者没收财产。

◀ 是指食用了被有毒、有害物质污染的食品或者食用了含有毒、有害物质的食品后出现的急性、亚急性疾病。

▶ 是指食品中致病因素进入人体引起的感染性、中毒性等疾病，包括食物中毒。

要点注释

"足以造成严重食物中毒事故或者其他严重食源性疾病的"是构成本罪的最低限度要求。从法条表述方式来看，本罪为具体危险犯，只要生产、销售行为有足以造成严重食物中毒事故或者其他严重食源性疾病的，则构成本罪，即不要求已经造成现实危害。

思维导图

应予立案追诉的情形：

- 食品含有严重超出标准限量的致病性微生物、农药残留、兽药残留、重金属、污染物质以及其他危害人体健康的物质的
- 属于病死、死因不明或者检验检疫不合格的畜、禽、兽、水产动物及其肉类、肉类制品的
- 属于国家为防控疾病等特殊需要明令禁止生产、销售的食品的
- 婴幼儿食品中生长发育所需营养成分严重不符合食品安全标准的
- 其他足以造成严重食物中毒事故或者严重食源性疾病的情形

拓展适用

《最高人民法院、最高人民检察院关于办理危害药品安全刑事案件适用法律若干问题的解释》（2022年3月3日）

第四条至第九条、第十七条、第十八条

《最高人民法院、最高人民检察院关于办理生产、销售伪劣商品刑事案件具体应用法律若干问题的解释》（2001年4月9日）

第四条、第九条至第十二条

《最高人民法院关于审理走私、非法经营、非法使用兴奋剂刑事案件适用法律若干问题的解释》（2019年11月18日）

第五条、第八条

《最高人民法院、最高人民检察院关于办理危害食品安全刑事案件适用法律若干问题的解释》（2021年12月30日）

第一条至第五条、第十二条至第十四条

《最高人民检察院、公安部关于公安机关管辖的刑事案件立案追诉标准的规定（一）的补充规定》（2017年4月27日）

案例精析

王某贩卖、制造毒品案

来源：最高人民检察院检例第150号

裁判要点

对于生产、销售含有国家管制的麻醉药品、精神药品成分的食品的行为，应当区分不同情形依法惩处。行为人利用未被国家管制的化学品为原料，生产、销售含有国家管制的麻醉药品、精神药品成分的食品，明知该成分毒品属性的，应当认定为贩卖、制造毒品罪。行为人对化学品可生成毒品的特性或者相关成分毒品属性不明知，如果化学品系食品原料，超限量、超范围添加足以造成严重食物中毒事故或者其他严重食源性疾病的，依法构成生产、销售不符合安全标准的食品罪；如果化学品系有毒、有害非食品原料，依法构成生产、销售有毒、有害食品罪。行为人犯贩卖、制造毒品罪，同时构成生产、销售不符合安全标准的食品罪或者生产、销售有毒、有害食品罪的，应当按照处罚较重的罪名追究刑事责任。行为人对于相关毒品成分主观上是否明知，不能仅凭其口供，还应当根据其对相关物质属性认识、从业经历、生产制作工艺、产品标签标注、销售场所及价格等情况综合认定。

第一百四十四条 【生产、销售有毒、有害食品罪】

是指对人体具有生理毒性，食用后会引起不良反应，损害机体健康的不能食用的原料。例如，制酒时加入工业酒精，在饮料中加入国家严禁使用的非食用色素等。

> 在生产、销售的食品中掺入有毒、有害的非食品原料的，或者销售明知掺有有毒、有害的非食品原料的食品的，处五年以下有期徒刑，并处罚金；对人体健康造成严重危害或者有其他严重情节的，处五年以上十年以下有期徒刑，并处罚金；致人死亡或者有其他特别严重情节的，依照本法第一百四十一条的规定处罚。

要点注释

本罪与生产、销售不符合食品安全标准的食品罪的区别：生产、销售不符合食品安全标准的食品罪在食品中掺入的原料也可能有毒有害，但其本身是食品原料，其毒害性是由于食品原料污染或者腐败变质所引起的，而生产、销售有毒、有害食品罪往食品中掺入的则是有毒、有害的非食品原料。

思维导图

本条规定的"有毒、有害的非食品原料"：
- 法律、法规禁止在食品生产经营活动中添加、使用的物质
- 国务院有关部门公布的《食品中可能违法添加的非食用物质名单》《保健食品中可能非法添加的物质名单》中所列物质
- 国务院有关部门公告禁止使用的农药、兽药以及其他有毒、有害物质
- 其他危害人体健康的物质

拓展适用

《最高人民法院、最高人民检察院关于办理非法生产、销售、使用禁止在饲料和动物饮用水中使用的药品等刑事案件具体应用法律若干问题的解释》（2002年8月16日）

第三条至第六条

《最高人民法院、最高人民检察院关于办理危害食品安全刑事案件适用法律若干问题的解释》（2021年12月30日）

第六条至第十四条

《最高人民法院关于审理走私、非法经营、非法使用兴奋剂刑事案件适用法律若干问题的解释》（2019年11月18日）

第五条、第八条

案例精析

1. 生物技术公司、习某某等生产、销售有毒、有害食品案

来源：最高人民法院指导案例70号

裁判要点

行为人在食品生产经营过程中添加的虽然不是国务院有关部门公布的《食品中可能违法添加的非食用物质名单》和《保健食品中可能非法添加的物质名单》中的物质，但如果该物质与上述名单中所列物质具有同等属性，并且根据检验报告和专家意见等相关材料能够确定该物质对人体具有同等危害的，应当认定为《刑法》第一百四十四条规定的"有毒、有害的非食品原料"。

2. 付某某生产、销售有毒、有害食品案

来源：最高人民法院、最高人民检察院发布危害食品安全犯罪典型案例[①]之三

裁判要点

米粉是深受广大消费者喜爱的特色食品，但个别不法商家为了让米粉延长保鲜期、保持韧性，在生产过程中非法添加硼砂等物质。硼砂是《食品中可能违法添加的非食用物质名单》明确禁止添加到食品中的物质，属于"有毒、有害的非食品原料"，长期食用添加硼砂的食品会对人体产生损害，特别是对人体生殖、发育和内分泌系统会产生毒性影响。本案中被告人付某某在米粉生产过程中添加硼砂的行为构成生产、销售有毒、有害食品罪。

[①] 《危害食品安全犯罪典型案例》，载最高人民检察院网站，https://www.spp.gov.cn/xwfbh/wsfbt/202311/t20231128_634976.shtml#2，2024年3月10日访问。

第一百四十五条 【生产、销售不符合标准的医用器材罪】

生产不符合保障人体健康的国家标准、行业标准的医疗器械、医用卫生材料，或者销售明知是不符合保障人体健康的国家标准、行业标准的医疗器械、医用卫生材料，足以严重危害人体健康的，处三年以下有期徒刑或者拘役，并处销售金额百分之五十以上二倍以下罚金；对人体健康造成严重危害的，处三年以上十年以下有期徒刑，并处销售金额百分之五十以上二倍以下罚金；后果特别严重的，处十年以上有期徒刑或者无期徒刑，并处销售金额百分之五十以上二倍以下罚金或者没收财产。

> 是指用于人体疾病诊断、治疗、预防，调节人体生理功能或者替代人体器官的仪器、设备、材料、植入物和相关物品。例如，注射器、心脏起搏器、超声波诊断仪等。

> 是指用于诊断、治疗、预防人的疾病，调节人的生理功能的辅助材料。例如，医用纱布、药棉等。

> 是指国务院标准化行政主管部门制定的，在全国范围内的统一技术要求。

> 是指对于没有国家标准的产品，由国务院有关行政主管部门制定的，在全国某个行业范围内适用的统一技术要求。

要点注释

本罪在主观方面是故意，即行为人明知其生产或者销售的是不符合保障人体健康的国家标准、行业标准的医疗器械、医用卫生材料，仍然进行生产和销售。在具体认定时要注意以下问题：一是要判断行为人是否明知其生产或者销售的是不符合保障人体健康的国家标准、行业标准的医疗器械、医用卫生材料；二是要判断行为人是否明知足以严重危害人体健康；三是要判断行为人是否放任危害结果的发生。

▲思维导图

应予立案追诉的情形：

- 进入人体的医疗器械的材料中含有超过标准的有毒有害物质的
- 进入人体的医疗器械的有效性指标不符合标准要求，导致治疗、替代、调节、补偿功能部分或者全部丧失，可能造成贻误诊治或者人体严重损伤的
- 用于诊断、监护、治疗的有源医疗器械的安全指标不符合强制性标准要求，可能对人体构成伤害或者潜在的危害的
- 用于诊断、监护、治疗的有源医疗器械的主要性能指标不合格，可能造成贻误诊治或者人体严重损伤的
- 未经批准，擅自增加功能或者适用范围，可能造成贻误诊治或者人体严重损伤的
- 其他足以严重危害人体健康或者对人体健康造成严重危害的情形

> **拓展适用**
>
> 《最高人民法院、最高人民检察院关于办理生产、销售伪劣商品刑事案件具体应用法律若干问题的解释》（2001年4月9日）
>
> 第六条、第九条至第十二条
>
> 《最高人民检察院、公安部关于公安机关管辖的刑事案件立案追诉标准的规定（一）》（2008年6月25日）
>
> 第二十一条
>
> 《最高人民法院、最高人民检察院关于办理妨害预防、控制突发传染病疫情等灾害的刑事案件具体应用法律若干问题的解释》（2003年5月14日）
>
> 第三条

案例精析

实业公司、陈某某生产、销售不符合标准的医用器材案

案号：（2021）赣11刑终39号
来源：中国裁判文书网

裁判要点

首先，被告人陈某某明知隔离衣与防护服的区别。其次，根据《医疗器械分类目录》，医用防护服属于二级产品类别。根据《医疗器械监督管理条例》第三十条的规定，从事第二类医疗器械经营的，由经营企业向所在地设区的市级人民政府食品药品监督管理部门备案并提交其符合本条例第二十九条规定条件的证明资料。根据其第三十二条的规定，医疗器械经营企业、使用单位购进医疗器械，应当查验供货者的资质和医疗器械的合格证明文件，建立进货查验记录制度。实业公司经营Ⅱ类管理类别医疗器械未向相关部门备案并提交相应证明资料，也未建立进货查验记录制度。陈某某明知销售的防护服不能用于重症监护室或手术室等感染区，也非无菌，属于不合格产品，但其并未将该情况反馈给购买者，不尽销售者审核义务，仍将该不合格防护服按"重症防护服"的单价销售，放任足以严重危害人体健康的危险结果发生。故，陈某某主观上具有明知是不符合标准的防护服仍然进行销售的故意，客观上销售了不符合标准医用防护服的行为，所销售的防护服经检测系不符合GB 19082—2009《医用一次性防护服技术要求》标准的产品。被告单位及被告人的行为构成销售不符合标准的医用器材罪。

第一百四十六条 【生产、销售不符合安全标准的产品罪】

生产不符合保障人身、财产安全的国家标准、行业标准的电器、压力容器、易燃易爆产品或者其他不符合保障人身、财产安全的国家标准、行业标准的产品，或者销售明知是以上不符合保障人身、财产安全的国家标准、行业标准的产品，造成严重后果的，处五年以下有期徒刑，并处销售金额百分之五十以上二倍以下罚金；后果特别严重的，处五年以上有期徒刑，并处销售金额百分之五十以上二倍以下罚金。

（电器）是指电冰箱、吸尘器、电饭锅、电热水器、组合音响、电话机等各种电信、电力器材等。

（易燃易爆产品）是指容易燃烧和爆炸的物品，如烟花爆竹、民用炸药、液化气瓶等。

（压力容器）是指承受与表面垂直作用力的高压容器，如氧气瓶、高压锅、压力机、压力继电器、锅炉等。

（其他产品）是指除上述电器、压力容器、易燃易爆产品外的，不符合保障人身、财产安全的国家标准、行业标准的产品，如啤酒瓶等。

要点注释

本罪与生产、销售伪劣产品罪的界限：生产、销售不符合安全标准的电器、压力容器、易燃易爆产品的行为，同时触犯两个罪名的，按处刑较重的罪处罚。如果生产、销售不符合安全标准的电器、压力容器、易燃易爆产品的行为没有造成严重后果，不构成本罪，但销售金额在五万元以上的，应按生产、销售伪劣产品罪处罚。

思维导图

应予立案追诉的情形：
- 造成人员重伤或者死亡的
- 造成直接经济损失十万元以上的
- 其他造成严重后果的情形

拓展适用

《最高人民法院、最高人民检察院关于办理危害生产安全刑事案件适用法律若干问题的解释》（2015年12月14日）

第十一条

《最高人民法院、最高人民检察院关于办理生产、销售伪劣商品刑事案件具体应用法律若干问题的解释》（2001年4月9日）

第九条至第十二条

《最高人民检察院、公安部关于公安机关管辖的刑事案件立案追诉标准的规定（一）》（2008年6月25日）

第二十二条

流在线路上通过时的损耗，加剧电线电缆的发热，如果投入使用，会加快包覆电缆线绝缘层老化，且更易引发火灾事故，具有安全隐患，属于《刑法》第一百四十六条规定的不符合安全标准的产品。虽未造成严重后果，但销售金额在五万元以上，根据《刑法》第一百四十九条第一款的规定，以生产、销售伪劣产品罪定罪处罚。案发后，在检察机关督促下，H电缆公司及时召回问题产品，对其他相关产品进行全面质量检查，且对公司经营管理采取有效措施进行整改，弥补了产品质量漏洞，切实防止不合格电缆线再次流向市场。检察机关开展跟踪回访，通过能动履职开展社会综合治理，在保障消费者能够购买到合格放心产品的同时，服务保障民营经济健康、有序发展。

案例精析

H电缆公司生产、销售伪劣产品案

来源：最高人民检察院发布检察机关依法惩治制售假冒伪劣商品犯罪典型案例[①]之三

裁判要点

本案涉案伪劣电线电缆导体电阻超出国家标准，会增大电

---

① 《检察机关依法惩治制售假冒伪劣商品犯罪典型案例》，载最高人民检察院网站，https://www.spp.gov.cn/xwfbh/wsfbt/202203/t20220314_549089.shtml#2，2024年3月10日访问。

第一百四十七条 【生产、销售伪劣农药、兽药、化肥、种子罪】

是指用于防止病、虫、草、鼠害的农用化学药品。

是指以水、空气、矿物等为原料，经过化学反应或者机械加工制成的肥料，如氮肥、磷肥或微量元素化肥等。

是指农作物和林木的种植材料或者繁殖材料，包括籽粒、果实、根、茎、苗、芽、叶、花等。

是指用于预防、治疗、诊断畜禽等动物疾病，有目的地调节其生理功能并规定作用、用途、用法和用量的兽用药品。

> 生产假农药、假兽药、假化肥，销售明知是假的或者失去使用效能的农药、兽药、化肥、种子，或者生产者、销售者以不合格的农药、兽药、化肥、种子冒充合格的农药、兽药、化肥、种子，使生产遭受较大损失的，处三年以下有期徒刑或者拘役，并处或者单处销售金额百分之五十以上二倍以下罚金；使生产遭受重大损失的，处三年以上七年以下有期徒刑，并处销售金额百分之五十以上二倍以下罚金；使生产遭受特别重大损失的，处七年以上有期徒刑或者无期徒刑，并处销售金额百分之五十以上二倍以下罚金或者没收财产。

要点注释

本罪与破坏生产经营罪的区别：本罪的目的是非法牟利，采取的方式是生产、销售伪劣农药、兽药、化肥和种子；而破坏生产经营罪则是出于泄愤报复或者其他个人目的，采取的方式是毁坏机器设备、残害耕畜或其他方法。

思维导图

应予立案追诉的情形
- 使生产遭受损失二万元以上的
- 其他使生产遭受较大损失的情形

拓展适用

《种子法》（2021年12月24日）

第四十八条、第七十四条、第七十五条

《最高人民法院、最高人民检察院关于办理生产、销售伪劣商品刑事案件具体应用法律若干问题的解释》（2001年4月9日）

第七条、第九条至第十二条

《最高人民检察院、公安部关于公安机关管辖的刑事案件立案追诉标准的规定（一）》（2008年6月25日）

第二十三条

《最高人民法院、最高人民检察院关于办理生产、销售伪劣商品刑事案件具体应用法律若干问题的解释》（2001年4月9日）

第七条

案例精析

王某生产、销售伪劣种子案

来源：最高人民检察院检例第61号

裁判要点

检察机关办理该类案件，应注意把握两个方面问题：（1）以此种子冒充彼种子应认定为假种子。根据《刑法》第一百四十七条规定，生产、销售假种子，使生产遭受较大损失的，应认定为生产、销售伪劣种子罪。假种子有不符型假种子（种类、名称、产地与标注不符）和冒充型假种子（以甲冒充乙、非种子冒充种子）。现实生活中，完全以非种子冒充种子的，比较少见。犯罪嫌疑人往往抓住种子专业性强、农户识别能力低的弱点，以此种子冒充彼种子或者以不合格种子冒充合格种子进行销售。因农作物生产周期较长，案发较为隐蔽，冒充型假种子往往造成农民投入种植成本，得不到应有收成回报，严重影响农业生产，应当依据刑法予以追诉。

（2）对伪劣种子造成的损失应予综合认定。伪劣种子造成的损失是涉假种子类案件办理时的疑难问题。实践中，可由专业人员根据现场勘查情况，对农业生产产量及其损失进行综合计算。具体可考察以下几个方面：一是根据现场实地勘察，邀请农业、气象、土壤等方面专家，分析鉴定农作物生育期异常的原因，能否正常结实，是减产还是绝收等，分析减产或者绝收面积、产量。二是通过审定的农作物区试平均产量与根据现场调查的往年产量，结合当年可能影响产量的气候、土肥等因素，综合评估平均产量。三是根据农作物市场行情及平均单价等，确定直接经济损失。

第一百四十八条 【生产、销售不符合卫生标准的化妆品罪】

是指以涂擦、喷洒或者其他类似方法，施用于皮肤、毛发、指甲、口唇等人体表面，以清洁、保护、美化、修饰为目的的日用化学工业产品。

生产不符合卫生标准的化妆品，或者销售明知是不符合卫生标准的化妆品，造成严重后果的，处三年以下有期徒刑或者拘役，并处或者单处销售金额百分之五十以上二倍以下罚金。

是指如《化妆品监督管理条例》等行政法规、部门规章或规范性文件规定的化妆品卫生标准。

要点注释

生产、销售不符合卫生标准的化妆品，如果没有造成严重后果，但销售金额在五万元以上的，虽不构成本罪，但仍构成生产、销售伪劣产品罪。如果生产、销售不符合卫生标准的化妆品，同时触犯两种罪名，则应按处刑较重的罪处罚。

思维导图

拓展适用

《化妆品监督管理条例》（2020年6月16日）
第二章至第四章

《最高人民法院、最高人民检察院关于办理生产、销售伪劣商品刑事案件具体应用法律若干问题的解释》（2001年4月9日）
第九条至第十二条

《最高人民检察院、公安部关于公安机关管辖的刑事案件立案追诉标准的规定（一）》（2008年6月25日）
第二十四条

案例精析

杨某某生产、销售伪劣产品案

案号：（2020）新23刑终54号
来源：中国裁判文书网

裁判要点

2016年10月至2018年3月，杨某某作为药业公司的法定代表人和产品研发人，在生产面膜过程中，以涉及商业秘密为由，配制中草药环节独自秘密进行，未按要求全组分备案，违反《化妆品卫生标准》和《化妆品安全技术规范》，在部分面膜中添加禁用植物组分麻黄，所生产的中草药面膜通过产品代理和加盟店模式向全国各地进行销售。生效判决认为，杨某某自1998年起一直从事美容美发行业，2003年即开始研究面膜，2014年被某市工商局行政处罚，直至2015年建厂，其完全具有了解知悉化妆品规范标准的条件和可能，客观上也没有妨碍其知悉的限制。法律法规已经对化妆品从业人员的资质提出了要求，为其设定了特定义务，杨某某作为从业者不管其是否实际知晓，均应认定杨某某知晓。因此，上诉人杨某某违反国家产品质量监督管理法规，生产不符合保障人体健康、人身安全的国家标准的不合格产品货值金额21941680元，以不合格产品冒充合格产品销售金额达2531875元，其行为构成生产、销售伪劣产品罪。关于杨某某是否构成《刑法》第一百四十八条规定的生产、销售不符合卫生标准的化妆品罪，本案中，杨某某生产、销售的不符合卫生标准的化妆品销售金额在200万元以上，依据《刑法》第一百四十九条的规定，对杨某某应按照《刑法》第一百四十条的规定定罪处罚。

第一百四十九条 【对生产、销售伪劣商品行为的法条适用】

生产、销售本节第一百四十一条至第一百四十八条所列产品，不构成各该条规定的犯罪，但是销售金额在五万元以上的，依照本节第一百四十条的规定定罪处罚。

生产、销售本节第一百四十一条至第一百四十八条所列产品，构成各该条规定的犯罪，同时又构成本节第一百四十条规定之罪的，依照处罚较重的规定定罪处罚。

> 是指生产者、销售者出售伪劣产品后所得和应得的全部违法收入。

要点注释

对生产、销售伪劣商品罪应注意：（1）实施生产、销售伪劣商品犯罪，同时构成侵犯知识产权、非法经营等其他犯罪的，依照处罚较重的规定定罪处罚。（2）实施本法第一百四十条至第一百四十八条规定的犯罪，又以暴力、威胁方法抗拒查处，构成其他犯罪的，依照数罪并罚的规定处罚。（3）国家机关工作人员参与生产、销售伪劣商品犯罪的，从重处罚。

▲思维导图

认定为生产、销售伪劣商品犯罪的共犯的情形

- 知道或者应当知道他人实施生产、销售伪劣商品犯罪，而为其提供贷款、资金、账号、发票、证明、许可证件的
- 知道或者应当知道他人实施生产、销售伪劣商品犯罪，而为其提供生产、经营场所或者运输、仓储、保管、邮寄等便利条件的
- 知道或者应当知道他人实施生产、销售伪劣商品犯罪，而为其提供制假生产技术的

第一百五十条 【单位犯本节规定之罪的处理】

> 是指强制犯罪分子缴纳一定数额财产的刑罚方法。

单位犯本节第一百四十条至第一百四十八条规定之罪的，对单位判处罚金，并对其直接负责的主管人员和其他直接责任人员，依照各该条的规定处罚。

要点注释

本条是单位犯本节规定之罪的规定。理解单位犯罪，要注意把握以下几点：首先，单位本身有独立于责任人员的法律地位。其次，肯定单位是犯罪主体，但并不因此否认责任人员的犯罪主体地位。最后，单位犯罪的多个责任人员之间属于自然人共同犯罪，责任人员犯罪主体与单位犯罪主体之间不是共同犯罪关系。

思维导图

单位犯罪的处罚方式
- 对单位判处罚金，对直接负责的主管人员和其他直接责任人员依照对个人犯罪的规定处罚
- 不处罚单位，只处罚直接负责的主管人员和其他直接责任人员

案例精析

化学公司等生产、销售伪劣农药案

来源：最高人民检察院检例第62号

裁判要点

借用或通过非法转让获得他人"农药三证"生产农药，并经检验鉴定含有药害成分，使生产遭受较大损失的，应予追诉。根据我国《农药管理条例》规定，农药生产销售应具备"农药三证"。一些企业通过非法转让或者购买等手段非法获取"农药三证"生产不合格农药，扰乱农药市场，往往造成农业生产重大损失，危害农民利益。借用或者通过非法转让获得"农药三证"生产不符合资质农药，经检验鉴定含有药害成分，致使农业生产遭受损失二万元以上的，应当依据刑法予以追诉。农药生产企业将"农药三证"出借给未取得生产资质的企业或者个人，且明知借用方生产、销售伪劣农药的，构成生产、销售伪劣农药罪共同犯罪。

第二节 走私罪

第一百五十一条

【走私武器、弹药罪】【走私核材料罪】【走私假币罪】走私武器、弹药、核材料或者伪造的货币的,处七年以上有期徒刑,并处罚金或者没收财产;情节特别严重的,处无期徒刑,并处没收财产;情节较轻的,处三年以上七年以下有期徒刑,并处罚金。

【走私文物罪】【走私贵重金属罪】【走私珍贵动物、珍贵动物制品罪】走私国家禁止出口的文物、黄金、白银和其他贵重金属或者国家禁止进出口的珍贵动物及其制品的,处五年以上十年以下有期徒刑,并处罚金;情节特别严重的,处十年以上有期徒刑或者无期徒刑,并处没收财产;情节较轻的,处五年以下有期徒刑,并处罚金。

【走私国家禁止进出口的货物、物品罪】走私珍稀植物及其制品等国家禁止进出口的其他货物、物品的,处五年以下有期徒刑或者拘役,并处或者单处罚金;情节严重的,处五年以上有期徒刑,并处罚金。

单位犯本条规定之罪的,对单位判处罚金,并对其直接负责的主管人员和其他直接责任人员,依照本条各款的规定处罚。

边注:
- 参照海关进口税则及《禁止进出境物品表》的有关规定确定。
- 是指伪造的可在国内市场流通或者兑换的人民币、境外货币。伪造的境外货币数额,折合成人民币计算。
- 是指国家一、二、三级文物和其他国家禁止出口的文物。
- 是指具有高价值性和稀有性的金属。贵重金属既包括贵重金属原料,也包括贵重金属制品及工艺品。
- 是指铀、钚等可以发生原子核裂变或聚合反应的放射性材料。
- 是指列入《国家重点保护野生动物名录》中的国家一、二级保护野生动物和列入《濒危野生动植物种国际贸易公约》附录一、附录二中的野生动物以及驯养繁殖的上述物种。

要点注释

在走私假币罪中,行为人走私伪造的货币后,又在境内出售或者运输同一宗伪造的货币的,属于牵连犯,应当按照处理牵连犯的原则,从一重罪处罚。

思维导图

走私伪造的货币,应予立案追诉的情形:
- 总面额在二千元以上或者币量在二百张(枚)以上的
- 总面额在一千元以上或者币量在一百张(枚)以上,二年内因走私假币受过行政处罚,又走私假币的
- 其他走私假币应予追究刑事责任的情形

拓展适用

《最高人民法院、最高人民检察院关于办理走私刑事案件适用法律若干问题的解释》（2014年8月12日）

第一条至第十二条、第二十条至第二十四条

《最高人民法院、最高人民检察院关于办理妨害文物管理等刑事案件适用法律若干问题的解释》（2015年12月30日）

第一条

《最高人民法院、最高人民检察院关于办理破坏野生动物资源刑事案件适用法律若干问题的解释》（2022年4月6日）

第一条、第二条

《最高人民法院关于审理走私、非法经营、非法使用兴奋剂刑事案件适用法律若干问题的解释》（2019年11月18日）

第一条、第八条

《最高人民检察院、公安部关于公安机关管辖的刑事案件立案追诉标准的规定（二）》（2022年4月6日）

第二条

案例精析

刘某甲等12人走私贵重金属、骗取出口退税案——涉骗取出口退税的走私行为能否认定为牵连犯择一重罪处罚

案号：（2022）闽刑终51号
来源：人民法院案例库 2023-05-1-081-001

裁判要点

对于骗税型走私犯罪的罪名适用应当厘清牵连犯的适用范围，准确进行罪数评判。2002年最高人民法院《关于审理骗取出口退税刑事案件具体应用法律若干问题的解释》第九条规定，实施骗取出口退税，同时构成虚开增值税专用发票等其他犯罪的，依照刑法处罚较重的规定定罪处罚。然而，和骗取出口退税存在关联的犯罪行为，并非一律成立牵连犯并予以择一重罪处罚，而应当根据具体案情准确判断行为人的两个犯罪行为是否具备牵连犯的本质特征。骗取出口退税与走私行为存在时空关联，但二者之间不存在常态化、高度伴随的牵连关系，不成立牵连犯，当以数罪并罚，实现刑法对犯罪行为的全面评价，进而贯彻罪责刑相适应的刑法基本原则。

第一百五十二条

以牟利为目的，是指行为人走私淫秽物品是为了出卖、出租或者通过其他方式牟取非法利益；以传播为目的，是指行为人走私淫秽物品是为了在社会上传播、扩散。

【走私淫秽物品罪】以牟利或者传播为目的，走私淫秽的影片、录像带、录音带、图片、书刊或者其他淫秽物品的，处三年以上十年以下有期徒刑，并处罚金；情节严重的，处十年以上有期徒刑或者无期徒刑，并处罚金或者没收财产；情节较轻的，处三年以下有期徒刑、拘役或者管制，并处罚金。

【走私废物罪】逃避海关监管将境外固体废物、液态废物和气态废物运输进境，情节严重的，处五年以下有期徒刑，并处或者单处罚金；情节特别严重的，处五年以上有期徒刑，并处罚金。

单位犯前两款罪的，对单位判处罚金，并对其直接负责的主管人员和其他直接责任人员，依照前两款的规定处罚。

> 是指在生产建设、日常生活和其他活动中产生的污染环境的固态、半固态废弃物质。如工业固体废物、城市生活垃圾、危险废物。

> 除淫秽的影片、录像带、录音带、图片、书刊以外的，通过文字、声音、形象等形式表现淫秽内容的影碟、音碟、电子出版物等物品。

要点注释

查明行为人是否具有牟利或者传播目的，是划清走私淫秽物品罪的罪与非罪、一般违法行为与犯罪界限的关键。在司法实践中，认定行为人是否具有上述目的时，应当综合考虑行为人的口供、证人证言和其他事实情况。

◊ 思维导图

走私淫秽物品，应予立案追诉的情形

- 走私淫秽录像带、影碟五十盘（张）以上的
- 走私淫秽录音带、音碟一百盘（张）以上的
- 走私淫秽扑克、书刊、画册一百副（册）以上的
- 走私淫秽照片、画片五百张以上的
- 走私其他淫秽物品相当于上述数量的
- 走私淫秽物品数量虽未达到前四项规定标准，但分别达到其中两项以上标准的百分之五十以上的

> **拓展适用**
>
> 《全国人民代表大会常务委员会关于惩治走私、制作、贩卖、传播淫秽物品的犯罪分子的决定》（2009年8月27日）
>
> 一、六、七
>
> 《最高人民法院、最高人民检察院关于办理走私刑事案件适用法律若干问题的解释》（2014年8月12日）
>
> 第十三条、第十四条、第二十条至第二十四条
>
> 《最高人民检察院、公安部关于公安机关管辖的刑事案件立案追诉标准的规定（一）》（2008年6月25日）
>
> 第二十五条

案例精析

1. 某市人民检察院第一分院诉应某某、陆某走私废物、走私普通货物案

来源：《最高人民法院公报》2014年第5期

裁判要点

在走私犯罪案件中，应当根据案情综合判断行为人对夹藏物品是否具有走私的故意。行为人不具有走私的概括故意，对于走私物品中还夹藏有其他不同种类走私物品确实不明知的，不能适用相关规范性文件中"根据实际的走私对象定罪处罚"的规定进行数罪并罚，而应当根据主客观相统一原则，以行为人主观认知的走私对象性质加以定罪处罚。对于客观上走私了夹藏的其他物品的，可作为行为人所构成特定走私犯罪的量刑情节予以评价，以体现罪责刑相适应原则。

2. 陈某走私淫秽物品案——以邮寄方式走私淫秽物品的认定

案号：（2021）冀刑初45号

来源：人民法院案例库 2023-06-1-084-001

裁判要点

行为人明知境外网站购买的淫秽漫画书无法直接向国内邮寄，属国家禁止进出口物品，仍从境外网站下单并借助境外朋友或中介帮其接收后，再向国内邮寄，并对外售卖牟取非法利益，其行为系走私行为，应以走私淫秽物品罪定罪处罚。

第一百五十三条 【走私普通货物、物品罪】

走私本法第一百五十一条、第一百五十二条、第三百四十七条规定以外的货物、物品的，根据情节轻重，分别依照下列规定处罚：

（一）走私货物、物品偷逃应缴税额较大或者一年内曾因走私被给予二次行政处罚后又走私的，处三年以下有期徒刑或者拘役，并处偷逃应缴税额一倍以上五倍以下罚金。

（二）走私货物、物品偷逃应缴税额巨大或者有其他严重情节的，处三年以上十年以下有期徒刑，并处偷逃应缴税额一倍以上五倍以下罚金。

（三）走私货物、物品偷逃应缴税额特别巨大或者有其他特别严重情节的，处十年以上有期徒刑或者无期徒刑，并处偷逃应缴税额一倍以上五倍以下罚金或者没收财产。

单位犯前款罪的，对单位判处罚金，并对其直接负责的主管人员和其他直接责任人员，处三年以下有期徒刑或者拘役；情节严重的，处三年以上十年以下有期徒刑；情节特别严重的，处十年以上有期徒刑。

对多次走私未经处理的，按照累计走私货物、物品的偷逃应缴税额处罚。

（注：是除武器、弹药、核材料、假币、文物、贵重金属、珍贵动物及其制品、珍稀植物及其制品、淫秽物品、固体废物、液态废物、气态废物、毒品、制毒物品等国家禁止进出口的货物、物品外的其他普通货物、物品。）

（注：应缴税额包括进出口货物、物品应当缴纳的进出口关税和进口环节海关代征税的税额。）

要点注释

应缴税额以走私行为实施时的税则、税率、汇率和完税价格计算；多次走私的，以每次走私行为实施时的税则、税率、汇率和完税价格逐票计算；走私行为实施时间不能确定的，以案发时的税则、税率、汇率和完税价格计算。

第三款规定的"多次走私未经处理"，包括未经行政处理和刑事处理。

思维导图

偷逃应缴税额在一百五十万元以上不满二百五十万元，应当认定为"其他特别严重情节"的情形
- 犯罪集团的首要分子
- 使用特种车辆从事走私活动的
- 为实施走私犯罪，向国家机关工作人员行贿的
- 教唆、利用未成年人、孕妇等特殊人群走私的
- 聚众阻挠缉私的

拓展适用

《刑法》（2023年12月29日）

第一百五十四条至第一百五十七条、第二百八十条

《最高人民法院、最高人民检察院关于办理走私刑事案件适用法律若干问题的解释》（2014年8月12日）

第四条、第十六条至第十八条、第二十二条、第二十四条

《最高人民法院关于审理走私、非法经营、非法使用兴奋剂刑事案件适用法律若干问题的解释》（2019年11月18日）

第一条

《最高人民检察院关于擅自销售进料加工保税货物的行为法律适用问题的解释》（2000年10月16日）

案例精析

深圳X公司走私普通货物案

来源：最高人民检察院发布企业合规典型案例（第二批）[①]之五

裁判要点

2020年3月，在深圳市检察院的建议下，X公司开始启动为期一年的进口业务合规整改工作。X公司制订的合规计划主要针对与走私犯罪有密切联系的企业内部治理结构、规章制度、人员管理等方面存在的问题，制定可行的合规管理规范，构建有效的合规组织体系，完善相关业务管理流程，健全合规风险防范报告机制，弥补企业制度建设和监督管理漏洞，防止再次发生类似违法犯罪。经过前期合规整改，X公司在集团层面设立了合规管理委员会，合规部、内控部与审计部形成合规风险管理的三道防线。该案中，鉴于X公司长期以正规报关为主，不是低报走私犯意的提起者，系共同犯罪的从犯，案发后积极与海关、银行合作，探索水果进口合规经营模式，深圳市检察院经过社会危险性量化评估，对重要业务人员李某、程某作出不捕决定。

[①] 《企业合规典型案例（第二批）》，载最高人民检察院网站，https://www.spp.gov.cn/xwfbh/wsfbt/202112/t20211215_538815.shtml#2，2024年3月12日访问。

第一百五十四条 【走私普通货物、物品罪的特殊形式】

下列走私行为,根据本节规定构成犯罪的,依照本法第一百五十三条的规定定罪处罚:

(一)未经海关许可并且未补缴应缴税额,擅自将批准进口的来料加工、来件装配、补偿贸易的原材料、零件、制成品、设备等保税货物,在境内销售牟利的;

(二)未经海关许可并且未补缴应缴税额,擅自将特定减税、免税进口的货物、物品,在境内销售牟利的。

保税货物:是指经海关批准,未办理纳税手续进境,在境内储存、加工、装配后应予复运出境的货物。

要点注释

本罪的主观方面由故意构成,过失不构成本罪。行为人明知自己的行为违反国家海关监管法律法规,逃避海关监管,偷逃进出境货物、物品应缴税款,并且希望或者放任危害结果发生的,应认定为具有走私的故意。如果行为人没有走私的故意,但有违反海关法规,逃避海关监管的行为,则不属于走私行为。

思维导图

保税货物
- 通过加工贸易、补偿贸易等方式进口的货物
- 在保税仓库、保税工厂、保税区或者免税商店内等储存、加工、寄售的货物

> **拓展适用**
>
> 《最高人民法院、最高人民检察院关于办理走私刑事案件适用法律若干问题的解释》（2014年8月12日）第十九条
>
> 《最高人民检察院关于擅自销售进料加工保税货物的行为法律适用问题的解释》（2000年10月16日）

案例精析

1. 林某某走私普通货物案——网络走私案件电子数据的审查

案号：（2022）皖刑终149号

来源：人民法院案例库 2023-06-1-085-001

裁判要点

（1）侦查机关依法提取走私犯罪中非接触式即时通信工具相关记录作为证据移交法庭，该类证据为电子数据，审查该类证据应当着重从取证规则等方面分析其客观性、关联性、合法性，尤其是引入第三方鉴定机构对证据的关联性进行鉴定，促使电子数据达到证据的认定标准，可以作为定案证据使用。

（2）通过网络通信工具向境外人员批量订购香烟，采取每次少量快递邮寄的方式寄回国内，直接邮寄给下家或者通过他人以及本人转寄给下家，不能按照非法经营卷烟定性，仍然是走私行为。虽不能证明全部予以对外销售贩卖，但是有证据证明行为人有大部分的贩卖行为并以此牟利，即使行为人有自己吸食香烟的行为，在定罪量刑时，仍应当以其订购的数量及价格计算其偷逃税款数额，自己吸食的部分不应当扣除，在量刑时予以酌情考量。

2. 供应公司、程某等走私普通货物、物品案

案号：（2021）苏刑终137号

来源：中国裁判文书网

裁判要点

被告单位供应公司违反海关法规，逃避海关监管，采用向海关虚高申报专供国际航行船舶免税烟、酒数量并于事后申报核销的方式，将免税品截留并销售牟利或变相销售牟利，偷逃应缴税额特别巨大，其行为构成走私普通货物罪。

第一百五十五条 【以走私罪论处的间接走私行为】

下列行为，以走私罪论处，依照本节的有关规定处罚：

（一）直接向走私人非法收购国家禁止进口物品的，或者直接向走私人非法收购走私进口的其他货物、物品，数额较大的；

（二）在内海、领海、界河、界湖运输、收购、贩卖国家禁止进出口物品的，或者运输、收购、贩卖国家限制进出口货物、物品，数额较大，没有合法证明的。

注释：
- 指我国领海基线以内包括海港、领海、海峡、直基线与海岸之间的海域，还包括内河的入海口水域。
- 是指邻接我国陆地领土和内水的一带海域。
- 是指我国与另一国家之间的分界河流。
- 是指我国与另一国家之间的分界湖泊。
- 是指国家对进口或者出口实行配额或者许可证管理的货物、物品，其他一般应纳税物品不包括在内。
- 是指有关主管部门颁发的进出口货物、物品许可证、准运证等能证明其来源、用途合法的证明文件。

要点注释

本条第一项所列行为，要以犯罪论处必须符合以下两个条件：第一，行为人在境内必须直接向走私人非法收购国家禁止进口或者走私进口的其他货物、物品。第二，直接向走私人非法收购武器、弹药、核材料或者伪造的货币和淫秽物品等禁止进口物品的，没有数额的限制；但收购走私进口的其他货物、物品，必须达到数额较大，才能构成犯罪。

思维导图

以走私罪论处的间接走私行为：
- 直接向走私人非法收购国家禁止进口物品的
- 直接向走私人非法收购走私进口的其他货物、物品，数额较大的
- 在内海、领海、界河、界湖运输、收购、贩卖国家禁止进出口物品的
- 在内海、领海、界河、界湖运输、收购、贩卖国家限制进出口货物、物品，数额较大，没有合法证明的

> **拓展适用**
>
> 《刑法》（2023年12月29日）
> 第一百五十三条
>
> 《最高人民法院、最高人民检察院关于办理走私刑事案件适用法律若干问题的解释》（2014年8月12日）
> 第二十条

案例精析

林某某走私普通货物、物品案

案号：（2021）闽刑终240号
来源：中国裁判文书网

裁判要点

上诉人林某某的供述与同案人刘某某的供述相印证，证实林某某每次向刘某某购买走私燕窝，均会通过微信聊天确认购买的种类、数量、价格，每次交易的价格反映在两人的微信聊天记录中。当日或翌日，刘某某通过快递渠道将燕窝邮寄给林某某。相关微信聊天记录及快递信息已由侦查机关依法提取在案，并经二人辨认确认。侦查机关通过刘某某邮寄燕窝给林某某的顺丰快递面单，确定林某某购买走私燕窝的次数，结合刘某某和林某某的微信聊天记录，确定燕窝种类、数量、价格，整理出2018年8月至2020年7月林某某向刘某某购买走私燕窝的各次数量、价格及相应快递单，形成《燕窝的数量及价格关联表》，统计出走私燕窝38批次共计338.05公斤，交易金额2469380元，由林某某和刘某某签字确认。鉴于刘某某和林某某均供述"刘某某走私进境的燕窝每公斤加价300—400元销售给林某某"，故按照林某某向刘某某购买的价格扣除400元/每公斤，即为刘某某向境外供货商支付的走私毛某的价格。三明海关据此核定林某某实施走私犯罪的偷逃应缴税额人民币共计96.2841万元，符合《海关计核涉嫌走私的货物、物品偷逃税款暂行办法》第十六条的规定，依法可以作为定案的根据。被告人林某某直接向走私人非法收购走私进口的毛某，偷逃应缴税额人民币962841元，数额巨大，其行为构成走私普通货物、物品罪。

第一百五十六条 【走私共犯】

> 是指犯罪行为人之间事先或者事中形成的共同的走私故意。

与走私罪犯**通谋**，为其提供贷款、资金、帐号、发票、证明，或者为其提供运输、保管、邮寄或者其他方便的，以走私罪的共犯论处。

要点注释

"与走私罪犯通谋"，是指行为人有犯罪故意的外在表现形式，主要是指事前、事中与走私罪犯共同商议，制订走私计划以及进行走私分工等活动。

思维导图

可以认定为与走私罪犯通谋的情形
- 对明知他人从事走私活动而同意为其提供贷款、资金、账号、发票、证明、海关单证，提供运输、保管、邮寄或者其他方便的
- 多次为同一走私犯罪分子的走私行为提供前项帮助的

案例精析

陈某某、吴某某走私国家禁止进出口的货物、物品案

案号：（2023）粤07刑终299号

来源：中国裁判文书网

裁判要点

本案中，陈某某虽受他人雇请而实施走私活动，但其在走私活动中负责物色、确定上货地点，组织船只、招募人员出海接驳、搬运走私货物，并在货物上岸后安排人员卸装货物，雇请多人到现场为走私活动放风掩护，通过微信群实时掌握走私动态，传发指令控制走私进程，是走私货物上岸运输环节的组织者、策划者、指挥者，并从中收取高额利润，对下主持分赃，在共同犯罪中地位重要，作用突出，原判据此认定其为主犯，并无不当。

第一百五十七条 【武装掩护走私、抗拒缉私的刑事处罚规定】

> 是指行为人携带器用以保护、掩饰走私活动行为。

武装掩护走私的，依照本法第一百五十一条第一款的规定从重处罚。

以暴力、威胁方法抗拒缉私的，以走私罪和本法第二百七十七条规定的阻碍国家机关工作人员依法执行职务罪，依照数罪并罚的规定处罚。

要点注释

实践中，行为人必须既有构成犯罪的走私行为，又有以暴力、威胁方法抗拒缉私的行为，才能对行为人数罪并罚。如果行为人没有构成犯罪的走私行为，仅有使用暴力、威胁方法抗拒缉私的行为，则只能按阻碍国家机关工作人员依法执行职务罪定罪处罚。

拓展适用

《刑法》（2023年12月29日）
第一百五十一条、第二百二十七条

裁判要点

被告人刘某某等人违反海关法规，逃避海关监管，共同采用绕关入境的方式非法接驳、运输柴油，重量达732余吨，偷逃应缴税额达178万余元，偷逃应缴税额巨大，其行为均已构成走私普通货物罪。被告人刘某某以暴力方法阻碍国家机关工作人员依法执行职务，其行为已构成妨害公务罪。被告人刘某某在判决宣告前一人犯数罪，应当实行数罪并罚。

案例精析

刘某某等走私普通货物、物品案

案号：（2020）沪刑终11号
来源：中国裁判文书网

第三节 妨害对公司、企业的管理秩序罪

第一百五十八条 【虚报注册资本罪】

申请公司登记使用虚假证明文件或者采取其他欺诈手段虚报注册资本,欺骗公司登记主管部门,取得公司登记,虚报注册资本数额巨大、后果严重或者有其他严重情节的,处三年以下有期徒刑或者拘役,并处或者单处虚报注册资本金额百分之一以上百分之五以下罚金。

单位犯前款罪的,对单位判处罚金,并对其直接负责的主管人员和其他直接责任人员,处三年以下有期徒刑或者拘役。

> 主要是指依法设立的注册会计师事务所和审计师事务所等法定验资机构依法对申请公司登记的人的出资所出具的验资报告、资产评估报告、验资证明等材料。

> 是指经市场监督管理部门核准并发给《企业法人营业执照》,还包括取得公司设立登记和变更登记的情况。

要点注释

根据本条规定,本罪有以下几个构成要件:(1)犯罪主体是特殊主体,即必须是申请公司登记的个人或者单位。(2)行为人在客观上必须实施了使用虚假证明文件或者采取其他欺诈手段虚报注册资本,欺骗公司登记主管部门的行为。(3)行为人必须取得了公司登记,而且虚报注册资本数额巨大、后果严重或者有其他严重情节的,才构成犯罪。

思维导图

应予立案追诉的情形:
- 法定注册资本最低限额在六百万元以下,虚报数额占其应缴出资数额百分之六十以上的
- 法定注册资本最低限额超过六百万元,虚报数额占其应缴出资数额百分之三十以上的
- 造成投资者或者其他债权人直接经济损失累计数额在五十万元以上的
- 虽未达到上述数额标准,但具有下列情形之一,又虚报注册资本的:
  - 二年内因虚报注册资本受过二次以上行政处罚,又虚报注册资本的
  - 向公司登记主管人员行贿的
  - 为进行违法活动而注册的
- 其他后果严重或者有其他严重情节的情形

拓展适用

《公司法》（2023年12月29日）
第四十七条

《全国人民代表大会常务委员会关于〈中华人民共和国刑法〉第一百五十八条、第一百五十九条的解释》（2014年4月24日）

《最高人民检察院、公安部关于公安机关管辖的刑事案件立案追诉标准的规定（二）》（2022年4月6日）
第三条

案例精析

1. 某市人民检察院诉王某某以危险方法危害公共安全、销售伪劣产品、虚报注册资本案

来源：《最高人民法院公报》2009年第1期

裁判要点

2005年10月，被告人王某某在没有实际缴纳注册资本的情况下，通过他人向某会计事务所张某某提供其伪造的总额为500万元的现金缴款单、银行对账单、银行询证函等手续，骗取了验资报告，后至某市工商行政管理局领取了注册资金为500万元的精细化工公司的营业执照。生效判决认为，王某某在申请公司登记过程中，使用虚假证明文件，欺骗公司登记主管部门，取得公司登记，虚报注册资本数额巨大，其行为已构成虚报注册资本罪。

2. 顾某某虚报注册资本、违规披露、不披露重要信息、挪用资金案

来源：最高人民法院发布依法平等保护民营企业家人身财产安全十大典型案例[①]之三

裁判要点

原审认定顾某某、刘某某、姜某某、张某某在申请G公司变更登记过程中，使用虚假证明文件以6.6亿元不实货币置换无形资产出资的事实存在，但该行为系当地政府支持G公司违规设立登记事项的延续，未造成严重后果，且相关法律在原审时已进行修改，使本案以不实货币置换的超出法定上限的无形资产所占比例由原来的55%降低至5%，故顾某某等人的行为情节显著轻微，危害不大，不认为是犯罪。

[①] 《依法平等保护民营企业家人身财产安全十大典型案例》，载最高人民法院网站，https://www.court.gov.cn/zixun/xiangqing/159542.html，2024年3月15日访问。

第一百五十九条 【虚假出资、抽逃出资罪】

公司发起人、股东违反公司法的规定未交付货币、实物或者未转移财产权，虚假出资，或者在公司成立后又抽逃其出资，数额巨大、后果严重或者有其他严重情节的，处五年以下有期徒刑或者拘役，并处或者单处虚假出资金额或者抽逃出资金额百分之二以上百分之十以下罚金。

单位犯前款罪的，对单位判处罚金，并对其直接负责的主管人员和其他直接责任人员，处五年以下有期徒刑或者拘役。

（抽逃出资）是指依法实行注册资本实缴登记制的公司的发起人、股东违反《公司法》的规定，在公司成立后，擅自使公司原有注册资本减少的情形。

（虚假出资）是指依法实行注册资本实缴登记制的公司的发起人、股东违反《公司法》的规定，未交付货币、实物或者未转移财产权出资，欺骗债权人和社会公众的情形。

要点注释

本罪与虚报注册资本罪都有"虚假"的行为，但虚报注册资本罪"虚假"的目的是骗取公司登记，即欺骗的是公司登记机关，而虚假出资、抽逃出资罪中"虚假"的目的主要是吸引其他发起人或股东的投资，即欺骗的是其他发起人或股东。再者，虚报注册资本罪的行为只能发生在公司成立、登记之前，而虚假出资、抽逃出资罪则发生在公司成立过程中或公司成立之后。

思维导图

应予立案追诉的情形：

- 法定注册资本最低限额在六百万元以下，虚假出资、抽逃出资数额占其应缴出资数额百分之六十以上的
- 法定注册资本最低限额超过六百万元，虚假出资、抽逃出资数额占其应缴出资数额百分之三十以上的
- 造成公司、股东、债权人的直接经济损失累计数额在五十万元以上的
- 虽未达到上述数额标准，但具有下列情形之一：
  - 致使公司资不抵债或者无法正常经营的
  - 公司发起人、股东合谋虚假出资、抽逃出资的
  - 二年内因虚假出资、抽逃出资受过二次以上行政处罚，又虚假出资、抽逃出资的
  - 利用虚假出资、抽逃出资所得资金进行违法活动的
- 其他后果严重或者有其他严重情节的情形

> **拓展适用**
>
> 《公司法》（2023年12月29日）
>
> 第五十三条、第二百五十二条、第二百五十三条
>
> 《全国人民代表大会常务委员会关于〈中华人民共和国刑法〉第一百五十八条、第一百五十九条的解释》（2014年4月24日）
>
> 《最高人民检察院、公安部关于公安机关管辖的刑事案件立案追诉标准的规定（二）》（2022年4月6日）
>
> 第四条
>
> 《最高人民法院关于适用〈中华人民共和国公司法〉若干问题的规定（三）》（2020年12月29日）
>
> 第十二条、第十四条

虚增增资数额，随后此笔资金流入第三方某基金账户，某集团公司又以第三方股东的身份以减资的名义将资金收回，虽然第三方某基金账户召开合伙人会议，决议退还出资款，某集团公司也公告了减资事宜，但因最终收回的款项发生在上述增资款的循环流转中，并非实质来源于某基金账户，且此减资也未在国家企业信用信息公示系统作变更登记，应当认为某集团公司从某基金账户收回的资金并非减资款，上述收回资金的行为属于抽逃资金，抽逃出资的股东某集团公司应当在抽逃出资的本息范围内就某投资担保公司的债务对债权人某小额贷款公司承担补充赔偿责任。某小额贷款公司没有直接的证据证明其接受某投资担保公司提供的担保是基于其增资行为，或使用了某银行、某会计师事务所在某投资担保公司增资时为其出具的《银行询证函回函》《验资报告》，某小额贷款公司未收回贷款的损失与某银行、某会计师事务所的验资行为不存在法律上的因果关系，其依法不应当承担补充赔偿责任。

案例精析

某小额贷款公司、某集团公司与某投资担保公司等损害公司债权人利益责任案

来源：2021年全国法院十大商事案件[①]之九

裁判要点

某集团公司将一笔资金，循环多次投入某投资担保公司，

[①] 《2021年全国法院十大商事案件》，载最高人民法院网站，https://www.court.gov.cn/zixun/xiangqing/344441.html，2024年3月15日访问。

第一百六十条 【欺诈发行证券罪】

> 是指违反《公司法》及其有关法律、法规的规定,制作的招股说明书、认股书、公司、企业债券募集办法等发行文件的内容全部都是虚构的,或者对其中重要的事项和部分内容作虚假的陈述或记载,或者对某些重要事实进行夸大或者隐瞒,或者故意遗漏有关的重要事项等。

在招股说明书、认股书、公司、企业债券募集办法等发行文件中隐瞒重要事实或者编造重大虚假内容,发行股票或者公司、企业债券、存托凭证或者国务院依法认定的其他证券,数额巨大、后果严重或者有其他严重情节的,处五年以下有期徒刑或者拘役,并处或者单处罚金;数额特别巨大、后果特别严重或者有其他特别严重情节的,处五年以上有期徒刑,并处罚金。

控股股东、实际控制人组织、指使实施前款行为的,处五年以下有期徒刑或者拘役,并处或者单处非法募集资金金额百分之二十以上一倍以下罚金;数额特别巨大、后果特别严重或者有其他特别严重情节的,处五年以上有期徒刑,并处非法募集资金金额百分之二十以上一倍以下罚金。

单位犯前两款罪的,对单位判处非法募集资金金额百分之二十以上一倍以下罚金,并对其直接负责的主管人员和其他直接责任人员,依照第一款的规定处罚。

◆思维导图

应予立案追诉的情形:

- 非法募集资金金额在一千万元以上的
- 虚增或者虚减利润达到当期利润总额百分之三十以上的
- 虚增或者虚减资产达到当期资产总额百分之三十以上的
- 虚增或者虚减营业收入达到当期营业收入总额百分之三十以上的
- 隐瞒或者编造的重大诉讼、仲裁、担保、关联交易或者其他重大事项所涉及的数额或者连续十二个月的累计数额达到最近一期披露的净资产百分之五十以上的
- 造成投资者直接经济损失数额累计在一百万元以上的
- 为欺诈发行证券而伪造、变造国家机关公文、有效证明文件或者相关凭证、单据的
- 为欺诈发行证券向负有金融监督管理职责的单位或者人员行贿的

拓展适用

《公司法》（2023 年 12 月 29 日）
第三十九条、第一百五十四条、第二百五十条

《最高人民检察院、公安部关于公安机关管辖的刑事案件立案追诉标准的规定（二）》（2022 年 4 月 6 日）
第五条

案例精析

1. 江苏某科技公司、杨某业欺诈发行债券案——如何把握欺诈发行证券罪的构成要件

案号：（2018）苏 02 刑初 49 号
来源：人民法院案例库 2023-03-1-089-001

裁判要点

本案发生在《刑法修正案（十一）》施行之前，当时的罪名为"欺诈发行股票、债券罪"，目前已调整为"欺诈发行证券罪"，涵括欺诈发行股票、债券和其他证券的情形。就欺诈发行证券而言，中小企业发行私募债券属于欺诈发行债券罪的规制对象。欺诈发行证券罪的犯罪主体为特殊主体，特指发行公司、企业债券的自然人和单位；所侵犯的客体是国家对债券发行市场的管理制度以及投资者的合法权益；主观方面必须是出于故意；客观方面表现为在公司、企业债券募集办法中隐瞒重要事实或者编造重大虚假内容，以欺骗手段骗取发行，数额巨大、后果严重或者其他严重情节的行为。应当依据结果数额确定欺诈发行债券罪的发行数额进行定罪量刑，结果数额是行为人实际募集的数额，除案发前归还的以外，往往也是投资人实际遭受损失的数额。

2. 某电气股份公司、温某乙、刘某胜欺诈发行股票、违规披露重要信息案——公司通过财务造假获准上市后又多次违规披露虚假财务信息，对主管人员和其他直接责任人员应予数罪并罚

案号：（2017）辽 06 刑初 11 号
来源：人民法院案例库 2023-03-1-089-002

裁判要点

公司通过财务造假获准上市后又多次违规披露虚假财务信息，上市前后的财务造假行为相互独立，分别侵犯国家股票发行管理制度、上市公司信息披露管理制度，触犯欺诈发行股票罪、违规披露重要信息罪。主管人员和其他直接责任人员先后参与上市前后的财务造假行为，应予以数罪并罚。

第一百六十一条 【违规披露、不披露重要信息罪】

> 是指财务会计报告中含有虚假记载公司资产总额、资产投入以及夸大盈利、隐瞒负债与经营亏损等内容，行为人故意将其提供给股东或向社会公众公开，导致股东、债权人以及投资者基于错误判断而作出投资决策。

> 是指除财务会计报告外的招股说明书、债券募集办法、上市公司中期报告、年度报告、临时报告等信息披露资料。

依法负有信息披露义务的公司、企业向股东和社会公众提供虚假的或者隐瞒重要事实的财务会计报告，或者对依法应当披露的其他重要信息不按照规定披露，严重损害股东或者其他人利益，或者有其他严重情节的，对其直接负责的主管人员和其他直接责任人员，处五年以下有期徒刑或者拘役，并处或者单处罚金；情节特别严重的，处五年以上十年以下有期徒刑，并处罚金。

前款规定的公司、企业的控股股东、实际控制人实施或者组织、指使实施前款行为的，或者隐瞒相关事项导致前款规定的情形发生的，依照前款的规定处罚。

犯前款罪的控股股东、实际控制人是单位的，对单位判处罚金，并对其直接负责的主管人员和其他直接责任人员，依照第一款的规定处罚。

🔺思维导图

应予立案追诉的情形：

- 造成股东、债权人或者其他人直接经济损失数额累计在一百万元以上的
- 虚增或者虚减资产达到当期披露的资产总额百分之三十以上的
- 虚增或者虚减营业收入达到当期披露的营业收入总额百分之三十以上的
- 虚增或者虚减利润达到当期披露的利润总额百分之三十以上的
- 未按照规定披露的重大诉讼、仲裁、担保、关联交易或者其他重大事项所涉及的数额或者连续十二个月的累计数额达到最近一期披露的净资产百分之五十以上的
- 致使不符合发行条件的公司、企业骗取发行核准或者注册并且上市交易的
- 致使公司、企业发行的股票或者公司、企业债券、存托凭证或者国务院依法认定的其他证券被终止上市交易的
- 在公司财务会计报告中将亏损披露为盈利，或者将盈利披露为亏损的
- 多次提供虚假的或者隐瞒重要事实的财务会计报告，或者多次对依法应当披露的其他重要信息不按照规定披露的
- 其他严重损害股东、债权人或者其他人利益，或者有其他严重情节的情形

拓展适用

《最高人民检察院、公安部关于公安机关管辖的刑事案件立案追诉标准的规定（二）》（2022年4月6日）
第六条

案例精析

1. 投资公司、余某某等人违规披露、不披露重要信息案

来源：最高人民检察院检例第 66 号

裁判要点

刑法规定违规披露、不披露重要信息罪只处罚单位直接负责的主管人员和其他直接责任人员，不处罚单位。公安机关以本罪将单位移送起诉的，检察机关应当对单位直接负责的主管人员及其他直接责任人员提起公诉，对单位依法作出不起诉决定。对单位需要给予行政处罚的，检察机关应当提出检察意见，移送证券监督管理部门依法处理。

2. 邓某1、邓某2违规不披露重要信息罪案——企业有效合规整改可以作为从轻处罚考量的重要情节

案号：（2022）川 01 刑初 27 号
来源：人民法院案例库 2024-03-1-090-001

裁判要点

案涉公司作为依法负有信息披露义务的公司，对其依法应当披露的重要信息不按照规定披露，严重损害股东或者其他人利益，被告人邓某1、邓某2作为直接负责的主管人员，其行为均已构成违规不披露重要信息罪。在审理中，考虑到案涉公司系成都市人民检察院首批纳入成都市涉案企业合规试点，且该公司此前为上市公司，公司生产经营规模较大，案发后正在积极进行恢复生产经营，在提起公诉时公司企业合规整改尚未结束。而在案发后，二被告人也在积极推动公司重组，引进新的战略合作伙伴，公司各项生产经营正在有序恢复，故成都中院决定在审判阶段继续开展企业合规整改工作，延长对案涉公司的合规整改期限。2022年12月，第三方组织向成都中院提交了《合规考察报告》，显示该公司本次合规整改活动初评结论为"合格"。成都中院经审查后认定，该公司积极缴纳了证监会罚款，积极配合重整并建立了公司治理的基本组织架构，制定了完善的公司管理制度。综合二被告人有自首、认罪认罚、积极消除社会危害后果等从轻、减轻情节，及公司合规整改成效，依法采纳了检察机关的量刑建议，对二被告人作出免予刑事处罚的判决。

第一百六十二条 【妨害清算罪】

> 公司、企业进行清算时,隐匿财产,对资产负债表或者财产清单作虚伪记载或者在未清偿债务前分配公司、企业财产,严重损害债权人或者其他人利益的,对其直接负责的主管人员和其他直接责任人员,处五年以下有期徒刑或者拘役,并处或者单处二万元以上二十万元以下罚金。

注释:
- 包括资金、工业产权、设备、产品、货物,包括动产、不动产,也包括公司、企业的债权等各种财产性利益。(指"隐匿财产")
- 是指反映企业特定时期财务状况的会计报表,能够标明企业所拥有或控制的经济资源、所承担的现有义务和所有者对净资产的要求权。(指"资产负债表")
- 是指公司对清算时尚存的所有财产项目的记载。(指"财产清单")

要点注释

妨害清算罪在客观方面必须是严重损害了债权人或者其他人的合法权益。"债权人"包括银行、合同相对人等;"其他人"包括公司、企业职工,劳动保险的被保险人、受益人等。"严重损害合法权益",是指公司、企业因妨害清算的行为造成债权人巨额债务无法得到偿还,长期拖欠职工工资和劳动保险费用,以及国家巨额税款得不到清偿等。

思维导图

应予立案追诉的情形:
- 隐匿财产价值在五十万元以上的
- 对资产负债表或者财产清单作虚伪记载涉及金额在五十万元以上的
- 在未清偿债务前分配公司、企业财产价值在五十万元以上的
- 造成债权人或者其他人直接经济损失数额累计在十万元以上的
- 虽未达到上述数额标准,但应清偿的职工的工资、社会保险费用和法定补偿金得不到及时清偿,造成恶劣社会影响的
- 其他严重损害债权人或者其他人利益的情形

拓展适用

《公司法》（2023年12月29日）
第二百二十九条至第二百四十二条

《企业破产法》（2006年8月27日）
第一百零七条至第一百二十四条

《最高人民检察院、公安部关于公安机关管辖的刑事案件立案追诉标准的规定（二）》（2022年4月6日）
第七条

案例精析

1. 王某乔妨害清算案——在未清偿债务前擅自处置公司财产行为的认定

案号：（2022）苏1311刑初101号
来源：人民法院案例库 2023-03-1-091-001

裁判要点

行为人在其实际经营的公司被法院裁定受理破产申请后，隐匿财产，对管理人隐瞒不报，在未清偿债务前擅自处置公司财产，不仅造成破产清算工作失去真实、客观的依据，还严重损害了债权人或者其他人权益，符合妨害清算罪的构成要件。

2. 曹某某妨害清算案

案号：（2020）鄂05刑终286号
来源：中国裁判文书网

裁判要点

曹某某、周某1在商议注销L公司时，对是否决定将W基地整体转让给林业公司，二人各执一词。周某1关于是否同意将L公司清算并注销的陈述前后矛盾，其对矛盾之处所作的解释不符合其与曹某某之间多次签订协议时的习惯，也不合乎常理。不能排除周某1、曹某某二人商议清算并注销L公司时，决定将L公司资产转让给林业公司的可能性。现有证据不足以证实曹某某有非法占有公司财产的主观故意。被告人曹某某作为L公司清算组成员，在公司进行清算时，对资产负债表作虚伪记载，金额达50万元以上，其行为已构成妨害清算罪，依法应受刑罚处罚。被告人曹某某提供《公司注销登记申请书》《清算报告》等相关资料，安排工作人员注销L公司，该份《清算报告》对L公司的资产负债表作虚伪记载，其中，欠园林工程公司债务为0；但现有证据证实，截至2018年9月L公司仍欠园林工程公司2905397.70元未归还，故应当以妨害清算罪对曹某某定罪处罚。

第一百六十二条之一 【隐匿、故意销毁会计凭证、会计帐簿、财务会计报告罪】

是指使会计凭证、会计账簿、财务会计报告脱离政府机关、股东和社会公众视线的一切方法。

> 隐匿或者故意销毁依法应当保存的会计凭证、会计帐簿、财务会计报告,情节严重的,处五年以下有期徒刑或者拘役,并处或者单处二万元以上二十万元以下罚金。
>
> 单位犯前款罪的,对单位判处罚金,并对其直接负责的主管人员和其他直接责任人员,依照前款的规定处罚。

是指使会计凭证、会计账簿、财务会计报告毁损的方法,包括抛弃、烧毁、撕扯等。

要点注释

本罪主体是特殊主体,即有义务保存会计凭证、会计账簿、财务会计报告的自然人和单位,但单位的性质并无限定。

思维导图

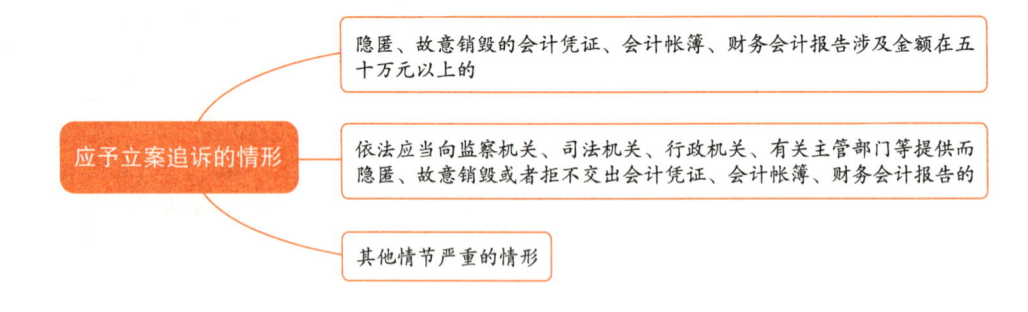

应予立案追诉的情形
- 隐匿、故意销毁的会计凭证、会计帐簿、财务会计报告涉及金额在五十万元以上的
- 依法应当向监察机关、司法机关、行政机关、有关主管部门等提供而隐匿、故意销毁或者拒不交出会计凭证、会计帐簿、财务会计报告的
- 其他情节严重的情形

> **拓展适用**
>
> 《最高人民检察院、公安部关于公安机关管辖的刑事案件立案追诉标准的规定（二）》（2022 年 4 月 6 日）
> 第八条

案例精析

1. 造纸厂、杨某某销毁会计资料案

来源：《最高人民法院公报》2002 年第 4 期

裁判要点

销毁会计资料罪的主体既可以是具有刑事责任能力的自然人，也可以是单位法人；犯罪的主观方面是直接故意，并且具有逃避国家依法对单位财务进行监督的目的；侵害的客体是国家对公司、企业财务的管理秩序，犯罪对象是依法应当保存的会计凭证、会计账簿或财务会计报告；犯罪客观方面表现为对依法应当保存的会计凭证、会计账簿或财务会计报告实施隐匿或者故意销毁的行为。会计凭证、会计账簿是会计法规定依法应当保存的会计资料，任何单位与个人均不得隐匿或者故意销毁。被告单位造纸厂为本厂私利，经该厂决策机构集体研究同意后，用锅炉烧毁了依法应当保存的上述会计资料，其行为与法律的规定公开相悖，可视为情节严重。依照《刑法》第一百六十二条之一的规定，造纸厂的行为构成销毁会计资料罪。

2. 齐某某隐匿、故意销毁会计凭证、会计帐簿、财务会计报告等案

案号：（2021）辽 07 刑终 205 号
来源：中国裁判文书网

裁判要点

2018 年，被告人齐某某指派司机王某 1 将其实际控制的医疗器械公司会计凭证、账簿从某税务师事务所有限公司取回后烧毁。经查，被销毁的系医疗器械公司 2016 年度至 2018 年度会计凭证、账簿，涉及金额人民币 54580391.4 元 (营业收入)。生效判决认为，齐某某长期从事生产经营活动，且实际控制数家企业，应知会计凭证、会计账簿应长期保存而指使他人销毁大量会计凭证、会计账簿，故意销毁依法应当保存的会计凭证、会计账簿，情节严重，其行为构成故意销毁会计凭证、会计账簿罪。

第一百六十二条之二 【虚假破产罪】

是指将公司、企业的资金、设备、产品、货物等财产全部或部分予以隐瞒、转移、藏匿。

是指捏造、承认不真实或不存在的债务。

公司、企业通过**隐匿财产**、**承担虚构的债务**或者以其他方**法转移**、**处分财产**,实施虚假破产,严重损害债权人或者其他人利益的,对其直接负责的主管人员和其他直接责任人员,处五年以下有期徒刑或者拘役,并处或者单处二万元以上二十万元以下罚金。

是指《企业破产法》第三十一条所规定的无偿转让财产、以明显不合理的价格交易、对没有财产担保的债务提供财产担保、对未到期的债务提前清偿以及放弃债权等行为。

要点注释

在实际执行中应注意本罪与《刑法》第一百六十二条规定的妨害清算罪的区别。这两个罪的主体都是公司、企业,犯罪目的可能都是逃避债务,行为上都可能有隐匿公司、企业财产的行为。但这两个罪有着明显的区别,妨害清算罪的犯罪行为发生在公司、企业进入清算程序以后,破坏的是对公司、企业进行清算的正确秩序,至于公司、企业进行清算的原因则是真实的;而本罪的犯罪行为主要发生在公司、企业进入破产程序之前,是制造不符合破产条件的公司、企业不能清偿到期债务或者资不抵债,需要进行破产清算的假象。是否进入清算程序是区分本罪和妨害清算罪的关键。

思维导图

应予立案追诉的情形
- 隐匿财产价值在五十万元以上的
- 承担虚构的债务涉及金额在五十万元以上的
- 以其他方法转移、处分财产价值在五十万元以上的
- 造成债权人或者其他人直接经济损失数额累计在十万元以上的
- 虽未达到上述数额标准,但应清偿的职工的工资、社会保险费用和法定补偿金得不到及时清偿,造成恶劣社会影响的
- 其他严重损害债权人或者其他人利益的情形

拓展适用

《刑法》（2023年12月29日）第一百六十二条

《最高人民检察院、公安部关于公安机关管辖的刑事案件立案追诉标准的规定（二）》（2022年4月6日）第九条

案例精析

沈某某虚假破产案

案号：（2018）沪01刑终1318号
来源：中国裁判文书网

裁判要点

虚假破产罪是指行为人实施了"隐匿财产、承担虚构的债务，或者以其他方法非法转移、分配财产，实施虚假破产"的行为，其中"隐匿财产"是指将公司企业的财产隐藏，或者对公司企业的财产清单和资产负债表作虚假记载，或者采用少报、低报的手段，故意隐瞒、缩小公司企业财产的实际数额；其中"承担虚构的债务"是指夸大公司企业的负债状况，目的是造成公司企业资不抵债的假象；其中"以其他方法非法转移、分配财产"是指在未清偿债务之前，将公司企业的财产无偿转让、以明显不合理的低价转让财产或者以明显高于市场的价格受让财产、对原来没有财产担保的债务提供财产担保、放弃债权、对公司企业财产进行分配等情形。"虚假破产"实际上是一种破产欺诈行为，属于诈骗犯罪范畴，罪与非罪的界限要看其是否达到"严重损害债权人和其他人利益"的程度，而其中"严重损害债权人的利益"，主要是指通过虚假破产意图逃避偿还债权人的债务数额巨大等情形。至于实施虚假破产的时间界限，应当截止于公司企业提出破产申请之日。生效判决认为，Z公司在提出破产申请之日，实际不符合破产案件企业已不能清偿到期债务，且资产不足以清偿全部债务的条件。在认定Z公司及沈某某有虚假破产行为的情况下，沈某某通过虚假破产意图逃避偿还债权人的债务数额巨大，可以认定为严重损害了债权人的利益，构成虚假破产罪。

第一百六十三条 【非国家工作人员受贿罪】

公司、企业或者其他单位的工作人员,利用职务上的便利,索取他人财物或者非法收受他人财物,为他人谋取利益,数额较大的,处三年以下有期徒刑或者拘役,并处罚金;数额巨大或者有其他严重情节的,处三年以上十年以下有期徒刑,并处罚金;数额特别巨大或者有其他特别严重情节的,处十年以上有期徒刑或者无期徒刑,并处罚金。

公司、企业或者其他单位的工作人员在经济往来中,利用职务上的便利,违反国家规定,收受各种名义的回扣、手续费,归个人所有的,依照前款的规定处罚。

国有公司、企业或者其他国有单位中从事公务的人员和国有公司、企业或者其他国有单位委派到非国有公司、企业以及其他单位从事公务的人员有前两款行为的,依照本法第三百八十五条、第三百八十六条的规定定罪处罚。

- 从谋取利益的性质上看,既包括他人应当得到的合法的、正当的利益,也包括他人不应当得到的非法的、不正当的利益。
- 是指在商品或者劳务活动中,由卖方从所收到的价款中,按照一定的比例抽出一部分返还给买方或者其经办人的款项。
- 是指公司、企业或者其他单位的工作人员利用自己职务上组织、领导、监管、主管、经管、负责某项工作的便利条件。
- 是指在经济活动中,除回扣以外,其他违反国家规定支付给公司、企业或者其他单位的工作人员的各种名义的钱,如信息费、顾问费、劳务费、辛苦费、好处费等。

要点注释

违反国家规定,收取各种名义的回扣、手续费,是否归个人所有,是区分罪与非罪的主要界限。如果收取的回扣、手续费都上交给公司、企业或者本单位的,不构成犯罪;只有将收取的回扣、手续费归个人所有的,才构成犯罪。

思维导图

其他单位
- 事业单位、社会团体、村民委员会、居民委员会、村民小组等常设性的组织
- 为组织体育赛事、文艺演出或者其他正当活动而成立的组委会、筹委会、工程承包队等非常设性的组织

> **拓展适用**
>
> 《最高人民法院、最高人民检察院关于办理贪污贿赂刑事案件适用法律若干问题的解释》（2016年4月18日）
> 第十一条至第十八条
>
> 《最高人民检察院、公安部关于公安机关管辖的刑事案件立案追诉标准的规定（二）》（2022年4月6日）
> 第十条
>
> 《最高人民法院、最高人民检察院关于办理商业贿赂刑事案件适用法律若干问题的意见》（2008年11月20日）
>
> 《最高人民法院关于如何认定国有控股、参股股份有限公司中的国有公司、企业人员的解释》（2005年8月1日）

案例精析

1. 刘某涵非国家工作人员受贿案

案号：（2023）闽0212刑初47号
来源：人民法院案例库 2024-03-1-094-001

裁判要点

非国家工作人员受贿罪的本质是权钱交易，即行为人收受财物系基于所任职务能够为他人谋取利益。据此，认定非国家工作人员受贿罪，应当着重审查职务便利与非法收受财物之间具有关联性。

2. 林某舟非国家工作人员受贿案——公司工作人员"利用职务上的便利"的认定

案号：（2022）闽01刑终394号
来源：人民法院案例库 2023-03-1-094-004

裁判要点

"利用职务上的便利"是非国家工作人员受贿罪的客观要件之一。"利用职务上的便利"既包括利用所任职务范围内的概括性职权，也包括利用该职务所具有的主管、分管、经手等实质意义的具体职务职权。同时，结合公司、企业等非国家机关、国有公司的管理实际，为推动商业贿赂犯罪打防并举的目的实现，在缺乏公司职责分工文件或者书面授权的情况下，行为人的行为构成了对其职务职权范围的客观证明。如其行为效果能够证实谋利行为与职务行为存在关联性，且索取他人财物或者非法收受他人财物的，构成非国家工作人员受贿罪。

第一百六十四条

是指行贿人谋取违反法律法规、规章或者政策规定的利益，或者要求对方违反法律法规、规章、政策、行业规范的规定提供帮助或者方便条件。

【对非国家工作人员行贿罪】为谋取不正当利益，给予公司、企业或者其他单位的工作人员以财物，数额较大的，处三年以下有期徒刑或者拘役，并处罚金；数额巨大的，处三年以上十年以下有期徒刑，并处罚金。

【对外国公职人员、国际公共组织官员行贿罪】为谋取不正当商业利益，给予外国公职人员或者国际公共组织官员以财物的，依照前款的规定处罚。

单位犯前两款罪的，对单位判处罚金，并对其直接负责的主管人员和其他直接责任人员，依照第一款的规定处罚。

行贿人在被追诉前主动交待行贿行为的，可以减轻处罚或者免除处罚。

包括货币、物品和财产性利益，财产性利益包括可以折算为货币的物质利益，如房屋装修、债务免除等，以及需要支付货币的其他利益，如会员服务、旅游等。后者的犯罪数额，以实际支付或者应当支付的数额计算。

要点注释

在招标投标、政府采购等商业活动中，违背公平原则，给予相关人员财物以谋取竞争优势的，也属于"谋取不正当利益"。

◆思维导图

- 应予立案追诉的情形
  - 为谋取不正当利益，给予公司、企业或者其他单位的工作人员以财物
    - 个人行贿数额在三万元以上的
    - 单位行贿数额在二十万元以上的
  - 为谋取不正当商业利益，给予外国公职人员或者国际公共组织官员以财物
    - 个人行贿数额在三万元以上的
    - 单位行贿数额在二十万元以上的

拓展适用

《反不正当竞争法》（2019年4月23日）

第七条、第八条

《最高人民检察院、公安部关于公安机关管辖的刑事案件立案追诉标准的规定（二）》（2022年4月6日）

第十一条、第十二条

《最高人民法院、最高人民检察院关于办理商业贿赂刑事案件适用法律若干问题的意见》（2008年11月20日）

《最高人民法院、最高人民检察院关于办理贪污贿赂刑事案件适用法律若干问题的解释》（2016年4月18日）

第十一条、第十二条

《最高人民法院、最高人民检察院关于办理行贿刑事案件具体应用法律若干问题的解释》（2012年12月26日）

第五条至第十三条

裁判要点

（1）办理行贿案件和关联案件过程中，应当统筹确定司法管辖。对于一人犯数罪等关联犯罪案件，由不同地方的监察机关、侦查机关分别调查、侦查的，监察机关、检察机关应当加强沟通，从保证整体办案效果出发，统筹提出司法管辖的意见，由检察机关及时商请人民法院办理。一般应当坚持随主案确定管辖的原则，由受理主案的司法机关一并管辖关联案件，确保案件统一认定、妥善处理。

（2）应当注重审查不同类型行贿犯罪的区别，检察机关拟改变定性的，应当及时与监察机关沟通，依法处理。对涉嫌行贿犯罪的，检察机关应当注意审查受贿人主体身份、职责范围、涉案人关系等方面证据，依法准确认定罪名。对于受贿人不属于国家工作人员的，不能认定为《刑法》第三百八十九条规定的行贿罪，应根据其实际身份及与国家工作人员的关系，符合《刑法》第一百六十四条、第三百九十条之一规定的，分别认定为对非国家工作人员行贿罪、对有影响力的人行贿罪。在审查起诉中，检察机关发现监察机关移送审查起诉时认定的罪名可能定性不准的，应当及时与监察机关沟通，根据查明的事实依法准确认定罪名。

（3）办理行贿犯罪案件，检察机关应当根据犯罪事实、性质、情节和社会危害程度，依法提出量刑建议。对行贿犯罪与涉黑犯罪相交织，通过行贿帮助黑社会性质组织形成"保护伞"的，要坚决予以严惩。检察机关应综合考量谋取不正当利益的性质、所涉领域、国家和人民利益遭受损失等情况，依法提出从重处罚的量刑建议。

案例精析

陈某某行贿、对有影响力的人行贿、对非国家工作人员行贿案

来源：中共中央纪律检查委员会、国家监察委员会、最高人民检察院联合发布5起行贿犯罪典型案例（第二批）[①]之一

[①] 《中央纪委国家监委、最高检联合发布5起行贿犯罪典型案例》，载最高人民检察院网站，https://www.spp.gov.cn/spp/xwfbh/wsfbt/202303/t20230329_609053.shtml?eqid=d02623e50075acd400000002647fa59f#2，2024年3月15日访问。

第一百六十五条 【非法经营同类营业罪】①

原	新（《刑法修正案（十二）》）
国有公司、企业的董事、经理利用职务便利，自己经营或者为他人经营与其所任职公司、企业同类的营业，获取非法利益，数额巨大的，处三年以下有期徒刑或者拘役，并处或者单处罚金；数额特别巨大的，处三年以上七年以下有期徒刑，并处罚金。	国有公司、企业的董事、监事、高级管理人员，利用职务便利，自己经营或者为他人经营与其所任职公司、企业同类的营业，获取非法利益，数额巨大的，处三年以下有期徒刑或者拘役，并处或者单处罚金；数额特别巨大的，处三年以上七年以下有期徒刑，并处罚金。 其他公司、企业的董事、监事、高级管理人员违反法律、行政法规规定，实施前款行为，致使公司、企业利益遭受重大损失的，依照前款的规定处罚。

> 包括以私人名义另行注册公司，有的是以亲友的名义注册公司、企业，或者是在他人经办的公司、企业中入股进行经营。

要点注释

2023 年《公司法》第一百八十四条规定，董事、监事、高级管理人员未向董事会或者股东会报告，并按照公司章程的规定经董事会或者股东会决议通过，不得自营或者为他人经营与其任职公司同类的业务。对公司相关人员从事同业营业行为作出了禁止性规定。为与 2023 年《公司法》作出衔接，《刑法修正案（十二）》将本条第一款中的"国有公司、企业的董事、经理"改为"国有公司、企业的董事、监事、高级管理人员"。

思维导图

非法经营同类营业罪的犯罪主体
- 国有公司、企业的董事
- 国有公司、企业的监事
- 国有公司、企业的高级管理人员

---

① 新旧对照表左栏为《刑法修正案（十二）》修正前刑法条文，右栏为《刑法修正案（十二）》修正后刑法条文，下同。

拓展适用

《公司法》（2023年12月29日）第一百八十四条

《最高人民法院关于如何认定国有控股、参股股份有限公司中的国有公司、企业人员的解释》（2005年8月1日）

案例精析

1. 吴某军非法经营同类营业、对非国家工作人员行贿案——非法经营同类营业罪主体范围及"同类营业"的理解

案号：（2017）苏刑终29号

来源：人民法院案例库 2023-03-1-097-002

裁判要点

（1）"国有公司、企业的董事、经理"属于"国有公司、企业工作人员"的特定组成部分。经委派到国家出资企业中从事公务的人员，虽然其所任职的企业不能被认定为刑法意义上的"国有公司、企业"，甚至委派他的单位也不是刑法意义上的"国有公司、企业"，但其本人在符合特定条件情况下，仍可以被认定为"国有公司、企业人员"。所谓符合特定条件，主要从三个方面考察：一是委派的主体。适格的委派主体应当是国有公司、企业，或者国有控股、参股公司中负有管理、监督国有资产职责的组织。二是委派的实质内容。即委派是否体现国有单位、组织的意志。至于委派的具体形式、被委派单位是否通过特定程序对被委派人员进行任命等，均不影响委派的认定。三是是否从事公务。主要体现"从事组织、领导、监督、经营、管理工作"。

（2）是否属于同类营业，应采取实质审查标准。"同类营业"不等于"同样营业"，亦不以营业执照标示的范围为限，重点在于是否剥夺了本公司的交易机会。

2. 周某某贪污、受贿、非法经营同类营业案

来源：最高人民检察院发布粮食购销领域职务犯罪典型案例[①]之一

裁判要点

国有粮库主任粮管所所长等企业负责人，实质上行使董事、经理职权，属于《刑法》第一百六十五条规定的"国有公司、企业的董事、经理"。行为人利用职务便利，安排自己经营的企业借用其任职单位的资质从事粮食收储等经营活动，属于非法经营同类营业行为。检察机关办理粮食购销领域职务犯罪案件，应加强与监察机关协作配合，注重检察一体化履职，通过公益诉讼等方式助力粮食领域综合治理，守护国家粮食安全。

[①] 《粮食购销领域职务犯罪典型案例》，载最高人民检察院网站，https://www.spp.gov.cn/xwfbh/wsfbt/202312/t20231209_636320.shtml#2，2024年3月15日访问。

第一百六十六条 【为亲友非法牟利罪】

原	新（《刑法修正案（十二）》）
国有公司、企业、事业单位的工作人员，利用职务便利，有下列情形之一，使国家利益遭受重大损失的，处三年以下有期徒刑或者拘役，并处或者单处罚金；致使国家利益遭受特别重大损失的，处三年以上七年以下有期徒刑，并处罚金： （一）将本单位的盈利业务交由自己的亲友进行经营的； （二）以明显高于市场的价格向自己的亲友经营管理的单位采购商品或者以明显低于市场的价格向自己的亲友经营管理的单位销售商品的； （三）向自己的亲友经营管理的单位采购不合格商品的。	国有公司、企业、事业单位的工作人员，利用职务便利，有下列情形之一，致使国家利益遭受重大损失的，处三年以下有期徒刑或者拘役，并处或者单处罚金；致使国家利益遭受特别重大损失的，处三年以上七年以下有期徒刑，并处罚金： （一）将本单位的盈利业务交由自己的亲友进行经营的； （二）以明显高于**市场的价格**从自己的亲友经营管理的单位采购商品、接受服务或者以明显低于市场的价格向自己的亲友经营管理的单位销售商品、提供服务的； （三）从自己的亲友经营管理的单位采购、接受不合格商品、服务的。 其他公司、企业的工作人员违反法律、行政法规规定，实施前款行为，致使公司、企业利益遭受重大损失的，依照前款的规定处罚。

是指相当长时期内某种商品在价值规律的作用下正常反映商品价值的价格。

要点注释

《刑法修正案（十二）》将现行对国有公司、企业相关人员适用的犯罪扩展到民营企业，增加了第二款的规定。民营企业内部人员如有非法经营同类营业的行为，故意损害民营企业利益，造成重大损失的，也要追究刑事责任。

◆思维导图

采购、接受不合格商品、服务的情形
- 以高价购买质量低劣的商品、服务
- 折价、低价购进不合格商品、服务

拓展适用

《最高人民法院关于如何认定国有控股、参股股份有限公司中的国有公司、企业人员的解释》（2005年8月1日）

案例精析

刘某某为亲友非法牟利案——如何认定为亲友非法牟利罪

案号：（2021）黑刑终83号
来源：人民法院案例库 2023-03-1-098-001

裁判要点

（1）国有控股公司中从事公务的人员属于国有公司工作人员。国有控股公司中从事公务的人员属于国有公司工作人员。虽然刑法上的国有公司、企业是指国有独资公司、企业，但"国有公司、企业人员"并非仅指国有独资公司、企业工作人员。根据《最高人民法院、最高人民检察院关于办理国家出资企业中职务犯罪案件具体应用法律若干问题的意见》第六条的规定，经国有公司、企业提名、推荐、任命、批准等，在国有控股、参股公司及其分支机构中从事公务的人员，以及经国家出资企业中负有管理、监督国有资产职责的组织批准或者研究决定，代表其在国有控股、参股公司及其分支机构中从事组织领导、监督、经营、管理工作的人员，可认定为以国家工作人员论的"国有公司、企业人员"。

（2）通过下属单位负责人的职权，安排以明显高于市场的价格购买商品，属于利用职务上的便利。利用职务上有隶属关系的其他国有公司、企业工作人员的职务便利可以认定其利用了职务便利。《全国法院审理经济犯罪案件工作座谈会纪要》第三条第一项规定，《刑法》第三百八十五条第一款规定的"利用职务上的便利"，既包括利用本人职务上主管、负责、承办某项公共事务的职权，也包括利用职务上有隶属、制约关系的其他国家工作人员的职权。担任单位领导职务的国家工作人员通过不属自己主管的下级部门的国家工作人员的职务为他人谋取利益的，应当认定为"利用职务上的便利"为他人谋取利益。

（3）当行为人的行为兼具为自己以及亲友牟利的因素时，以为亲友非法牟利罪定罪更为合理。在具体案件中，应当考虑以下因素：行为人是否具有为亲友非法牟利的意图；行为人的行为是否不同于典型的贪污行为；以为亲友非法牟利罪进行处罚是否具有合理性。

第一百六十七条 【签订、履行合同失职被骗罪】

是指对方当事人的行为已经涉嫌诈骗犯罪，但不以对方当事人已经被人民法院判决构成诈骗犯罪为本罪立案追诉的前提。

> 国有公司、企业、事业单位直接负责的主管人员，在签订、履行合同过程中，因严重不负责任被诈骗，致使国家利益遭受重大损失的，处三年以下有期徒刑或者拘役；致使国家利益遭受特别重大损失的，处三年以上七年以下有期徒刑。

既可以是本单位原有财产被合同对方当事人使用欺骗方法取得，也可以是本单位可预期的重大利益因被欺诈而丧失，还可以是因为被骗，对方根本无法供货，造成停产、工厂濒临破产倒闭等。

要点注释

在实践中适用本条，应正确区分罪与非罪的界限，其中十分重要的是看行为人是正确履行职责还是严重不负责任。这关键看行为人应尽的职责和义务，在有条件、有可能履行的情况下，是正确履行，还是放弃职守、不积极履行、放任自流；行为人是否滥用职权、超越职权、擅自作出决定；行为人是否违反国家法律、政策、企业管理规章制度和经商原则。

思维导图

行为人因严重不负责任被诈骗致使国家利益遭受重大损失的情形

- 对合同的对方当事人提供的不符合质量要求、质次价高的货物应该检查而不检查，擅自同意对方发货，不按合同约定的质量标准验收的
- 不问对方资信，盲目将大量资金付给、借给对方，或者擅自作经济担保的
- 无视规章制度和工作程序，擅自越权签订、履行经济合同的
- 未向有关机构了解情况，盲目同无资金、货源者签订、履行合同的
- 不问外商资信情况，盲目与其开展对外贸易业务或者严重违反国家法律、法规的规定吸引外资而被诈骗
- 在合同部分履行时，发现被诈骗，但对质量低劣的商品不及时采取补救措施，延误索赔期限或者擅自决定放弃索赔权利的
- 发现出口商品的质量、数量不符合合同约定而不积极采取措施加以纠正，致使外方索赔，造成重大经济损失或者严重影响外贸信誉、出口商品声誉的
- 明知商品供销人员签订、履行合同的行为违反法律规定，而不予制止，或者在业务人员提出本单位可能因为签订、履行合同而被诈骗时，不予理会，造成国家利益遭受重大损失的

> **拓展适用**
>
> 《全国人民代表大会常务委员会关于惩治骗购外汇、逃汇和非法买卖外汇犯罪的决定》（1998年12月29日）第七条
>
> 《最高人民法院关于如何认定国有控股、参股股份有限公司中的国有公司、企业人员的解释》（2005年8月1日）

案例精析

1. 赵某签订合同失职被骗案

来源：《最高人民法院公报》2001年第3期

裁判要点

此条罪的主体，是国有公司、企业、事业单位中能够对签订与履行合同起领导、决策、指挥作用的主管人员，并非指受命从事签署、履行工作的人员。被告人赵某是国有企业的主管人员，在本案所涉合同的签订过程中，其所起的决策作用是显而易见的，符合此罪对主体的特殊要求。赵某担负着管理、经营国有资产的重任，应当知道合同的签订、履行具有一定的风险，有被骗的可能，因此应当在签订合同前认真履行审查签约对方的主体资格、履约能力等职责。由于有朋友介绍，赵某就轻信被骗的危害后果可以避免。在这种过失心理的驱使下，赵某放弃履行自己的职责。赵某的主观心态，符合此罪对主观方面的要求。因此，当客观方面发生了近130万元的国有财产被诈骗的危害结果后，赵某的行为确已构成签订合同失职被骗罪。

2. 田某虎签订、履行合同失职被骗案——签订、履行合同失职被骗罪中"严重不负责任"的认定

案号：（2022）京0113刑初918号
来源：人民法院案例库2023-03-1-099-001

裁判要点

签订、履行合同失职被骗罪中，"严重不负责任"的认定，可从以下三个方面进行把握：

（1）行为人负有特定职责是前提条件。行为人的职务是认定严重不负责任的前提条件，没有职务之名便没有"严重不负责任"之说，要把握"职务"与"责任"的对应关系，结合职务、职责、职权，本着权责统一的原则认定是否存在不负责任及其程度。

（2）注意义务的重大违反是"严重不负责任"的本质属性。在签订、履行合同失职被骗罪中，注意义务是指行为人要谨慎注意在签订、履行合同过程中避免被诈骗的特殊注意义务。

（3）"严重不负责任"的行为与危害结果的成立具有相当因果关系，该因果关系的认定应以查明的事实为基础，通过分析失职行为及介入因素原因力的大小进行综合判断。

第一百六十八条 【国有公司、企业、事业单位人员失职罪】【国有公司、企业、事业单位人员滥用职权罪】

国有公司、企业的工作人员,由于严重不负责任或者滥用职权,造成国有公司、企业破产或者严重损失,致使国家利益遭受重大损失的,处三年以下有期徒刑或者拘役;致使国家利益遭受特别重大损失的,处三年以上七年以下有期徒刑。

国有事业单位的工作人员有前款行为,致使国家利益遭受重大损失的,依照前款的规定处罚。

国有公司、企业、事业单位的工作人员,徇私舞弊,犯前两款罪的,依照第一款的规定从重处罚。

> 并不必然等于宣告破产,即确定行为人严重不负责任的行为是否造成国有公司、企业、事业单位破产,不需要先通过民事程序审理破产案件,或由有关组织参与债权债务关系的清理,分配破产财产。

要点注释

国有公司、企业委派到国有控股、参股公司从事公务的人员,以国有公司、企业人员论。

思维导图

行为人严重不负责任的情形

- 国有公司、企业、事业单位的工作人员在工作中为谋取个人利益,对工作严重不负责任,不履行或者不正确履行职责和义务,草率行事
- 工作懈怠失职,未按照职责分工,对单位其他工作人员反映的事故隐患不处理,发生违规操作事件后不上报,导致企业发生重大责任事故,给国家造成重大损失
- 国有公司、企业、事业单位的工作人员在仓储或者企业管理方面严重失职,造成重大损失

拓展适用

《最高人民法院关于如何认定国有控股、参股股份有限公司中的国有公司、企业人员的解释》（2005年8月1日）

《最高人民法院关于审理扰乱电信市场管理秩序案件具体应用法律若干问题的解释》（2000年5月12日）第六条

《最高人民法院、最高人民检察院关于办理妨害预防、控制突发传染病疫情等灾害的刑事案件具体应用法律若干问题的解释》（2003年5月14日）第四条、第十七条

案例精析

1. 桑某受贿、国有公司人员滥用职权、利用未公开信息交易案

来源：最高人民检察院检例第188号

裁判要点

渎职犯罪造成公共财产损失的范围包括国有单位因错失交易机会、压缩利润空间、让渡应有权益进而造成应得而未得的收益损失。实践中，渎职犯罪造成公共财产的损失范围一般为国有单位现有财产的实际损失，但在金融领域渎职犯罪案件中，介入交易规则变化、收益分配方式调整等因素，可能导致国有单位压缩利润空间、让渡应有权益，进而造成国有单位预期收益应得而未得。检察机关应当注重审查造成损失的原因是市场因素还是渎职行为，渎职行为的违规性、违法性，是否具有徇私舞弊情节等要素。对因渎职行为而不是市场因素造成预期收益损失的部分，一般应当计入公共财产损失范围。

2. 王某某受贿、国有公司人员失职、国有公司人员滥用职权案

来源：最高人民检察院发布10起粮食购销领域职务犯罪典型案例[①]之九

裁判要点

检察机关在办理粮食购销领域职务犯罪案件时，要充分发挥提前介入作用，夯实证据基础，完善证据体系，厘清犯罪行为，全面准确认定案件事实。对国有公司人员渎职类犯罪，要关注主观故意内容的审查，明晰滥权行为与失职行为的区别，充分运用证据，查明职权范围与履职过程，客观判断履职行为与损害结果间的因果关系，依法准确适用法律。持续贯彻落实宽严相济刑事政策，积极适用认罪认罚从宽制度，实现"高质效办好每一个案件"的要求。

---

① 《粮食购销领域职务犯罪典型案例》，载最高人民检察院网站，https：//www.spp.gov.cn/xwfbh/dxal/202312/t20231209_636352.shtm，2024年3月15日访问。

第一百六十九条 【徇私舞弊低价折股、出售公司、企业资产罪】

原	新（《刑法修正案（十二）》）
国有公司、企业或者其上级主管部门直接负责的主管人员，徇私舞弊，将国有资产低价折股或者低价出售，致使国家利益遭受重大损失的，处三年以下有期徒刑或者拘役；致使国家利益遭受特别重大损失的，处三年以上七年以下有期徒刑。	国有公司、企业或者其上级主管部门直接负责的主管人员，徇私舞弊，将国有资产低价折股或者低价出售，致使国家利益遭受重大损失的，处三年以下有期徒刑或者拘役；致使国家利益遭受特别重大损失的，处三年以上七年以下有期徒刑。 其他公司、企业直接负责的主管人员，徇私舞弊，将公司、企业资产低价折股或者低价出售，致使公司、企业利益遭受重大损失的，依照前款的规定处罚。

> 是指在国有公司、企业改造成股份制企业，或者国家授权投资机构、国家授权的部门单独设立国有独资公司，或者国有资产占有部门投资或创立股份制企业时，将经过评估的国有资产现有价值量换算成公司的股份（国有股或国家控制的股份）。

> 是指国有资产占有单位出卖国有资产。

要点注释

本罪主体是特殊主体，即国有公司、企业或者其上级主管部门直接负责的主管人员。根据《最高人民法院、最高人民检察院关于执行〈中华人民共和国刑法〉确定罪名的补充规定（八）》，本条罪名由"徇私舞弊低价折股、出售国有资产罪"修改为"徇私舞弊低价折股、出售公司、企业资产罪"。另外，如果国有公司、企业或者其上级主管部门直接负责的主管人员因索取收受好处费、回扣，而将国有资产低价折股或者低价出售的，应数罪并罚。

思维导图

- **国有资产**
  - 国家以各种形式对国有公司、企业投资和投资收益形成的财产
    - 固定资产
    - 流动资产
    - 无形资产
    - 其他资产
  - 依据法律、行政法规认定的公司、企业国有资产

- **"将国有资产低价折股或低价出售"的主要表现形式**
  - 在合资、合营、股份制改造过程中,对国有财产不进行资产评估,或者虽进行资产评估,但背离所评估资产的价值低价折股
  - 在国有资产拍卖、转让及公司、企业清算中,低估实物资产
  - 在对国有资产折股时没有计算其增值部分,只是按账面原值折股
  - 没有将公司、企业的商标、信誉等无形资产计入
  - 不经主管部门批准,不经评估机构作价,擅自将属于公司、企业的土地、厂房低价卖给小团体或私营业主,从中收取回扣

拓展适用

《最高人民法院关于如何认定国有控股、参股股份有限公司中的国有公司、企业人员的解释》(2005年8月1日)

《最高人民法院关于审理扰乱电信市场管理秩序案件具体应用法律若干问题的解释》(2000年5月12日)
第六条

《最高人民法院、最高人民检察院关于办理妨害预防、控制突发传染病疫情等灾害的刑事案件具体应用法律若干问题的解释》(2003年5月14日)
第四条、第十七条

《最高人民法院、最高人民检察院关于执行〈中华人民共和国刑法〉确定罪名的补充规定(八)》(2024年1月30日)

第一百六十九条之一 【背信损害上市公司利益罪】

上市公司的董事、监事、高级管理人员违背对公司的忠实义务，利用职务便利，操纵上市公司从事下列行为之一，致使上市公司利益遭受重大损失的，处三年以下有期徒刑或者拘役，并处或者单处罚金；致使上市公司利益遭受特别重大损失的，处三年以上七年以下有期徒刑，并处罚金：

（一）无偿向其他单位或者个人提供资金、商品、服务或者其他资产的；

（二）以明显不公平的条件，提供或者接受资金、商品、服务或者其他资产的；

（三）向明显不具有清偿能力的单位或者个人提供资金、商品、服务或者其他资产的；

（四）为明显不具有清偿能力的单位或者个人提供担保，或者无正当理由为其他单位或者个人提供担保的；

（五）无正当理由放弃债权、承担债务的；

（六）采用其他方式损害上市公司利益的。

上市公司的控股股东或者实际控制人，指使上市公司董事、监事、高级管理人员实施前款行为的，依照前款的规定处罚。

犯前款罪的上市公司的控股股东或者实际控制人是单位的，对单位判处罚金，并对其直接负责的主管人员和其他直接责任人员，依照第一款的规定处罚。

> 董事：是指有限责任公司和股份有限公司中由股东会选出的，作为公司业务的决策者和管理者对公司和股东负有特定义务的自然人。
>
> 监事：是指对董事会决议的执行负有监督职责的人。
>
> 高级管理人员：是指公司的经理、副经理、财务负责人，上市公司董事会秘书和公司章程规定的其他人员。

要点注释

本罪的主体是特殊主体，即对上市公司具有控制权或重大影响力的人，包括上市公司的董事、监事、高级管理人员、控股股东或者实际控制人。

思维导图

应予立案追诉的情形:

- 无偿向其他单位或者个人提供资金、商品、服务或者其他资产，致使上市公司直接经济损失数额在一百五十万元以上的
- 以明显不公平的条件，提供或者接受资金、商品、服务或者其他资产，致使上市公司直接经济损失数额在一百五十万元以上的
- 向明显不具有清偿能力的单位或者个人提供资金、商品、服务或者其他资产，致使上市公司直接经济损失数额在一百五十万元以上的
- 为明显不具有清偿能力的单位或者个人提供担保，或者无正当理由为其他单位或者个人提供担保，致使上市公司直接经济损失数额在一百五十万元以上的
- 无正当理由放弃债权、承担债务，致使上市公司直接经济损失数额在一百五十万元以上的
- 致使公司、企业发行的股票或者公司、企业债券、存托凭证或者国务院依法认定的其他证券被终止上市交易的
- 其他致使上市公司利益遭受重大损失的情形

拓展适用

《最高人民检察院、公安部关于公安机关管辖的刑事案件立案追诉标准的规定（二）》（2022年4月6日）

第十三条

案例精析

鲜某背信损害上市公司利益案

案号：（2019）沪刑终110号

来源：中国裁判文书网

裁判要点

2013年7月至2015年2月，被告人鲜某利用担任上市公司A公司及其子公司B公司的法定代表人及实际控制人的职务便利，为粉饰公司业绩，采用伪造B公司开发的J项目分包商林某某签名、制作虚假的资金支付申请与审批表等方式，以支付工程款和往来款名义，将B公司资金划转至该公司实际控制的林某某个人账户、J项目部账户，再通过上述账户划转至鲜某实际控制的多个公司、个人账户内，转出资金循环累计达人民币1.2亿余元。其中，2360万元被鲜某用于理财、买卖股票等，至案发尚未归还，且部分资金已被结转至开发成本账户。生效判决认为，被告人鲜某作为上市公司A公司的董事长、实际控制人，违背对公司的忠实义务，利用职务便利，将上市公司资金用于个人营利活动，致使上市公司遭受重大损失，其行为已构成背信损害上市公司利益罪。

第四节　破坏金融管理秩序罪

第一百七十条　【伪造货币罪】

> 是指仿照人民币或者外币的图案、色彩、形状等，使用印刷、复印、描绘、拓印等各种制作方法，将非货币的物质非法制造为假货币，冒充真货币的行为。同时，还包括实践中出现的制造货币版样的行为。

伪造货币的，处三年以上十年以下有期徒刑，并处罚金；有下列情形之一的，处十年以上有期徒刑或者无期徒刑，并处罚金或者没收财产：

（一）伪造货币集团的首要分子；
（二）伪造货币数额特别巨大的；
（三）有其他特别严重情节的。

> 是指在伪造货币集团中起组织、领导、策划作用的犯罪分子。

要点注释

行为人出于何种目的，是否牟利，使用何种方法，并不影响本罪的构成。只要行为人实施了制造货币版样或将非货币的物质非法制造为假货币，冒充真货币的行为，即构成本罪。"货币"是指可在国内市场流通或者兑换的人民币和境外货币。货币面额应当以人民币计算，其他币种以案发时国家外汇管理机关公布的外汇牌价折算成人民币。

思维导图

应予立案追诉的情形：
- 总面额在二千元以上或者币量在二百张（枚）以上的
- 总面额在一千元以上或者币量在一百张（枚）以上，二年内因伪造货币受过行政处罚，又伪造货币的
- 制造货币版样或者为他人伪造货币提供版样的
- 其他伪造货币应予追究刑事责任的情形

> **拓展适用**
>
> 《中国人民银行法》（2003年12月27日）
> 第十八条、第十九条
>
> 《最高人民法院关于审理伪造货币等案件具体应用法律若干问题的解释（二）》（2010年10月20日）
> 第一条至第五条
>
> 《最高人民法院关于审理伪造货币等案件具体应用法律若干问题的解释》（2000年9月8日）
> 第一条、第七条
>
> 《最高人民检察院、公安部关于公安机关管辖的刑事案件立案追诉标准的规定（二）》（2022年4月6日）
> 第十四条
>
> 《全国法院审理金融犯罪案件工作座谈会纪要》（2001年1月21日）
> 二（二）

或者设备、材料的人员，与直接实施伪造货币的人员构成伪造货币共同犯罪。为直接实施伪造货币人员提供专门用于伪造货币的技术或者设备、材料的，应当认定其具有伪造货币的共同犯罪故意。

（2）对于提供伪造货币的技术或者设备、材料但未直接实施伪造货币行为的人员，应当根据具体行为判断在共同伪造货币中的地位和作用。通过网络积极宣传、主动为直接实施伪造货币人员提供伪造货币的关键技术、设备、材料，或者明知他人有伪造货币意图，仍积极提供专门从事伪造货币的相关技术、设备、材料等，应当认定其在共同伪造货币犯罪中起主要作用，系主犯，对其实际参与的伪造货币犯罪总额负责。

（3）注重依法能动履职，对伪造货币犯罪全链条追诉。对于通过网络联络、分工负责、共同实施伪造货币犯罪案件，检察机关在审查逮捕、审查起诉时要注重审查伪造货币全链条行为人的犯罪事实是否全部查清，是否遗漏共同犯罪事实。办理利用网络共同伪造货币案件，要注重引导公安机关及时查封、扣押犯罪嫌疑人的计算机、手机、U盘等电子设备，全面提取社交通讯工具中留存的通讯记录、交易信息、制造假币应用程序等相关电子数据，以此为基础查清共同犯罪事实。

案例精析

郭某某、徐某某等人伪造货币案

来源：最高人民检察院检例第176号

裁判要点

（1）明知他人意图伪造货币，通过网络提供伪造货币技术

第一百七十一条

> 出售伪造的货币，是指以营利为目的，以一定的价格卖出伪造的货币的行为。购买伪造的货币，是指行为人以一定的价格用货币换取伪造的货币的行为。

> 是指行为人主观上明知是伪造的货币，而使用汽车、飞机、火车、轮船等交通工具或者以其他方式将伪造的货币从甲地携带到乙地的行为。

【出售、购买、运输假币罪】出售、购买伪造的货币或者明知是伪造的货币而运输，数额较大的，处三年以下有期徒刑或者拘役，并处二万元以上二十万元以下罚金；数额巨大的，处三年以上十年以下有期徒刑，并处五万元以上五十万元以下罚金；数额特别巨大的，处十年以上有期徒刑或者无期徒刑，并处五万元以上五十万元以下罚金或者没收财产。

【金融工作人员购买假币、以假币换取货币罪】银行或者其他金融机构的工作人员购买伪造的货币或者利用职务上的便利，以伪造的货币换取货币的，处三年以上十年以下有期徒刑，并处二万元以上二十万元以下罚金；数额巨大或者有其他严重情节的，处十年以上有期徒刑或者无期徒刑，并处二万元以上二十万元以下罚金或者没收财产；情节较轻的，处三年以下有期徒刑或者拘役，并处或者单处一万元以上十万元以下罚金。

伪造货币并出售或者运输伪造的货币的，依照本法第一百七十条的规定定罪从重处罚。

要点注释

出售、购买、运输假币罪的三种行为均以行为人主观上明知为构成要件。在出售假币时被抓获的，除现场查获的假币应认定为出售假币的数额外，现场之外在行为人住所或者其他藏匿地查获的假币，也应认定为出售假币的数额。

金融机构工作人员购买假币与一般人购买假币构成犯罪的条件不同，前者不要求数额较大，而后者要求数额较大。

思维导图

出售、购买、运输假币，应予立案追诉的情形

- 总面额在四千元以上或者币量在四百张（枚）以上的
- 总面额在二千元以上或者币量在二百张（枚）以上，二年内因出售、购买、运输假币受过行政处罚，又出售、购买、运输假币的
- 其他出售、购买、运输假币应予追究刑事责任的情形

> **拓展适用**
>
> 《最高人民法院关于审理伪造货币等案件具体应用法律若干问题的解释》（2000年9月8日）
> 第二条、第三条、第四条
>
> 《最高人民检察院、公安部关于公安机关管辖的刑事案件立案追诉标准的规定（二）》（2022年4月6日）
> 第十五条、第十六条
>
> 《全国法院审理金融犯罪案件工作座谈会纪要》（2001年1月21日）

元假币出售给潘某某。关于潘某某辩称其没有向余某购买假币的辩解及辩护人辩称潘某某不构成购买假币罪的辩护意见，经查，根据罗某、曹某1、余某、曹某2等人证言和通话清单等证据，可以证实2022年10月1日潘某某通过罗某的介绍，向余某等人购买面额20万元的假币，后余某将出售假币获得的钱款分给曹某2的事实。上述证据能够相互印证，足以证明潘某某主观上具有购买假币的故意，客观上有购买假币的行为，其行为符合购买假币罪的犯罪构成要件。生效判决认为，上诉人（原审被告人）潘某某明知是伪造的货币而予以购买，数额特别巨大，其行为构成购买假币罪，应依法予以惩处。

案例精析

潘某某出售、购买假币案

案号：（2023）豫15刑终678号
来源：中国裁判文书网

裁判要点

2022年，曹某1、余某、曹某2三人商议合伙从罗某处购买假币进行出售盈利，三人约定，曹某2为一方，曹某1、余某为一方，双方购进假币出资各半，出售假币盈利各半。2022年7月、9月，三人分两次共计花费13万元从罗某处购买面额共计200万元的假币。2022年10月1日，被告人潘某某经罗某的介绍，与余某等人联系购买总面额20万元的假币，后余某将20万

第一百七十二条 【持有、使用假币罪】

> 是指将假币置于行为人事实上的支配之下,不要求行为人实际上握有假币。

明知是伪造的货币而**持有**、**使用**,数额较大的,处三年以下有期徒刑或者拘役,并处或者单处一万元以上十万元以下罚金;数额巨大的,处三年以上十年以下有期徒刑,并处二万元以上二十万元以下罚金;数额特别巨大的,处十年以上有期徒刑,并处五万元以上五十万元以下罚金或者没收财产。

> 是指将假币作为真货币而使用。既可以是以外表合法的方式使用假币,也可以是以非法形式使用。

要点注释

(1)明知是伪造的货币而持有,是指行为人在主观上明确地知道所持有的货币是伪造的人民币或者外币的情况下而违反国家有关规定非法持有的行为。(2)明知是伪造的货币而使用,是指行为人明确地知道是伪造的人民币或者外币而以真货币的名义进行支付、汇兑、储蓄等使用的行为。

▲思维导图

应予立案追诉的情形
- 总面额在四千元以上或者币量在四百张(枚)以上的
- 总面额在二千元以上或者币量在二百张(枚)以上,二年内因持有、使用假币受过行政处罚,又持有、使用假币的
- 其他持有、使用假币应予追究刑事责任的情形

> **拓展适用**
>
> 《最高人民法院关于审理伪造货币等案件具体应用法律若干问题的解释》（2000年9月8日）
> 第二条、第五条
>
> 《最高人民检察院、公安部关于公安机关管辖的刑事案件立案追诉标准的规定（二）》（2022年4月6日）
> 第十七条

案例精析

1. 涂某某、王某某等持有、使用假币案

案号：（2022）辽02刑终60号
来源：中国裁判文书网

裁判要点

2018年3月至2020年12月，被告人涂某某非法持有假币10万余元，同时使用假币16000余元，并将其持有的87000元假币埋藏在甲山上。2018年3月至2020年5月，被告人王某某在明知被告人涂某某使用假币的情况下，仍开出租车拉着被告人涂某某到周边各个大集上使用假币1万余元。2020年6月至2020年8月，被告人何某某在明知被告人涂某某使用假币的情况下，仍开车拉着被告人涂某某到周边各个大集上使用假币6000余元。2021年1月初的一天，被告人王某某伙同被告人赵某某，将涂某某埋藏在甲山上的87000元假币取出后，存放于被告人赵某某家后院的小房内。生效判决认为，被告人涂某某明知是伪造的货币而持有、使用，数额巨大，构成持有、使用假币罪；被告人王某某明知是伪造的货币而持有、使用，数额巨大，构成持有、使用假币罪；被告人赵某某明知是伪造的货币而持有，数额巨大，构成持有假币罪；被告人何某某明知是伪造的货币而使用，数额较大，构成使用假币罪。

2. 谢某某、刘某某伪造货币，持有、使用假币案

案号：（2021）粤06刑终707号
来源：中国裁判文书网

裁判要点

谢某某经购买设备、纸张及调试印制，已经印出具备人民币样式的印制品，外观已整体成型，经中国人民银行鉴定为假币。即使谢某某尚未将预定的裁剪等行为实施完毕，但其所制造的假币已经足以使人误认，其行为已构成伪造货币罪。另外，持有假币罪中的"持有"，不仅指行为人随身携有伪造的货币，还包括行为人在自己家中、亲属朋友处保存伪造的货币，自己或者通过他人传递伪造货币等行为。从刘某某处起获的假币，是刘某某所有，还是其代他人保管，不影响对刘某某的定罪量刑。故，上诉人刘某某明知是伪造的货币而持有，数额特别巨大，其行为已构成持有假币罪。

第一百七十三条 【变造货币罪】

> 变造货币的总面额在二千元以上不满三万元

变造货币, 数额较大的,处三年以下有期徒刑或者拘役,并处或者单处一万元以上十万元以下罚金;**数额巨大**的,处三年以上十年以下有期徒刑,并处二万元以上二十万元以下罚金。

是指对真货币采用剪贴、挖补、揭层、涂改、移位、重印等方法加工处理,改变真币形态、价值的行为

> 变造货币的总面额在三万元以上

要点注释

根据本条规定,构成变造货币罪应当具备以下条件:(1)行为人必须具有变造货币的行为;(2)行为人在主观上是故意的,主要是以非法牟利为目的;(3)行为人变造货币的数额要达到一定的标准。

思维导图

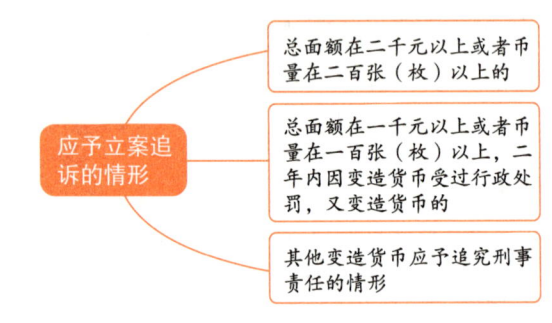

应予立案追诉的情形
- 总面额在二千元以上或者币量在二百张(枚)以上的
- 总面额在一千元以上或者币量在一百张(枚)以上,二年内因变造货币受过行政处罚,又变造货币的
- 其他变造货币应予追究刑事责任的情形

拓展适用

《刑法》（2023年12月29日）

第一百七十条

《最高人民法院关于审理伪造货币等案件具体应用法律若干问题的解释（二）》（2010年10月20日）

第一条

《最高人民法院关于审理伪造货币等案件具体应用法律若干问题的解释》（2000年9月8日）

第六条

《最高人民检察院、公安部关于公安机关管辖的刑事案件立案追诉标准的规定（二）》（2022年4月6日）

第十八条

案例精析

陆某某伪造货币案

案号：（2017）粤19刑终111号
来源：中国裁判文书网

裁判要点

2014年年底，被告人陆某某购买了150张面值为100元人民币的假币，之后利用工具在假冒人民币面上贴上金属条等进行伪造，后投入使用。2016年5月16日，公安机关将被告人陆某某抓获归案。一审法院认为，被告人陆某某无视国法，伪造货币，其行为已构成伪造货币罪。上诉人陆某某上诉提出，其行为应定性为变造货币罪，不构成伪造货币罪。二审法院认为，上诉人利用假冒的人民币，在假冒的人民币面上贴上金属条，以用作人民币使用，其行为符合伪造货币罪的犯罪特征，构成伪造货币罪。其用以伪造人民币的原料非真实的人民币，不符合变造货币罪的犯罪构成要件，其上诉意见不成立。

第一百七十四条

是指依照《公司法》《证券法》之规定，经国务院证券监督管理机构批准从事证券经营业务的有限责任公司或股份有限公司。

是指依照《商业银行法》和《公司法》设立的吸收公众存款、发放贷款、办理结算等业务的企业法人。

是指提供证券集中竞价交易场所的不以营利为目的的法人。

是指提供期货集中竞价交易场所的法人。

是指没有金融机构经营许可证或者批准文件制作权，而仿照金融机构经营许可证的形状、特征、色彩、样式，或者正式的批准文件的样式进行伪造的行为。

> 【擅自设立金融机构罪】未经国家有关主管部门批准，擅自设立商业银行、证券交易所、期货交易所、证券公司、期货经纪公司、保险公司或者其他金融机构的，处三年以下有期徒刑或者拘役，并处或者单处二万元以上二十万元以下罚金；情节严重的，处三年以上十年以下有期徒刑，并处五万元以上五十万元以下罚金。
>
> 【伪造、变造、转让金融机构经营许可证、批准文件罪】伪造、变造、转让商业银行、证券交易所、期货交易所、证券公司、期货经纪公司、保险公司或者其他金融机构的经营许可证或者批准文件的，依照前款的规定处罚。
>
> 单位犯前两款罪的，对单位判处罚金，并对其直接负责的主管人员和其他直接责任人员，依照第一款的规定处罚。

是指经国家有关主管部门批准成立的从事期货经营业务的公司法人。

是指经国家保险监督管理部门批准成立的从事保险业务的有限责任公司或者股份有限公司。

是指在真的许可证或批准文件的基础上改造，从而改变原有内容，以形成与原许可证或批准文件的内容不一致的虚假内容的行为。

是指行为人将自己的金融机构经营许可证或者批准文件通过出售、出租、出借、赠与等方式，有偿或无偿转让给其他机构或者个人使用的行为。

要点注释

本罪在主观方面是故意，即行为人明知设立商业银行或者其他金融机构应当符合法定条件，并向国家有关主管部门申请并由其批准，但为了经营金融业务，违反金融法律法规，实施擅自设立商业银行或其他金融机构的行为。

思维导图

擅自设立金融机构，应予立案追诉的情形
- 擅自设立商业银行、证券交易所、期货交易所、证券公司、期货公司、保险公司或者其他金融机构的
- 擅自设立金融机构筹备组织的

第一百七十五条 【高利转贷罪】

以转贷牟利为目的,套取金融机构信贷资金高利转贷他人,违法所得数额较大的,处三年以下有期徒刑或者拘役,并处违法所得一倍以上五倍以下罚金;数额巨大的,处三年以上七年以下有期徒刑,并处违法所得一倍以上五倍以下罚金。

单位犯前款罪的,对单位判处罚金,并对其直接负责的主管人员和其他直接责任人员,处三年以下有期徒刑或者拘役。

> 以转贷牟利为目的,编造虚假交易关系并出具虚假购销合同取得银行承兑汇票的,属于此处的"套取金融机构信贷资金"的行为。

要点注释

本罪要求行为人在套取金融机构信贷资金高利转贷他人时具有转贷牟利的目的,属于目的犯。行为人套取金融机构信贷资金后,为谋取高额利息,将信贷资金转存至另一金融机构,不属于高利转贷罪中的"转贷",其获取高息的行为违反商业银行法相关规定,但不构成犯罪。

思维导图

民间借贷合同无效的情形:
- 套取金融机构贷款转贷的
- 以向其他营利法人借贷、向本单位职工集资,或者以向公众非法吸收存款等方式取得的资金转贷的
- 未依法取得放贷资格的出借人,以营利为目的向社会不特定对象提供借款的
- 出借人事先知道或者应当知道借款人借款用于违法犯罪活动仍然提供借款的
- 违反法律、行政法规强制性规定的
- 违背公序良俗的

第一百七十五条之一 【骗取贷款、票据承兑、金融票证罪】

以欺骗手段取得银行或者其他金融机构贷款、票据承兑、信用证、保函等,给银行或者其他金融机构造成重大损失的,处三年以下有期徒刑或者拘役,并处或者单处罚金;给银行或者其他金融机构造成特别重大损失或者有其他特别严重情节的,处三年以上七年以下有期徒刑,并处罚金。

单位犯前款罪的,对单位判处罚金,并对其直接负责的主管人员和其他直接责任人员,依照前款的规定处罚。

- 包括中国人民银行和各类商业银行。
- 是指除银行外的各种开展金融业务的机构,如证券、保险、期货、外汇、融资租赁、信托投资公司等。

要点注释

关于直接经济损失是否计入利息,信用卡诈骗犯罪中恶意透支的数额是指尚未归还的实际透支的本金数额,不包括利息、复利、滞纳金、手续费等发卡银行收取的费用。在其他财产犯罪当中,利息也是不计入犯罪数额的。

思维导图

应予立案追诉的情形
- 以欺骗手段取得银行贷款、票据承兑、信用证、保函等,给银行造成直接经济损失数额在五十万元以上的
- 以欺骗手段取得其他金融机构贷款、票据承兑、信用证、保函等,给其他金融机构造成直接经济损失数额在五十万元以上的

> **拓展适用**
>
> 《最高人民检察院、公安部关于公安机关管辖的刑事案件立案追诉标准的规定（二）》（2022年4月6日）
> 第二十二条
>
> 《最高人民法院、最高人民检察院关于办理妨害信用卡管理刑事案件具体应用法律若干问题的解释》（2018年11月28日）
> 第九条

案例精析

1. 蒋某某骗取票据承兑案——违规骗取票据承兑行为是否危害金融安全的认定

案号：（2022）桂刑再4号

来源：人民法院案例库 2024-04-1-112-005

裁判要点

（1）《刑法修正案（十一）》对骗取票据承兑罪进行修正前，该罪的入罪条件包括给银行或其他金融机构造成重大损失和有其他严重情节。在司法实践中，一般把握这两种形态对资金安全和金融管理秩序的危害程度相当，"其他严重情节"应是行为人采取的骗取贷款行为致使银行或金融机构资金处于危险之中，危及资金安全、危害金融管理秩序的情形。《刑法修正案（十一）》发布后，本案的入罪条件只保留造成重大损失，原来司法实践中把握的总体原则与修正案所体现的立法精神相契合。

（2）适用骗取票据承兑罪的加重情节，应以符合基本犯罪构成为前提。对于未给银行或其他金融机构造成重大损失的，不应简单将骗取资金数额特别巨大等同于给国家金融安全造成特别重大风险，不能直接认定"其他特别严重情节"而适用第二档法定刑。

2. 安徽某电力公司、刘某等骗取贷款、合同诈骗、贷款诈骗案——骗取贷款行为主观目的的判定

案号：（2021）皖刑终90号

来源：人民法院案例库 2024-04-1-112-002

裁判要点

使用欺骗手段向银行或者其他金融机构获得融资贷款，是否具有非法占有之目的，要综合考量企业有无实际生产经营行为、实际投资项目、资债结构及所贷资金的大部分用途等情况，不宜单纯以最终未能偿还贷款的客观结果而认定企业具有非法占有的目的。

第一百七十六条 【非法吸收公众存款罪】

是指存款人将资金存入银行或者其他金融机构，银行或者其他金融机构向存款人支付利息，使其得到收益的一种经济活动。

是指行为人不以存款的名义而是通过其他形式吸收公众资金，从而达到吸收公众存款的目的的行为。

> 非法吸收公众存款或者变相吸收公众存款，扰乱金融秩序的，处三年以下有期徒刑或者拘役，并处或者单处罚金；数额巨大或者有其他严重情节的，处三年以上十年以下有期徒刑，并处罚金；数额特别巨大或者有其他特别严重情节的，处十年以上有期徒刑，并处罚金。
>
> 单位犯前款罪的，对单位判处罚金，并对其直接负责的主管人员和其他直接责任人员，依照前款的规定处罚。
>
> 有前两款行为，在提起公诉前积极退赃退赔，减少损害结果发生的，可以从轻或者减轻处罚。

是指将非法吸收的存款退回原所有人。

是指在非法吸收的存款无法直接退回的情况下，赔偿等值财产。

要点注释

非法吸收公众存款包含两种情况：一是行为人不具有吸收存款的主体资格而吸收公众存款，破坏金融秩序。二是行为人具有吸收存款的主体资格，但是，其吸收公众存款所采用的方法是违法的。

思维导图

应予立案追诉的情形
- 非法吸收或者变相吸收公众存款数额在一百万元以上的
- 非法吸收或者变相吸收公众存款对象一百五十人以上的
- 非法吸收或者变相吸收公众存款，给集资参与人造成直接经济损失数额在五十万元以上的

> **拓展适用**
>
> 《最高人民法院关于审理非法集资刑事案件具体应用法律若干问题的解释》(2022年2月23日)
> 第一条至第六条、第九条
>
> 《最高人民检察院、公安部关于公安机关管辖的刑事案件立案追诉标准的规定(二)》(2022年4月6日)
> 第二十三条
>
> 《最高人民法院、最高人民检察院、公安部关于办理非法集资刑事案件若干问题的意见》(2014年3月25日)

案例精析

1. 杨某国等人非法吸收公众存款案

来源：最高人民检察院检例第64号

裁判要点

网络借贷中介机构非法控制、支配资金，构成非法吸收公众存款。网络借贷信息中介机构依法只能从事信息中介业务，为借款人与出借人实现直接借贷提供信息搜集、信息公布、资信评估、信息交互、借贷撮合等服务。信息中介机构不得提供增信服务，不得直接或间接归集资金，包括设立资金池控制、支配资金或者为自己控制的公司融资。网络借贷信息中介机构利用互联网发布信息归集资金，不仅超出了信息中介业务范围，同时也触犯了《刑法》第一百七十六条的规定。检察机关在办案中要通过对网络借贷平台的股权结构、实际控制关系、资金来源、资金流向、中间环节和最终投向的分析，综合全流程信息，分析判断是规范的信息中介，还是假借信息中介名义从事信用中介活动，是否存在违法设立资金池、自融、变相自融等违法归集、控制、支配、使用资金的行为，准确认定行为性质。

2. 陈某先非法吸收公众存款案——"向社会不特定对象公开宣传"的审查认定

案号：(2023)鲁16刑终6号
来源：人民法院案例库2024-03-1-113-001

裁判要点

非法吸收公众存款犯罪行为需具备非法性、公开性、利诱性、社会性四个特征，其中，公开性是指向社会不特定对象公开宣传，包括以各种途径向社会公众传播吸收资金的信息，以及明知吸收资金的信息向社会扩散而予以放任等情形。通常表现为通过媒体、推介会、传单、社交平台等各种途径向社会公众传播吸收资金信息。对于行为人通过员工、亲朋或者相关集资户以口口相传方式将集资信息传播给社会上人员，要根据主客观相一致原则进行具体分析。如果行为人以明示或暗示方式主动授意，或在获悉存在口口相传向社会人员吸收资金时不予控制或排斥，对社会人员直接或以内部人员名义投入的资金均予以吸收的，可以认定为以口口相传的方式向社会不特定对象公开宣传。

第一百七十七条 【伪造、变造金融票证罪】

是指无权制作金融票证的行为人,仿照真实的金融票证的形式、图案、颜色、色彩,通过印刷、复印、绘制等制作方法非法制造金融票证。

是指行为人在真实的金融票证的基础上或者以真实金融票证为基本材料,通过剪接、揭层、挖补、覆盖、涂改等方法,对金融票证的内容进行改变。

有下列情形之一,伪造、变造金融票证的,处五年以下有期徒刑或者拘役,并处或者单处二万元以上二十万元以下罚金;情节严重的,处五年以上十年以下有期徒刑,并处五万元以上五十万元以下罚金;情节特别严重的,处十年以上有期徒刑或者无期徒刑,并处五万元以上五十万元以下罚金或者没收财产:

(一)伪造、变造汇票、本票、支票的;
(二)伪造、变造委托收款凭证、汇款凭证、银行存单等其他银行结算凭证的;
(三)伪造、变造信用证或者附随的单据、文件的;
(四)伪造信用卡的。

单位犯前款罪的,对单位判处罚金,并对其直接负责的主管人员和其他直接责任人员,依照前款的规定处罚。

出票人签发的,委托付款人在见票时或者在指定日期无条件支付确定的金额给收款人或持票人的票据。

是指出票人签发的,承诺自己在见票时无条件支付确定的金额给收款人或持票人的票据。

是指汇款人委托银行将款项汇给外地收款人时,所填写的凭据和证明。

是指收款人在委托银行向付款人收取款项时所填写、提供的凭据和证明。

是指银行根据买方的请求,开给卖方的一种保证承担支付货款责任的书面凭证。

要点注释

应当将伪造、变造金融票证的客观行为限定为伪造、变造,排除购买、持有等行为。

♦ 思维导图

应予立案追诉的情形
- 伪造、变造汇票、本票、支票,或者伪造、变造委托收款凭证、汇款凭证、银行存单等其他银行结算凭证,或者伪造、变造信用证或者附随的单据、文件,总面额在一万元以上或者数量在十张以上的
- 伪造信用卡一张以上,或者伪造空白信用卡十张以上的

> **拓展适用**
>
> 《全国人民代表大会常务委员会关于〈中华人民共和国刑法〉有关信用卡规定的解释》(2004年12月29日)
>
> 《最高人民法院、最高人民检察院关于办理妨害信用卡管理刑事案件具体应用法律若干问题的解释》(2018年11月28日)
>
> 第一条、第十三条
>
> 《最高人民检察院、公安部关于公安机关管辖的刑事案件立案追诉标准的规定(二)》(2022年4月6日)
>
> 第二十四条

案例精析

1. 杨某虚假出资、非法占用农用地、合同诈骗、单位行贿、对单位行贿、伪造金融票证案

来源：《最高人民检察院公报》2004年第4号

裁判要点

农业公司董事长杨某为虚增公司业绩，授意公司财务人员伪造财务账目，在单位组织及被告人杨某参与下，该公司财务人员于2001年4月至2002年6月期间，共伪造支票、进账单、结汇凭证、电汇凭证等银行结算凭证305张，票面金额共计人民币1786047024.36元。被告单位农业公司为虚增该公司业绩，伪造金融票证，情节特别严重，其行为已构成伪造金融票证罪，被告人杨某系该单位实施上述犯罪直接负责的主管人员，亦构成伪造金融票证罪。

2. 王某某伪造金融票证案

案号：(2021)粤01刑终805号

来源：中国裁判文书网

裁判要点

在陈某2提出汇票需求之后，上诉人王某某纠集他人伪造商业承兑汇票，介绍陈某2与许某认识，在出具银行保兑保函的过程中冒充高新科技公司人员参与伪造虚假票据，事后收取报酬。从上诉人王某某具体的犯罪事实及情节来看，其并非简单的居间介绍作用，而是积极实施组织、计划、联络伪造汇票和保函的行为。经查，本案涉及伪造汇票26张，票面金额达5亿多元，涉及伪造保兑保函12份，可见上诉人王某某主观恶性较大，其行为具有严重危害金融秩序的后果，情节严重，构成伪造金融票证罪。

第一百七十七条之一

是指由商业银行或者其他金融机构发行的具有消费支付、信用贷款、转账结算、存取现金等全部功能或者部分功能的电子支付卡。

【妨害信用卡管理罪】有下列情形之一，妨害信用卡管理的，处三年以下有期徒刑或者拘役，并处或者单处一万元以上十万元以下罚金；数量巨大或者有其他严重情节的，处三年以上十年以下有期徒刑，并处二万元以上二十万元以下罚金：

（一）明知是伪造的信用卡而持有、运输的，或者明知是伪造的空白信用卡而持有、运输，数量较大的；

（二）非法持有他人信用卡，数量较大的；

（三）使用虚假的身份证明骗领信用卡的；

（四）出售、购买、为他人提供伪造的信用卡或者以虚假的身份证明骗领的信用卡的。

【窃取、收买、非法提供信用卡信息罪】窃取、收买或者非法提供他人信用卡信息资料的，依照前款规定处罚。

银行或者其他金融机构的工作人员利用职务上的便利，犯第二款罪的，从重处罚。

要点注释

根据本条的规定，构成妨害信用卡管理的犯罪，必须符合以下构成要件：（1）行为人主观上为故意，即明知自己的行为会发生妨害信用卡管理的后果，并希望这种结果发生。（2）行为人客观上实施了妨害信用卡管理的行为。

◎思维导图

妨害信用卡管理，应予立案追诉的情形
- 明知是伪造的信用卡而持有、运输的
- 明知是伪造的空白信用卡而持有、运输，数量累计在十张以上的
- 非法持有他人信用卡，数量累计在五张以上的
- 使用虚假的身份证明骗领信用卡的
- 出售、购买、为他人提供伪造的信用卡或者以虚假的身份证明骗领的信用卡的

> **拓展适用**
>
> 《最高人民法院、最高人民检察院关于办理妨害信用卡管理刑事案件具体应用法律若干问题的解释》（2018年11月28日）
>
> 第二条、第三条
>
> 《最高人民检察院、公安部关于公安机关管辖的刑事案件立案追诉标准的规定（二）》（2022年4月6日）
>
> 第二十五条、第二十六条

案例精析

1. 李某妨害信用卡管理、掩饰、隐瞒犯罪所得案——使用自己及他人的银行卡掩饰、隐瞒犯罪所得类案件，应进行必要的拆分评价，实现罪责刑相适应

案号：（2022）川15刑终190号

来源：人民法院案例库 2023-03-1-115-001

裁判要点

（1）明知是电信网络诈骗犯罪所得及其产生的收益，使用自己及他人的银行卡予以转账、套现、取现，以掩饰、隐瞒犯罪所得罪追究责任。

（2）明知是犯罪所得及其产生的收益而予以掩饰、隐瞒，构成掩饰、隐瞒犯罪所得罪，同时构成其他犯罪的，依照处罚较重的规定定罪处罚。

2. 王甲等人妨害信用卡管理案——为他人实施信息网络犯罪提供支付结算帮助而收买银行卡四件套的行为定性

案号：（2021）闽0722刑初125号

来源：人民法院案例库 2023-03-1-115-002

裁判要点

行为人收买银行卡及有关信息资料，为他人实施信息网络犯罪提供支付结算帮助，这种收买并持有银行卡的行为妨害了国家的银行卡管理制度，但出售者本人系主动处分自己的银行卡及有关信息资料，相关账户不可能存入资金，购买者亦无非法占有资金的目的，不会给银行以及银行卡有关关系人的公私财物所有权造成损害。行为人收买并持有银行卡及有关信息资料与一般的非法持有他人信用卡的行为无异，构成妨害信用卡管理罪。行为人为他人实施信息网络犯罪提供支付结算帮助而收买银行卡，同时还触犯帮助信息网络犯罪活动罪，属牵连犯，应择一重罪处罚。

第一百七十八条

【伪造、变造国家有价证券罪】伪造、变造国库券或者国家发行的其他有价证券，数额较大的，处三年以下有期徒刑或者拘役，并处或者单处二万元以上二十万元以下罚金；数额巨大的，处三年以上十年以下有期徒刑，并处五万元以上五十万元以下罚金；数额特别巨大的，处十年以上有期徒刑或者无期徒刑，并处五万元以上五十万元以下罚金或者没收财产。

【伪造、变造股票、公司、企业债券罪】伪造、变造股票或者公司、企业债券，数额较大的，处三年以下有期徒刑或者拘役，并处或者单处一万元以上十万元以下罚金；数额巨大的，处三年以上十年以下有期徒刑，并处二万元以上二十万元以下罚金。

单位犯前两款罪的，对单位判处罚金，并对其直接负责的主管人员和其他直接责任人员，依照前两款的规定处罚。

> 是指国家为了解决财政资金不足而向社会发行的政府债券。

> 是指国家发行的除国库券外的有价证券，是以人民币计算面值的、持券人凭券到期取得相应货币收入的凭证。

要点注释

伪造、变造国家有价证券罪为选择性罪名，行为人只要实施了伪造或变造行为之一，即可构成本罪，同时实施伪造、变造两种行为，或者同时实施伪造、变造两种以上的国家有价证券的行为，也以一罪论处，不实行数罪并罚。

思维导图

应予立案追诉的情形
- 伪造、变造国库券，总面额在二千元以上的
- 伪造、变造国家发行的其他有价证券，总面额在二千元以上的
- 伪造、变造股票，总面额在三万元以上的
- 伪造、变造公司、企业债券，总面额在三万元以上的

> **拓展适用**
>
> 《最高人民法院、最高人民检察院关于办理妨害信用卡管理刑事案件具体应用法律若干问题的解释》（2018年11月28日）
>
> 第三条
>
> 《最高人民检察院、公安部关于公安机关管辖的刑事案件立案追诉标准的规定（二）》（2022年4月6日）
>
> 第二十七条、第二十八条

案例精析

吴某某、史某某伪造、变造国家有价证券案

案号：（2019）鄂07刑终134号
来源：中国裁判文书网

裁判要点

生效裁判认为，关于上诉人吴某某及辩护人提出吴某某主观上不具有制作虚假凭证式国债收款凭据的故意和目的，客观上没有实施或参与伪造、变造凭证式国债收款凭据的行为和事实，其持有或使用不知情的虚假凭证式国债收款凭据的行为不构成伪造国家有价证券罪的上诉理由和辩护意见。经查，凭证式国债是国家通过银行系统发行的记录债权的储蓄国债，特征为等值购买，到期按票面面值及利息兑付。在案证据证明，上诉人吴某某明知涉案国债凭证没有真实的交易背景，且正规的凭证式国债可以去任意银行承销网点核实真假，而涉案国债凭证只能去开票行当面核实。作为一个有全部行为能力的正常成年人，应该知晓涉案国债凭证并非真实有效的票据。但其为了赚取"开票费"，主观上仍然想为他人办理；客观上虽未直接实施伪造的行为，但其联系下家，将买家需要的国债凭证的内容信息提供给下家进行制作。故上诉人吴某某具有伪造国家有价证券的故意和行为，构成伪造国家有价证券罪。该项上诉理由和辩护意见不能成立，本院不予支持。

第一百七十九条 【擅自发行股票、公司、企业债券罪】

> 是公司签发的证明股东所持股份的凭证。

未经国家有关主管部门批准，擅自发行股票或者公司、企业债券，数额巨大、后果严重或者有其他严重情节的，处五年以下有期徒刑或者拘役，并处或者单处非法募集资金金额百分之一以上百分之五以下罚金。

单位犯前款罪的，对单位判处罚金，并对其直接负责的主管人员和其他直接责任人员，处五年以下有期徒刑或者拘役。

> 公司债券是指公司依照法定程序发行、约定在一定期限内还本付息的有价证券。企业债券是指企业依照法定程序发行、约定在一定期限内还本付息的有价证券。

要点注释

本条规定的"擅自发行股票或者公司、企业债券"，是指向社会不特定对象发行、以转让股权等方式变相发行股票或者公司、企业债券，或者向特定对象发行、变相发行股票或者公司、企业债券累计超过二百人的行为。

思维导图

应予立案追诉的情形
- 非法募集资金金额在一百万元以上的
- 造成投资者直接经济损失数额累计在五十万元以上的
- 募集的资金全部或者主要用于违法犯罪活动的
- 其他后果严重或有其他严重情节的情形

拓展适用

《公司法》（2023年12月29日）

第一百九十四条、第一百九十五条

《证券法》（2019年12月28日）

第九条、第十一条

《最高人民法院关于审理非法集资刑事案件具体应用法律若干问题的解释》（2022年2月23日）

第十条

《最高人民检察院、公安部关于公安机关管辖的刑事案件立案追诉标准的规定（二）》（2022年4月6日）

第二十九条

案例精析

某区人民检察院诉科技公司、郑某擅自发行股票案

来源：《最高人民法院公报》2010年第9期

裁判要点

"发行股票"包括未上市公司转让股权。据此，判断行为人的行为是否构成擅自发行股票罪，应从以下两方面分析：

（1）发行股票行为是否经国家有关主管部门批准。国家一直禁止擅自进行非上市公司的股权交易。本案中，被告单位科技公司与被告人郑某在2001年至2007年8月期间，连续不间断地擅自向社会公众转让股权，其行为违反上述规定，系在未经有关主管部门批准的情况下实施发行股票行为。

（2）有无实施发行股票的行为。本案中，被告单位科技公司委托中介公司与个人，随机向居民进行推销，应当认定为向不特定对象转让股权；转让股权价格未经过任何审计、批准备案、公开的程序，仅由被告人郑某与中介公司商定，应当认定为转让股权价格具有不确定性；被告单位科技公司与被告人郑某委托多家中介公司与个人，先采用随机拨打电话的方式，以提供理财帮助为名邀请不特定对象到中介公司，后由业务员介绍并推销股权，对于犹豫不决的客户，业务员反复打电话以动员劝诱，可以认定为涉案股权转让形式属于公开发行。另外，被告单位科技公司转让股权的运作模式不合规，募集资金全部用于经营活动和支付中介费用。

综上，被告单位科技公司违反国家政策及相关法律规定，未经证券监管部门的批准，委托他人以公开方式向不特定社会公众发行股票，情节严重，被告人郑某系科技公司直接负责的主管人员，其行为均已构成擅自发行股票罪。

第一百八十条

是指证券交易活动中，涉及发行人的经营、财务或者对该发行人证券的市场价格有重大影响的尚未公开的信息。

【内幕交易、泄露内幕信息罪】证券、期货交易内幕信息的知情人员或者非法获取证券、期货交易内幕信息的人员，在涉及证券的发行，证券、期货交易或者其他对证券、期货交易价格有重大影响的信息尚未公开前，买入或者卖出该证券，或者从事与该内幕信息有关的期货交易，或者泄露该信息，或者明示、暗示他人从事上述交易活动，情节严重的，处五年以下有期徒刑或者拘役，并处或者单处违法所得一倍以上五倍以下罚金；情节特别严重的，处五年以上十年以下有期徒刑，并处违法所得一倍以上五倍以下罚金。

单位犯前款罪的，对单位判处罚金，并对其直接负责的主管人员和其他直接责任人员，处五年以下有期徒刑或者拘役。

内幕信息、知情人员的范围，依照法律、行政法规的规定确定。

【利用未公开信息交易罪】证券交易所、期货交易所、证券公司、期货经纪公司、基金管理公司、商业银行、保险公司等金融机构的从业人员以及有关监管部门或者行业协会的工作人员，利用因职务便利获取的内幕信息以外的其他未公开的信息，违反规定，从事与该信息相关的证券、期货交易活动，或者明示、暗示他人从事相关交易活动，情节严重的，依照第一款的规定处罚。

是指由于其管理地位、监督地位或者职业地位，或者作为雇员、专业顾问履行职务，能够接触或者获得内幕信息的人员。

包括（1）证券、期货的投资决策、交易执行信息；（2）证券持仓数量及变化、资金数量及变化、交易动向信息；（3）其他可能影响证券、期货交易活动的信息。

是指违反法律、行政法规、部门规章、全国性行业规范有关证券、期货未公开信息保护的规定，以及行为人所在的金融机构有关信息保密、禁止交易、禁止利益输送等规定。

🔺思维导图

内幕交易、泄露内幕信息，应予立案追诉的情形
获利或者避免损失数额在五十万元以上的
证券交易成交额在二百万元以上的
期货交易占用保证金数额在一百万元以上的
二年内三次以上实施内幕交易、泄露内幕信息行为的
明示、暗示三人以上从事与内幕信息相关的证券、期货交易活动的
具有其他严重情节的

拓展适用

《证券法》（2019年12月28日）

第五十一条、第五十二条、第八十条、第八十一条

《最高人民检察院、公安部关于公安机关管辖的刑事案件立案追诉标准的规定（二）》（2022年4月6日）

第三十条、第三十一条

《最高人民法院、最高人民检察院关于办理内幕交易、泄露内幕信息刑事案件具体应用法律若干问题的解释》（2012年3月29日）

《最高人民法院、最高人民检察院关于办理利用未公开信息交易刑事案件适用法律若干问题的解释》（2019年6月27日）

案例精析

1. 王某等人利用未公开信息交易案

来源：最高人民检察院检例第65号

裁判要点

具有获取未公开信息职务便利条件的金融机构从业人员及其近亲属从事相关证券交易行为明显异常，且与未公开信息相关交易高度趋同，即使其拒不供述未公开信息传递过程等犯罪事实，但其他证据之间相互印证，能够形成证明利用未公开信息犯罪的完整证明体系，足以排除其他可能的，可以依法认定犯罪事实。

2. 马某利用未公开信息交易案

来源：最高人民检察院检例第24号

裁判要点

《刑法》第一百八十条第四款利用未公开信息交易罪为援引法定刑的情形，应当是对第一款法定刑的全部援引。其中，"情节严重"是入罪标准，在处罚上应当依照本条第一款内幕交易、泄露内幕信息罪的全部法定刑处罚，即区分不同情形分别依照第一款规定的"情节严重"和"情节特别严重"两个量刑档次处罚。

3. 王某、李某内幕交易案

案号：（2020）京刑终55号

来源：人民法院案例库2023-03-1-120-002

裁判要点

内幕交易罪认定过程中，在内幕信息知情人和内幕交易实施者均否认泄露并共同实施内幕交易的情况下，可根据双方联系紧密程度和交易异常性，结合无罪辩解，通过排除其他可能的信息来源，进而认定内幕交易的犯罪事实。

第一百八十一条

【编造并传播证券、期货交易虚假信息罪】编造并且传播影响证券、期货交易的虚假信息,扰乱证券、期货交易市场,造成严重后果的,处五年以下有期徒刑或者拘役,并处或者单处一万元以上十万元以下罚金。

【诱骗投资者买卖证券、期货合约罪】证券交易所、期货交易所、证券公司、期货经纪公司的从业人员,证券业协会、期货业协会或者证券期货监督管理部门的工作人员,故意提供虚假信息或者伪造、变造、销毁交易记录,诱骗投资者买卖证券、期货合约,造成严重后果的,处五年以下有期徒刑或者拘役,并处或者单处一万元以上十万元以下罚金;情节特别恶劣的,处五年以上十年以下有期徒刑,并处二万元以上二十万元以下罚金。

单位犯前两款罪的,对单位判处罚金,并对其直接负责的主管人员和其他直接责任人员,处五年以下有期徒刑或者拘役。

> 是指可能影响证券、期货交易市场价格的信息。

> 既可以是行为人主动提供,也可以是应投资者要求被动提供;既可以是口头提供,也可以是书面或利用大众传媒提供。

> 是指通过涂改、擦消、拼凑、挖补等方法对真实的证券、期货交易记录进行加工改变其内容,或者在电脑系统上删改证券、期货交易数据,改变证券、期货交易记录内容。

> 是指无权制作与证券、期货发行、交易有关的业务记录的人,冒用他人名义,按照证券、期货交易记录的数据、样式,采取各种方法制作假的证券、期货交易记录冒充真的证券、期货交易记录的行为。

> 是指将真实的证券、期货交易记录予以毁灭的行为,如毁灭纸质的交易记录,删除电脑系统记录的交易数据等。

要点注释

编造并传播证券、期货交易虚假信息罪是结果犯。构成要件中包括造成严重后果,因而如果行为人编造并传播的虚假信息没有扰乱证券、期货市场,或者程度较轻,未产生严重后果,行为人不构成本罪。

诱骗投资者买卖证券、期货合约罪中认定"诱骗投资者买卖证券、期货合约"时,应注意以下几点:(1)投资者必须是在行为人的诱骗下陷入错误认识并作出不利于自己的投资决定;(2)投资者买卖证券、期货合约的决定必须是自己作出的;(3)行为人的诱骗行为必须造成了严重后果。

◆ 思维导图

编造并传播证券、期货交易虚假信息，应予立案追诉的情形
- 获利或者避免损失数额在五万元以上的
- 造成投资者直接经济损失数额在五十万元以上的
- 虽未达到上述数额标准，但多次编造并且传播影响证券、期货交易的虚假信息的
- 致使交易价格或者交易量异常波动的
- 造成其他严重后果的

诱骗投资者买卖证券、期货合约，应予立案追诉的情形
- 获利或者避免损失数额在五万元以上的
- 造成投资者直接经济损失数额在五十万元以上的
- 虽未达到上述数额标准，但多次诱骗投资者买卖证券、期货合约的
- 致使交易价格或者交易量异常波动的
- 造成其他严重后果的

拓展适用

《最高人民检察院、公安部关于公安机关管辖的刑事案件立案追诉标准的规定（二）》（2022年4月6日）
第三十二条、第三十三条

第一百八十二条 【操纵证券、期货市场罪】

有下列情形之一，操纵证券、期货市场，影响证券、期货交易价格或者证券、期货交易量，情节严重的，处五年以下有期徒刑或者拘役，并处或者单处罚金；情节特别严重的，处五年以上十年以下有期徒刑，并处罚金：

（一）单独或者合谋，集中资金优势、持股或者持仓优势或者利用信息优势联合或者连续买卖的；

（二）与他人串通，以事先约定的时间、价格和方式相互进行证券、期货交易的；

（三）在自己实际控制的帐户之间进行证券交易，或者以自己为交易对象，自买自卖期货合约的；

（四）不以成交为目的，频繁或者大量申报买入、卖出证券、期货合约并撤销申报的；

（五）利用虚假或者不确定的重大信息，诱导投资者进行证券、期货交易的；

（六）对证券、证券发行人、期货交易标的公开作出评价、预测或者投资建议，同时进行反向证券交易或者相关期货交易的；

（七）以其他方法操纵证券、期货市场的。

单位犯前款罪的，对单位判处罚金，并对其直接负责的主管人员和其他直接责任人员，依照前款的规定处罚。

> 该项规定的行为称为"抢帽子"，指的是行为人利用自己的信息优势，先行对证券发行人、期货标的等内容发布评价、投资建议作出预期并自行从事相反交易获利的行为。

◆思维导图

- 发行人、上市公司及其董事、监事、高级管理人员、控股股东或者实际控制人实施操纵证券、期货市场行为的
- 收购人、重大资产重组的交易对方及其董事、监事、高级管理人员、控股股东或者实际控制人实施操纵证券、期货市场行为的
- 行为人明知操纵证券、期货市场行为被有关部门调查，仍继续实施的

→ 操纵证券、期货市场，影响证券、期货交易价格或者证券、期货交易量，获利或者避免损失数额在五十万元以上，应予立案追诉的情形

- 因操纵证券、期货市场行为受过刑事追究的
- 二年内因操纵证券、期货市场行为受过行政处罚的
- 在市场出现重大异常波动等特定时段操纵证券、期货市场的
- 造成其他严重后果的

> **拓展适用**
>
> 《最高人民检察院、公安部关于公安机关管辖的刑事案件立案追诉标准的规定（二）》（2022年4月6日）第三十四条
>
> 《最高人民法院、最高人民检察院关于办理利用未公开信息交易刑事案件适用法律若干问题的解释》（2019年7月1日）

案例精析

1. 朱某某操纵证券市场案

来源：最高人民检察院检例第39号

裁判要点

证券公司、证券咨询机构、专业中介机构及其工作人员违背从业禁止规定，买卖或者持有证券，并在对相关证券作出公开评价、预测或者投资建议后，通过预期的市场波动反向操作，谋取利益，情节严重的，以操纵证券市场罪追究其刑事责任。

2. 李某某等操纵证券市场案——操纵证券市场犯罪违法所得的认定

案号：（2022）沪01刑初13号

来源：人民法院案例库 2024-04-1-124-001

裁判要点

（1）操纵行为获利的本质是通过扭曲市场价格机制获取利益。应当将证券交易价量受到操纵行为影响的期间，作为违法所得计算的时间依据。操纵行为的终点原则上是操纵影响消除日，在交易型操纵中，如行为人被控制或账户被限制交易的，则应当以操纵行为终止日作为操纵行为的终点。

（2）违法所得应当先确认操纵期间内的交易价差、余券价值等获利，而后从中剔除正常交易成本。受其他市场因素影响产生的获利原则上不予扣除，配资利息、账户租借费等违法成本并非正常交易行为产生的必要费用，亦不应扣除。

（3）以违法所得数额作为操纵证券市场犯罪情节严重程度的判断标准，是为了对行为人科处与其罪责相适应的刑罚，故应以操纵期间的不法获利作为犯罪情节的认定依据；对行为人追缴违法所得，是为了不让违法者从犯罪行为中获得收益，故应按照亏损产生的具体原因进行区分认定，因行为人自身原因导致股票未能及时抛售的，按照操纵期间的获利金额进行追缴；因侦查行为等客观因素导致股票未能及时抛售的，按照实际获利金额进行追缴。

第一百八十三条

【职务侵占罪】保险公司的工作人员利用职务上的便利,故意编造未曾发生的保险事故进行虚假理赔,骗取保险金归自己所有的,依照本法第二百七十一条的规定定罪处罚。

【贪污罪】国有保险公司工作人员和国有保险公司委派到非国有保险公司从事公务的人员有前款行为的,依照本法第三百八十二条、第三百八十三条的规定定罪处罚。

> 是指经国家保险监督管理部门批准成立的从事保险业务的有限责任公司或者股份有限公司。

要点注释

行为人非法占有公共财物的方式是多种多样的,法律上将其概括为侵吞、窃取、骗取或者其他手段。所谓骗取,是指行为人利用职务上的便利,采用虚构事实或者隐瞒真相的方法,非法占有公共财物,如工程项目负责人伪造工资表,冒领不存在的工人的工资。

思维导图

贪污案件中,应予立案追诉的情形

- 贪污数额在三万元以上不满二十万元的,应当认定为"数额较大"
- 贪污数额在一万元以上不满三万元,并具有下列情形之一的,应当认定为"其他较重情节"
  - 贪污救灾、抢险、防汛、优抚、扶贫、移民、救济、防疫、社会捐助等特定款物的
  - 曾因贪污、受贿、挪用公款受过党纪、行政处分的
  - 曾因故意犯罪受过刑事追究的
  - 赃款赃物用于非法活动的
  - 拒不交待赃款赃物去向或者拒不配合追缴工作,致使无法追缴的
  - 造成恶劣影响或者其他严重后果的

第一百八十四条 【金融机构工作人员受贿犯罪如何定罪处罚的规定】

银行或者其他金融机构的工作人员在金融业务活动中索取他人财物或者非法收受他人财物,为他人谋取利益的,或者违反国家规定,收受各种名义的回扣、手续费,归个人所有的,依照本法第一百六十三条的规定定罪处罚。

国有金融机构工作人员和国有金融机构委派到非国有金融机构从事公务的人员有前款行为的,依照本法第三百八十五条、第三百八十六条的规定定罪处罚。

> 包括中国人民银行、商业银行、政策性银行以及在我国设立的中外合资和外资银行。

> 包括经银保监会批准设立的金融资产管理公司、企业集团财务公司、金融租赁公司、汽车金融公司、货币经纪公司、消费金融公司、境外非银行金融机构驻华代表处等机构。

> 是指在商品或者劳务活动中,由卖方从所收到的价款中,按照一定的比例抽出一部分返还给买方或者其经办人的款项。

> 是指在经济活动中,除回扣外,其他违反国家规定支付给公司、企业或者其他单位的工作人员的各种名义的钱,如信息费、顾问费、劳务费、辛苦费、好处费等。

要点注释

受贿罪中利用职务之便的职务范围较为广泛,包括主管、管理、经办钱、物或者人事等各种职权,既包括直接利用本人的职权,也包括利用与职务相关的便利条件。

◇ 思维导图

受贿案件中,应予立案追诉的情形
- 受贿数额在三万元以上不满二十万元的,应当认定为"数额较大"
- 受贿数额在一万元以上不满三万元,具有下列情形之一的,应当认定为"其他较重情节"
  - 曾因贪污、受贿、挪用公款受过党纪、行政处分的
  - 曾因故意犯罪受过刑事追究的
  - 赃款赃物用于非法活动的
  - 拒不交待赃款赃物去向或者拒不配合追缴工作,致使无法追缴的
  - 造成恶劣影响或者其他严重后果的
  - 多次索贿的
  - 为他人谋取不正当利益,致使公共财产、国家和人民利益遭受损失的
  - 为他人谋取职务提拔、调整的

第一百八十五条

【挪用资金罪】商业银行、证券交易所、期货交易所、证券公司、期货经纪公司、保险公司或者其他金融机构的工作人员利用职务上的便利，挪用本单位或者客户资金的，依照本法第二百七十二条的规定定罪处罚。

【挪用公款罪】国有商业银行、证券交易所、期货交易所、证券公司、期货经纪公司、保险公司或者其他国有金融机构的工作人员和国有商业银行、证券交易所、期货交易所、证券公司、期货经纪公司、保险公司或者其他国有金融机构委派到前款规定中的非国有机构从事公务的人员有前款行为的，依照本法第三百八十四条的规定定罪处罚。

- 是指依照《商业银行法》和《公司法》设立的吸收公众存款、发放贷款、办理结算等业务的企业法人。
- 是指提供证券集中竞价交易场所的不以营利为目的的法人。
- 是指经国家保险监督管理部门批准成立的从事保险业务的有限责任公司或者股份有限公司。
- 是指提供期货集中竞价交易场所的法人。
- 是指经国家有关主管部门批准成立的从事期货经营业务的公司法人。
- 是指依照《公司法》《证券法》之规定，经国务院证券监督管理机构批准从事证券经营业务的有限责任公司或股份有限公司。
- 包括经银保监会批准设立的金融资产管理公司、企业集团财务公司、金融租赁公司、汽车金融公司、货币经纪公司、消费金融公司、境外非银行金融机构驻华代表处等机构。

要点注释

挪用的动机是多种多样的，有的是为了进行非法活动，有的是为了进行营利活动，有的则是出于生活上的某种需要。另外，行为人挪用的"公款"也不仅限于本单位资金，还包括客户资金等。

思维导图

挪用公款，属于"情节严重"的情形：
- 挪用公款数额在一百万元以上的
- 挪用救灾、抢险、防汛、优抚、扶贫、移民、救济特定款物，数额在五十万元以上不满一百万元的
- 挪用公款不退还，数额在五十万元以上不满一百万元的
- 具有其他严重情节的

第一百八十五条之一

【背信运用受托财产罪】商业银行、证券交易所、期货交易所、证券公司、期货经纪公司、保险公司或者其他金融机构,违背受托义务,擅自运用客户资金或者其他委托、信托的财产,情节严重的,对单位判处罚金,并对其直接负责的主管人员和其他直接责任人员,处三年以下有期徒刑或者拘役,并处三万元以上三十万元以下罚金;情节特别严重的,处三年以上十年以下有期徒刑,并处五万元以上五十万元以下罚金。

【违法运用资金罪】社会保障基金管理机构、住房公积金管理机构等公众资金管理机构,以及保险公司、保险资产管理公司、证券投资基金管理公司,违反国家规定运用资金的,对其直接负责的主管人员和其他直接责任人员,依照前款的规定处罚。

- 是指依法取得社会保障基金管理业务资格,受托运作和管理社会保障基金的专业性投资管理机构。
- 是指金融机构未经委托人或受益人同意,私自将信托资金运用于指定用途以外的其他用途。
- 是指住房公积金管理中心。直辖市和省、自治区人民政府所在地的市以及其他设区的市(地、州、盟)应当按照精简、效能的原则,设立住房公积金管理中心,负责住房公积金的管理运作。

要点注释

擅自运用的对象是客户按约定存放在各类金融机构或者委托金融机构经营的资金活资产,包含存款、证券交易资金等,不是金融机构所有的资金。如果对象是金融机构的资金,则可能构成挪用类犯罪。

◆思维导图

违法运用资金,应予立案追诉的情形
- 违反国家规定运用资金数额在三十万元以上的
- 虽未达到上述数额标准,但多次违反国家规定运用资金的其他情节严重的情形

背信运用受托财产,应予立案追诉的情形
- 擅自运用客户资金或者其他委托、信托的财产数额在三十万元以上的
- 虽未达到上述数额标准,但多次擅自运用客户资金或者其他委托、信托的财产,或者擅自运用多个客户资金或者其他委托、信托的财产的
- 其他情节严重的情形

第一百八十六条 【违法发放贷款罪】

银行或者其他金融机构的工作人员**违反国家规定**发放贷款，数额巨大或者造成重大损失的，处五年以下有期徒刑或者拘役，并处一万元以上十万元以下罚金；数额特别巨大或者造成特别重大损失的，处五年以上有期徒刑，并处二万元以上二十万元以下罚金。

银行或者其他金融机构的工作人员违反国家规定，向关系人发放贷款的，依照前款的规定从重处罚。

单位犯前两款罪的，对单位判处罚金，并对其直接负责的主管人员和其他直接责任人员，依照前两款的规定处罚。

关系人的范围，依照《商业银行法》和有关金融法规确定。

> 是指违反全国人民代表大会及其常务委员会制定的法律和决定，国务院制定的行政法规、规定的行政措施、发布的决定和命令。

要点注释

"违反国家规定"表明对违法发放贷款罪的违法依据应采取严格解释。本罪所指的"国家规定"主要包括《中国人民银行法》《商业银行法》《个人贷款管理办法》《流动资金贷款管理办法》《固定资产贷款管理办法》《消费金融公司管理办法》等有关贷款管理的法律和行政法规、部委规章。

思维导图

应予立案追诉的情形
- 违法发放贷款，数额在二百万元以上的
- 违法发放贷款，造成直接经济损失数额在五十万元以上的

拓展适用

《中国人民银行法》（2003年12月27日）

第三十条、第四十八条、第四十九条

《商业银行法》（2015年8月29日）

第四十条、第四章

《最高人民检察院、公安部关于公安机关管辖的刑事案件立案追诉标准的规定（二）》（2022年4月6日）

第三十七条

《个人贷款管理办法》（2024年2月2日）

第四章

《流动资金贷款管理办法》（2024年2月2日）

第五章

《固定资产贷款管理办法》（2024年2月2日）

第五章

《消费金融公司管理办法》（2024年3月18日）

第十八条、第四十一条、第四十三条

案例精析

张某违法发放贷款案——违法发放贷款犯罪的审查认定及主从犯区分

案号：（2023）鲁16刑终54号

来源：人民法院案例库 2024-03-1-127-001

裁判要点

（1）根据信贷管理的相关规定，商业银行贷款，应当对借款人的借款用途、偿还能力、还款方式等情况进行严格审查，实行审贷分离、分级审批制度。违反上述规定发放贷款的，可能构成违法发放贷款罪。

（2）在办理违法发放贷款刑事案件时，对于违法发放的贷款系经过银行或者其他金融机构一系列内部程序审批后予以发放的，应当审查行为人的具体岗位职责、不履职行为方式、违法行为对贷款审批的作用程度、损害后果等，区分一般违法放贷行为与违法发放贷款犯罪的界限，准确认定犯罪。

（3）对违法发放贷款的共同犯罪人员，要区分其作用。其中，受上级安排实施相关行为，起帮助作用的，可以认定为从犯。

第一百八十七条 【吸收客户资金不入帐罪】

> 行为人违反国家法律法规规定,收取客户资金,并给客户出具存单、存折等单据,但是对收受客户的存款不如实记入银行或其他金融机构的法定存款账目,账目上反映不出该笔存款业务,以逃避国家金融监管的行为。

银行或者其他金融机构的工作人员吸收客户资金不入帐,数额巨大或者造成重大损失的,处五年以下有期徒刑或者拘役,并处二万元以上二十万元以下罚金;数额特别巨大或者造成特别重大损失的,处五年以上有期徒刑,并处五万元以上五十万元以下罚金。

单位犯前款罪的,对单位判处罚金,并对其直接负责的主管人员和其他直接责任人员,依照前款的规定处罚。

要点注释

所谓客户资金,既包括个人储蓄,也包括单位存款;既包括以合法方式吸收的公众存款,也包括以违反规定提高利率或者其他不正当方式吸收的存款。

与非法吸收公众存款罪相比,认定吸收客户资金不入账罪应注意以下三点:(1)吸收客户资金不入账罪的行为方式有吸收客户资金和不入帐两个行为,而非法吸收公众存款罪的行为方式只有吸收资金的过程;(2)吸收客户资金不入帐罪的主体是银行或者其他金融机构及其工作人员,而非法吸收公众存款罪的主体是一般主体;(3)吸收客户资金不入帐罪必须达到数额巨大或者造成重大损失的程度才能构成犯罪,而非法吸收公众存款罪只要求扰乱金融秩序即可构成犯罪,不要求发生具体的损失后果。

思维导图

应予立案追诉的情形
- 吸收客户资金不入帐,数额在二百万元以上的
- 吸收客户资金不入帐,造成直接经济损失数额在五十万元以上的

> **拓展适用**
>
> 《最高人民检察院、公安部关于公安机关管辖的刑事案件立案追诉标准的规定（二）》（2022年4月6日）第三十八条
>
> 《全国法院审理金融犯罪案件工作座谈会纪要》（2001年1月21日）

案例精析

李某某、A信用社和B信用社吸收客户资金不入账案

案号：（2020）豫14刑终555号

来源：中国裁判文书网

裁判要点

2013年至2015年，被告人李某某在担任A信用社、B信用社主任期间，以被告单位A信用社的名义吸收王某26万元、刘某甲20万元、刘某乙20万元；以B信用社的名义吸收王某某5万元、陈某某47.9万元，未将上述款项按存款程序存入信用社，而是将上述资金用于单位填补亏库，并为上述人员出具了盖有信用社公章的借条或收条。2015年2、3月，李某某以B信用社的名义分别吸收李某某资金100万元、高某某资金95万元，未给上述人员出具存款储蓄票据，未将上述195万元款项按存款程序存入信用社，也未将上述195万元用于单位，而自己决定借给其朋友祁某某个人使用，致使该两笔资金至今未偿还，造成特别重大损失。生效判决认为，被告人李某某在担任A信用社、B信用社主任期间，以单位名义吸收客户资金不入账，将吸收资金用于单位，其行为属于单位吸收客户资金不入账的行为，因A信用社、B信用社吸收客户资金不入账数额较小，不构成吸收客户资金不入账罪。李某某在担任信用社主任期间，吸收客户资金不入账，且造成特别重大损失，其行为构成吸收客户资金不入账罪。

第一百八十八条 【违规出具金融票证罪】

银行或者其他金融机构的工作人员违反规定，为他人出具信用证或者其他保函、票据、存单、资信证明，情节严重的，处五年以下有期徒刑或者拘役；情节特别严重的，处五年以上有期徒刑。

单位犯前款罪的，对单位判处罚金，并对其直接负责的主管人员和其他直接责任人员，依照前款的规定处罚。

信用证：是指银行根据买方的请求，开给卖方的一种保证承担支付货款责任的书面凭证。

他人：是指除出具人外的其他人，包括单位与个人。

票据：是指由出票人依法出具的，具有流通性和无条件支付特点的凭证。

存单：是指金融机构收取客户存款而开具的存款人用以提取存款的凭证。

保函：是指担保人金融机构应申请人或委托人的请求，向第三人即收益人开出的一种无条件或有条件的保证文件。

资信证明：是指除上述金融票证外，银行或者其他金融机构应他人请求出具的，证明持证人具有相应资产、资金实力和信用的证明文件。

要点注释

"情节严重"不仅包括给金融机构造成了较大损失，还包括虽然还没有造成较大损失，但非法出具金融票证涉及金额巨大，或者多次非法出具金融票证等情形。如果行为人有以上违反规定的行为，但被及时发现并制止，情节不严重的，可作为违法行为处理，不宜以犯罪论处。

思维导图

应予立案追诉的情形：
- 违反规定为他人出具信用证或者其他保函、票据、存单、资信证明，数额在二百万元以上的
- 违反规定为他人出具信用证或者其他保函、票据、存单、资信证明，造成直接经济损失数额在五十万元以上的
- 多次违规出具信用证或者其他保函、票据、存单、资信证明的
- 接受贿赂违规出具信用证或者其他保函、票据、存单、资信证明的
- 其他情节严重的情形

> **拓展适用**
>
> 《最高人民检察院、公安部关于公安机关管辖的刑事案件立案追诉标准的规定（二）》（2022年4月6日）第三十九条

案例精析

1. 宋某某违规出具金融票证、违法发放贷款、非国家工作人员受贿案

来源：最高人民检察院检例第190号

裁判要点

不具备出具保函、票据等金融票证资质的银行或其他金融机构工作人员，违规为他人出具金融票证，情节严重的，应当认定构成违规出具金融票证罪。国家有关金融法律、法规对金融票证出具条件及程序有严格规定，银行及其他金融机构内部也有严格的规章制度和业务规程，有出具金融票证资质的银行、金融机构工作人员违反法定程序、超越职权范围出具金融票证，情节严重的，构成违规出具金融票证罪。对于明知所在金融机构不具备出具金融票证资质，仍为他人出具相关金融票证，属于超越职权范围滥用职权，行为人主观恶性更深、社会危害性更大，对其依法定罪处罚不仅是刑法的应有之义，也符合常情常理和社会大众普遍认知，符合违规出具金融票证罪的，应依法予以认定。

2. 钟某、宋某、杨某某挪用资金，公司、企业人员受贿，职务侵占，非法出具金融票证案

来源：《最高人民检察院公报》2006年第6号

裁判要点

2003年5月，被告人宋某策划以实业公司名义向某银行营业部申请人民币3000万元的贷款用于朱某某等人操作股票。宋某指使员工李某某在网络服务公司的账户上虚增资金人民币3400万元，购入国债33800手后，在案涉账户上作国债回购获取资金人民币3377万元，并凑足人民币3400万元用于填补在网络服务公司账户上虚增的人民币3400万元。宋某以此购买国债的交割单为实业公司作资信证明，向某银行出具承诺函进行担保，获得贷款人民币3000万元。后该款项用于炒股亏损约计人民币6673420元。

被告人宋某违反规定，在单位不知情的情况下，擅自以证券公司的名义为他人贷款出具资信证明，至案发时给所在单位造成人民币6673420元的较大经济损失，其行为已构成非法出具金融票证罪。

第一百八十九条 【对违法票据承兑、付款、保证罪】

> 是指汇票付款人承诺在汇票到期日支付汇票金额的票据行为。

> 是指因违反《票据法》有关规定而无效、失效或者存在瑕疵或者其他原因而不应予以承兑、付款或者保证的票据。

> 是指票据付款人向票据权利人支付票据金额使票据关系消灭的行为。

> 是指票据债务人以外的第三人以担保特定债务人履行票据债务为目的，而在票据上所为的附属票据行为。

银行或者其他金融机构的工作人员在票据业务中，对违反票据法规定的票据予以承兑、付款或者保证，造成重大损失的，处五年以下有期徒刑或者拘役；造成特别重大损失的，处五年以上有期徒刑。

单位犯前款罪的，对单位判处罚金，并对其直接负责的主管人员和其他直接责任人员，依照前款的规定处罚。

要点注释

实践中，银行或者其他金融机构及其工作人员如果对违法票据予以承兑、付款、保证，则银行或者其他金融机构将对票据权利人承担票据责任，或者对第三人承担损害赔偿责任，因而损失的主体一般来说应当是银行或者其他金融机构。

思维导图

应予立案追诉的情形
- 银行或者其他金融机构及其工作人员在票据业务中，对违反票据法规定的票据予以承兑，造成直接经济损失数额在五十万元以上的
- 银行或者其他金融机构及其工作人员在票据业务中，对违反票据法规定的票据予以付款，造成直接经济损失数额在五十万元以上的
- 银行或者其他金融机构及其工作人员在票据业务中，对违反票据法规定的票据予以保证，造成直接经济损失数额在五十万元以上的

第一百九十条 【逃汇罪】

公司、企业或者其他单位，违反国家规定，**擅自将外汇存放境外**，或者将境内的外汇非法转移到境外，数额较大的，对单位判处逃汇数额百分之五以上百分之三十以下罚金，并对其直接负责的主管人员和其他直接责任人员，处五年以下有期徒刑或者拘役；数额巨大或者有其他严重情节的，对单位判处逃汇数额百分之五以上百分之三十以下罚金，并对其直接负责的主管人员和其他直接责任人员，处五年以上有期徒刑。

> 是指违反有关外汇转移境外的法律、法规和其他有关规定，携带外汇出境，或者将外汇汇出境外，或者未经外汇管理机关批准，擅自将外币存款凭证、外币有价证券携带或者邮寄出境等。

> 是指未经外汇管理机关批准自行将外汇存放境外。

要点注释

海关、外汇管理部门以及金融机构、从事对外贸易经营活动的公司、企业或者其他单位的工作人员与本条规定的逃汇行为人通谋，为其提供购买外汇的有关凭证或者其他便利的，或者明知是伪造、变造的凭证和单据而售汇、付汇的，以逃汇罪的共犯论处，并从重处罚。这里所说的"从重处罚"，是指在本条规定的罚金幅度内和量刑幅度内从重处罚。对于刑罚的从重，既可以选择较重的刑期，也可以选择较重的刑种。

思维导图

应予立案追诉的情形
- 公司、企业或者其他单位，违反国家规定，擅自将外汇存放境外，或者将境内的外汇非法转移到境外，单笔数额在二百万美元以上的
- 公司、企业或者其他单位，违反国家规定，擅自将外汇存放境外，或者将境内的外汇非法转移到境外，累计数额在五百万美元以上的

第一百九十一条 【洗钱罪】

为掩饰、隐瞒毒品犯罪、黑社会性质的组织犯罪、恐怖活动犯罪、走私犯罪、贪污贿赂犯罪、破坏金融管理秩序犯罪、金融诈骗犯罪的所得及其产生的收益的来源和性质,有下列行为之一的,没收实施以上犯罪的所得及其产生的收益,处五年以下有期徒刑或者拘役,并处或者单处罚金;情节严重的,处五年以上十年以下有期徒刑,并处罚金:

(一)提供资金帐户的;

(二)将财产转换为现金、金融票据、有价证券的;

(三)通过转帐或者其他支付结算方式转移资金的;

(四)跨境转移资产的;

(五)以其他方法掩饰、隐瞒犯罪所得及其收益的来源和性质的。

单位犯前款罪的,对单位判处罚金,并对其直接负责的主管人员和其他直接责任人员,依照前款的规定处罚。

> 是指行为人以窝藏、转移、转换、收购等方法将自己或者他人实施上游犯罪的所得及其产生的收益予以掩盖或洗白。

要点注释

本条规定的上游犯罪,为"毒品犯罪、黑社会性质的组织犯罪、恐怖活动犯罪、走私犯罪、贪污贿赂犯罪、破坏金融管理秩序犯罪、金融诈骗犯罪"。这里规定的是某一类犯罪,如"贪污贿赂犯罪"是指刑法分则第八章"贪污贿赂罪"一章中的所有犯罪。

思维导图

应予立案追诉的情形
- 提供资金帐户的
- 将财产转换为现金、金融票据、有价证券的
- 通过转帐或者其他支付结算方式转移资金的
- 跨境转移资产的
- 以其他方法掩饰、隐瞒犯罪所得及其收益的来源和性质的

> **拓展适用**
>
> 《最高人民法院关于审理洗钱等刑事案件具体应用法律若干问题的解释》（2009年11月11日）
> 第一条至第五条
>
> 《最高人民检察院、公安部关于公安机关管辖的刑事案件立案追诉标准的规定（二）》（2022年4月6日）
> 第四十三条

案例精析

1. 某区人民检察院诉汪某洗钱案

来源：《最高人民法院公报》2004年第10期

裁判要点

根据《刑法》第一百九十一条的规定，被告人为获得不法利益，明知他人从事毒品犯罪活动，且掌握的大量资金可能是毒品犯罪所得，仍积极协助其以购买股份的方式投资企业经营，掩饰、隐藏资金的性质及来源，其行为构成了洗钱罪。

2. 苏某洗钱案——行为人明知是非法集资犯罪所得，仍提供资金账户用于对外借贷的，构成洗钱罪

案号：（2023）津01刑终42号

来源：人民法院案例库 2024-04-1-133-007

裁判要点

（1）被告人为非法吸收公众存款的上游犯罪提供资金账户是构成非法吸收公众存款犯罪的共犯还是单独认定构成洗钱罪，应看与上游犯罪行为人是否存在"事前通谋""事中共谋"。如果行为人明知是非法集资犯罪所得，仍提供资金账户，通过借贷转账的方式掩饰、隐瞒钱款的来源和性质，并且与上游犯罪行为人不存在"事前通谋"和"事中共谋"的，构成洗钱罪。

（2）对于"事前通谋"，应当着重判断被告人是否在非法吸收公众存款罪中就公司成立、开展经营进行商议等。对于"事中共谋"，应当着重判断被告人是否实际参与吸揽业务、领取佣金，是否为公司的工作人员、领取工资等。

（3）《刑法修正案（十一）》虽对《刑法》第一百九十一条洗钱罪删除了"明知"的表述，但并未改变洗钱罪之故意犯罪构成，具体包括知道和应当知道。

第五节 金融诈骗罪

第一百九十二条 【集资诈骗罪】

以非法占有为目的,使用诈骗方法非法集资,数额较大的,处三年以上七年以下有期徒刑,并处罚金;数额巨大或者有其他严重情节的,处七年以上有期徒刑或者无期徒刑,并处罚金或者没收财产。

单位犯前款罪的,对单位判处罚金,并对其直接负责的主管人员和其他直接责任人员,依照前款的规定处罚。

> 是指行为人以编造谎言、捏造事实或者隐瞒真相等欺骗方法。

要点注释

集资诈骗罪主要有以下几个特点:(1)行为人在主观上出于故意,即有非法占有集资款的目的。在通常情况下,这种目的具体表现为将非法募集的资金的所有权转归为自己所有,或任意挥霍,或占有资金后携款潜逃等。(2)行为人有使用诈骗方法非法集资的行为。这里所说的"使用诈骗方法",是指行为人以编造谎言、捏造事实或者隐瞒真相等欺骗方法。在实际发生的案件中,行为人采用的诈骗手段多种多样,如以"共同投资"为幌子,或者以参加投资的人可以获得数倍于同期存款收益为诱饵等。诈骗分子不论采用哪种形式,其实都是隐瞒事实真相,诱使公众信以为真,相信非法集资者的谎言,而自愿将自己的资金交给非法集资者。这里的所谓集资只是一个手段,骗取公众资金才是最终目的。"非法集资"是指行为人以诈骗方法面向社会向公众或者集体募集资金,将公众的资金作为犯罪行为的直接侵害对象;而不是针对少数特定个人的资金,这是集资诈骗罪与普通诈骗罪的重要区别。(3)集资诈骗行为,数额较大的,才构成犯罪。

思维导图

以非法占有为目的,使用诈骗方法非法集资,数额在十万元以上的,应予立案追诉 → 集资诈骗罪
- 数额较大的 → 处三年以上七年以下有期徒刑,并处罚金
- 数额巨大或者有其他严重情节的 → 处七年以上有期徒刑或无期徒刑,并处罚金或没收财产

> **拓展适用**
>
> 《最高人民法院关于审理非法集资刑事案件具体应用法律若干问题的解释》（2022年2月23日）
> 第七条、第八条
> 《最高人民检察院、公安部关于公安机关管辖的刑事案件立案追诉标准的规定（二）》（2022年4月6日）
> 第四十四条

案例精析

1. 周辉集资诈骗案

来源：最高人民检察院检例第 40 号

裁判要点

是否具有非法占有目的，是正确区分非法吸收公众存款罪和集资诈骗罪的关键。对非法占有目的的认定，应当围绕融资项目真实性、资金去向、归还能力等事实、证据进行综合判断。行为人将所吸收资金大部分未用于生产经营活动，或名义上投入生产经营，但又通过各种方式抽逃转移资金，或供其个人肆意挥霍，归还本息主要通过借新还旧来实现，造成数额巨大的募集资金无法归还的，可以认定具有非法占有的目的。

2. 新疆某财富金融信息服务有限公司非法吸收公众存款案

案号：（2023）新刑终 8 号

来源：人民法院案例库 2023-04-1-134-004

裁判要点

（1）集资诈骗罪中非法占有目的的认定，既要审查被告人实施的行为是否符合相关司法解释明确列举的非法占有目的的情形，还要审查非法募集资金的去向。大额借款人假借或伪造数个单位及个人名义，通过虚构资金用途、发布虚假借款标的形式进行欺诈借款，募集的资金并未用于生产经营活动，而分别主要用于放贷、偿还银行贷款、个人债务、购买股权、个人购房等，后在无法归还借款时，仍继续通过虚构事实、隐瞒真相的形式，骗取集资参与人投资款用于归还前期借款本息，导致数额巨大的投资款不能返还，综合集资行为的真实性、募集资金的目的、资金去向、还款能力等，上述大额借款人使用诈骗方法非法集资的行为应认定具有非法占有的目的。

（2）P2P 网络借贷平台与大额借款人共谋的认定，应注意审查公司实际控制人、高管等对于大额借款人发布虚假借款标的进行欺诈借款是否明知。公司实际控制人、高管明知某平台不具备盈利能力，大额借款人亦长期、反复借新还旧，客观上不可能归还逐渐累积的借款利息，非法募集的资金链必然会断裂，仍然大肆伙同上述大额借款人在平台上虚构借款人信息、发布虚假标的进行欺诈借款；且在金融监管机构发出整改意见后，使用虚假公司借款代替虚假个人借款进行虚假整改；在后期出现大额借款人怠于借新还旧时，又主动帮助其发布虚假标的进行借新还旧，不断扩大借款范围，主观上均有基于骗取投资人钱款的故意，客观上实施了以诈骗方法非法集资的行为，应认定为与大额借款人共谋实施集资诈骗犯罪。

第一百九十三条 【贷款诈骗罪】

> 是指有将银行或者其他金融机构贷款非法据为己有的目的。

有下列情形之一，**以非法占有为目的**，诈骗银行或者其他金融机构的贷款，数额较大的，处五年以下有期徒刑或者拘役，并处二万元以上二十万元以下罚金；数额巨大或者有其他严重情节的，处五年以上十年以下有期徒刑，并处五万元以上五十万元以下罚金；数额特别巨大或者有其他特别严重情节的，处十年以上有期徒刑或者无期徒刑，并处五万元以上五十万元以下罚金或者没收财产：

（一）编造引进资金、项目等虚假理由的；
（二）使用虚假的经济合同的；
（三）使用虚假的证明文件的；
（四）使用虚假的产权证明作担保或者超出抵押物价值重复担保的；
（五）以其他方法诈骗贷款的。

要点注释

《刑法》列举了五种贷款诈骗的具体行为方式：（1）"编造引进资金、项目等虚假理由"，这主要是指行为人编造根本不存在的，或者情况不实的所谓会产生良好社会效益和经济效益的投资项目，或者以引入外资需要配套资金等为理由。（2）"使用虚假的经济合同"，主要是指行为人使用虚假的出口合同或者其他所谓在短期内能产生很好经济效益的合同，以骗取贷款。（3）"使用虚假的证明文件"，主要是指使用伪造、变造或者内容虚假的银行存款证明、公司或者金融机构的担保函、划款证明等在向银行或者其他金融机构申请贷款时所需要的文件。（4）"使用虚假的产权证明作担保或者超出抵押物价值重复担保"，主要是指使用伪造、变造的能证明行为人对房屋、设备等不动产或者汽车、货币、可即时兑付的票据等动产具有所有权的一切文件或者超出抵押物价值重复担保。（5）"以其他方法诈骗贷款"，如伪造单位公章、印鉴骗取贷款，或者以假货币为抵押骗取贷款的，等等。

思维导图

以非法占有为目的,诈骗银行或者其他金融机构的贷款：
- 编造引进资金、项目等虚假理由的
- 使用虚假的经济合同的
- 使用虚假的证明文件的
- 使用虚假的产权证明作担保或者超出抵押物价值重复担保的

量刑：
- 数额较大的 → 处五年以下有期徒刑或者拘役,并处二万元以上二十万元以下罚金
- 数额巨大或者有其他严重情节的 → 处五年以上十年以下有期徒刑,并处五万元以上五十万元以下罚金
- 数额特别巨大或者有其他特别严重情节的 → 处十年以上有期徒刑或者无期徒刑,并处五万元以上五十万元以下罚金或者没收财产

拓展适用

《最高人民检察院、公安部关于公安机关管辖的刑事案件立案追诉标准的规定（二）》（2022年4月6日）

第四十五条

案例精析

赵某贷款诈骗案

案号：（2017）黔刑再4号

来源：中国裁判文书网

裁判要点

根据1995年全国人大常委会《关于惩治破坏金融秩序犯罪的决定》第十条之规定，以非法占有为目的，有编造引进资金、项目等虚假理由的；使用虚假的经济合同的；使用虚假的证明文件的；使用虚假的产权证明作担保的；以其他方法诈骗银行或者其他金融机构的贷款的，构成贷款诈骗罪，处以相应刑罚。对于法律适用，我国刑法无论是诈骗罪还是贷款诈骗罪都需要行为人主观上必须具有非法占有的目的，客观上实施了虚构事实、隐瞒真相的行为。本案中，赵某既没有伪造贷款证明材料、提供虚假担保、假冒他人名义贷款或通过行贿手段等违法取得贷款的行为，也没有取得贷款后用于个人挥霍、进行违法使用贷款的活动、隐匿贷款去向、携款潜逃、恶意拖欠贷款拒不偿还等非法占有贷款的情形。赵某的房产之所以能够在法院查封以后在中心社办理抵押手续，主要还是因为法院查封赵某房产时未依法及时将查封裁定送达房产管理部门协助执行，导致赵某完成房产抵押手续后取得贷款。赵某在中心社使用合法房产原作抵押，履行了法律规定和银行贷款流程手续。对于合法取得贷款以后，没有按规定的用途使用贷款，到期没有归还贷款的，不能以贷款诈骗罪定罪处罚；对于确有证据证明行为人不具有非法占有的目的，因不具备贷款的条件而采取了欺骗手段获取贷款，案发时有能力履行还贷义务，或者案发时不能归还贷款是因为意志以外的原因，如因经营不善、被骗、市场风险等，不应以贷款诈骗罪定罪处罚，赵某改变贷款用途和不能到期归还全部贷款的行为，不属于犯罪行为。

第一百九十四条 【票据诈骗罪】

有下列情形之一，进行金融票据诈骗活动，数额较大的，处五年以下有期徒刑或者拘役，并处二万元以上二十万元以下罚金；数额巨大或者有其他严重情节的，处五年以上十年以下有期徒刑，并处五万元以上五十万元以下罚金；数额特别巨大或者有其他特别严重情节的，处十年以上有期徒刑或者无期徒刑，并处五万元以上五十万元以下罚金或者没收财产：

（一）明知是伪造、变造的汇票、本票、支票而使用的；

（二）明知是作废的汇票、本票、支票而使用的；

（三）冒用他人的汇票、本票、支票的；

（四）签发空头支票或者与其预留印鉴不符的支票，骗取财物的；

（五）汇票、本票的出票人签发无资金保证的汇票、本票或者在出票时作虚假记载，骗取财物的。

【金融凭证诈骗罪】使用伪造、变造的委托收款凭证、汇款凭证、银行存单等其他银行结算凭证的，依照前款的规定处罚。

> 是指根据法律和有关规定不能使用的票据。

> 是指行为人擅自以合法持票人的名义，支配、使用、转让自己不具备支配权利的他人票据的行为。

> 是指票据的出票人在承兑票据时具有按票据支付的能力。

> 是指依法定方式制作汇票、本票并在这些票据上签章，将汇票、本票交付给收款人的人。

要点注释

根据本条的规定，票据诈骗罪的行为方式主要有以下几种：（1）明知是伪造、变造的汇票、本票、支票而使用的。对于本项行为，行为人是否明知所使用的汇票、本票、支票是伪造、变造的，是区分罪与非罪的重要界限。行为人在实际上还要有使用行为，才构成犯罪，如果只是明知是伪造、变造的汇票、本票、支票而没有使用的，不构成犯罪。（2）明知是作废的汇票、本票、支票而使用的。行为人是否明知其使用的汇票、本票、支票属于作废的票据，是区分其行为是否构成犯罪的重要界限。（3）冒用他人的汇票、本票、支票。（4）签发空头支票或与其预留印鉴不符的支票，骗取财物。（5）汇票、本票的出票人签发无资金保证的汇票、本票或者在出票时作虚假记载，骗取财物。

思维导图

进行金融票据诈骗活动:
- 明知是伪造、变造的汇票、本票、支票而使用的
- 明知是作废的汇票、本票、支票而使用的
- 冒用他人的汇票、本票、支票的
- 签发空头支票或者与其预留印鉴不符的支票,骗取财物的
- 汇票、本票的出票人签发无资金保证的汇票、本票或者在出票时作虚假记载,骗取财物的

处罚:
- 数额较大的 → 处五年以下有期徒刑或者拘役,并处二万元以上二十万元以下罚金
- 数额巨大或者有其他严重情节的 → 处五年以上十年以下有期徒刑,并处五万元以上五十万元以下罚金
- 数额特别巨大或者有其他特别严重情节的 → 处十年以上有期徒刑或者无期徒刑,并处五万元以上五十万元以下罚金或者没收财产

拓展适用

《最高人民检察院、公安部关于公安机关管辖的刑事案件立案追诉标准的规定(二)》(2022年4月6日)
第四十六条、第四十七条

《全国法院民商事审判工作会议纪要》(2019年11月8日)
十二、关于民刑交叉案件的程序处理

案例精析

于某票据诈骗案

案号:(2015)沪二中刑终字第765号
来源:中国裁判文书网

裁判要点

于某签发空头支票,骗取他人财物,数额巨大,其行为已构成票据诈骗罪;于某违反信用卡管理规定,超过规定期限透支,并经发卡银行多次催收后超过三个月仍不归还,数额较大,其行为还构成信用卡诈骗罪。上诉人于某在判决宣告以后,刑罚执行完毕以前又犯新罪,依法应当对新犯的罪作出判决,再对前罪没有执行的刑罚和后罪所判处的刑罚予以数罪并罚。

第一百九十五条 【信用证诈骗罪】

是指开证银行根据开证申请人的请求,向受益人签发的一种书面约定,如果受益人满足了该书面约定的各项条款,开证银行即向受益人支付该书面约定的款项的凭证。

常见的手段如"软条款",是指在开立信用证时,故意制造一些隐蔽性的条款,这些条款实际上赋予了开证人或开证行单方面的主动权,从而使信用证随时因开证行或开证申请人单方面的行为而解除,以达到骗取财物的目的。

有下列情形之一,进行信用证诈骗活动的,处五年以下有期徒刑或者拘役,并处二万元以上二十万元以下罚金;数额巨大或者有其他严重情节的,处五年以上十年以下有期徒刑,并处五万元以上五十万元以下罚金;数额特别巨大或者有其他特别严重情节的,处十年以上有期徒刑或者无期徒刑,并处五万元以上五十万元以下罚金或者没收财产:

(一)使用伪造、变造的信用证或者附随的单据、文件的;
(二)使用作废的信用证的;
(三)骗取信用证的;
(四)以其他方法进行信用证诈骗活动的。

要点注释

本条规定的"以其他方法进行信用证诈骗活动"的手段很多,如有的利用"软条款"信用证进行诈骗活动。例如,有些不法分子利用远期信用证诈骗。由于采用远期信用证支付时,进口商是先取货后付款,在信用证到期付款前存有一段时间,不法分子就利用这段时间,制造付款障碍,以达到骗取货物的目的。有的是取得货物后,将财产转移,宣布企业破产;有的则是与银行勾结,在信用证到期付款前,将银行资金转移,宣布银行破产;甚至有的国外银行,其本身的资金就少于信用证所开出的金额,仍以开证行名义为进口商开具信用证,待进口商取得货物后,宣告资不抵债。

思维导图

进行信用证诈骗活动的：
- 使用伪造、变造的信用证或者附随的单据、文件的
- 使用作废的信用证的
- 骗取信用证的
- 以其他方法进行信用证诈骗活动的

- 处五年以下有期徒刑或者拘役，并处二万元以上二十万元以下罚金
- 数额巨大或者有其他严重情节的 → 处五年以上十年以下有期徒刑，并处五万元以上五十万元以下罚金
- 数额特别巨大或者有其他特别严重情节的 → 处十年以上有期徒刑或者无期徒刑，并处五万元以上五十万元以下罚金或者没收财产

拓展适用

《最高人民检察院、公安部关于公安机关管辖的刑事案件立案追诉标准的规定（二）》（2022年4月6日）第四十八条

案例精析

李某、赵某信用证诈骗、虚开增值税专用发票、用于骗取出口退税、抵扣税款发票，薛某信用证诈骗案

案号：（2017）冀刑终196号
来源：中国裁判文书网

裁判要点

李某、薛某、赵某无视国家金融管理秩序，使用没有真实业务的信用证及伪造的信用证随证附单，取得某银行内丘支行两笔议付款8000万元，另外李某、薛某利用虚假的煤炭购销合同取得控股公司申请银行开具3000万元的信用证后又与控股公司终止协议，控股公司将向银行申请的信用证撤销。李某私自改变取得的信用证银行贷款8000万元资金的用途，至案发前给某银行内丘支行造成了34212364.24元损失无法追回。薛某从中获取好处费100万元。李某支付给赵某45万元，归还了赵某经营商贸公司期间的债务。李某、薛某、赵某的行为已构成信用证诈骗罪。李某、赵某伪造贸易假象，虚开增值税专用发票，且虚开增值税专用发票税额15915317.3元，虚开的税款数额巨大。李某、赵某之行为构成信用证诈骗罪、虚开增值税专用发票罪，薛某之行为构成信用证诈骗罪。

第一百九十六条

【信用卡诈骗罪】有下列情形之一，进行信用卡诈骗活动，数额较大的，处五年以下有期徒刑或者拘役，并处二万元以上二十万元以下罚金；数额巨大或者有其他严重情节的，处五年以上十年以下有期徒刑，并处五万元以上五十万元以下罚金；数额特别巨大或者有其他特别严重情节的，处十年以上有期徒刑或者无期徒刑，并处五万元以上五十万元以下罚金或者没收财产：

（一）使用伪造的信用卡，或者使用以虚假的身份证明骗领的信用卡的；

（二）使用作废的信用卡的；

（三）冒用他人信用卡的；

（四）恶意透支的。

前款所称恶意透支，是指持卡人以非法占有为目的，超过规定限额或者规定期限透支，并且经发卡银行催收后仍不归还的行为。

【盗窃罪】盗窃信用卡并使用的，依照本法第二百六十四条的规定定罪处罚。

使用伪造的信用卡、以虚假的身份证明骗领的信用卡、作废的信用卡或者冒用他人信用卡，进行信用卡诈骗活动，数额在五千元以上不满五万元的。

数额在五万元以上不满五十万元的。

数额在五十万元以上的。

包括用伪造的信用卡或者以虚假的身份证明骗领的信用卡购买商品、在银行或者自动柜员机上支取现金以及接受用信用卡进行支付结算的各种服务等。

要点注释

使用伪造的信用卡或者以虚假的身份证明骗领的信用卡，无论是进行购物或者接受各种有偿性的服务，在性质上都属于诈骗行为。使用伪造的信用卡或者以虚假的身份证明骗领的信用卡，既包括自己伪造或者骗领后供自己使用，也包括明知是他人伪造或者骗领后自己使用。"使用作废的信用卡"，包括用作废的信用卡购买商品、在银行或者自动柜员机上支取现金以及接受用信用卡进行支付结算的各种服务等。"作废的信用卡"，是指因法定的原因失去效用的信用卡。"冒用他人信用卡"，是指非持卡人以持卡人名义使用持卡人的信用卡骗取财物的行为，如使用捡得的信用卡的；未经持卡人同意，使用为持卡人代为保管的信用卡的。构成本项规定的冒用他人信用卡的犯罪，行为人主观上必须具备骗取他人财物的目的。

> **拓展适用**
>
> 《最高人民法院、最高人民检察院关于办理妨害信用卡管理刑事案件具体应用法律若干问题的解释》（2018年11月28日）
> 第五条、第六条、第八条、第十一条、第十二条
>
> 《最高人民检察院、公安部关于公安机关管辖的刑事案件立案追诉标准的规定（二）》（2022年4月6日）
> 第四十九条

案例精析

1. 张某信用卡诈骗案

来源：最高法院12月4日公布诈骗犯罪典型案例之七[①]

裁判要点

张某信用卡诈骗案是一起将盗取的信用卡信息进行复制，再利用复制的伪卡盗取现金的信用卡诈骗案，是近年来信用卡诈骗案中出现的新型作案手段。该案例明确了盗窃信用卡信息又复制伪卡，使用伪卡盗取现金的行为，应按照信用卡诈骗罪定罪处罚。近年来，随着信息技术的快速发展和广泛应用，一方面给人们提供了高效便捷的生产生活方式，另一方面也给一些犯罪分子利用信息技术实施犯罪提供了便利条件。该案例既彰显了人民法院依法严惩利用信息技术实施犯罪的决心，同时也提醒人们要提高公民个人信息保护意识，维护好个人信息安全，不给犯罪分子以可乘之机。

2. 梁某甲、梁某乙信用卡诈骗案

案号：（2015）穗越法刑初字第1311号
来源：人民法院案例库 2023-05-1-139-002

裁判要点

（1）因经营上的客观原因导致无法偿还信用卡透支款项，事后没有逃避催收，其行为不具有刑法上的"以非法占有为目的"，不属于恶意透支型的信用卡诈骗罪。

（2）恶意透支型信用卡诈骗罪必须同时具备两个条件：第一，主观上行为人"以非法占有为目的"；第二，客观上行为人实施了"超额或者超限透支"且"经两次以上催收不还"的行为。以上两个条件缺一不可。

（3）对"以非法占有为目的"的理解仍应坚持主客观相统一的原则，综合考察行为人的申领行为、透支行为、还款行为等各种因素，重点考察以下三个方面的因素：①行为人申领信用卡时有无虚构事实、隐瞒真相的行为；②行为人透支款项的用途；③透支款项时行为人的还款态度及是否逃避催收。

[①] 《最高法院12月4日公布诈骗犯罪典型案例》，载最高人民法院网站，https://www.court.gov.cn/zixun/xiangqing/16206.html，2024年3月5日访问。

第一百九十七条 【有价证券诈骗罪】

使用伪造、变造的国库券或者国家发行的其他有价证券，进行诈骗活动，数额较大的，处五年以下有期徒刑或者拘役，并处二万元以上二十万元以下罚金；数额巨大或者有其他严重情节的，处五年以上十年以下有期徒刑，并处五万元以上五十万元以下罚金；数额特别巨大或者有其他特别严重情节的，处十年以上有期徒刑或者无期徒刑，并处五万元以上五十万元以下罚金或者没收财产。

要点注释

根据本条的规定，有价证券诈骗行为是指使用伪造、变造的国库券或者国家发行的其他有价证券，进行诈骗活动，数额较大的行为。有价证券诈骗罪包含，使用变造、伪造的国库券和国家发行的有价证券。本罪的主体是一般主体。

思维导图

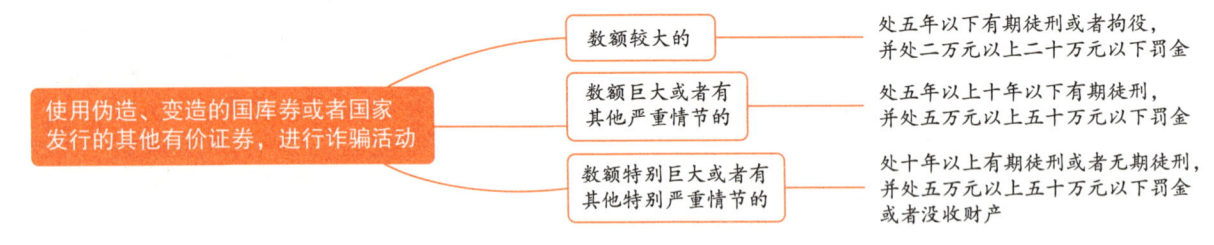

使用伪造、变造的国库券或者国家发行的其他有价证券，进行诈骗活动

- 数额较大的 → 处五年以下有期徒刑或者拘役，并处二万元以上二十万元以下罚金
- 数额巨大或者有其他严重情节的 → 处五年以上十年以下有期徒刑，并处五万元以上五十万元以下罚金
- 数额特别巨大或者有其他特别严重情节的 → 处十年以上有期徒刑或者无期徒刑，并处五万元以上五十万元以下罚金或者没收财产

> **拓展适用**
>
> 《最高人民检察院、公安部关于公安机关管辖的刑事案件立案追诉标准的规定（二）》（2022年4月6日）
> 第五十条

案例精析

吴某、史某等伪造、变造国家有价证券案

案号：（2019）鄂07刑终134号
来源：中国裁判文书网

裁判要点

2014年11月17日，经汪某介绍，上诉人吴某以实业公司的名义与科技公司股东刘某签订了关于购买凭证式国债收款凭证的协议书。在收到汪某和科技公司股东黎某交付的20万元后，吴某支付给丁某14万元，要求丁某提供一张面额为人民币3000万元、户名为应某的中华人民共和国凭证式国债收款凭证。丁某随后联系上诉人史某，史某找到"老刘"，"老刘"按史某提供的信息制作了一张编号为皖IXIX0068××××、面额为人民币3000万元、户名为应某的国债收款凭证交给史某，史某随即交给丁某。2015年1月，吴某与丁某将该国债收款凭证交给科技公司的委托人黄某2。经银行核实，该编号为皖IXIX0068××××、面额为人民币3000万元、户名为应某的国债收款凭证系伪造。

吴某、史某、王某、田某、李某联系他人伪造凭证式国债收款凭证，其中吴某涉案金额1.8亿元，史某涉案金额6000万元，王某涉案金额5000万元，田某涉案金额4300万元，李某涉案金额9300万元，数额特别巨大，其行为均构成了伪造国家有价证券罪。沈某以非法占有为目的，使用伪造的有价证券骗取银行贷款，数额特别巨大，其行为已构成有价证券诈骗罪。吴某以非法占有为目的，在签订、履行合同工程中，隐瞒工程项目未获批准且无履约能力的事实，骗取他人财物20万元，数额巨大，其行为已构成合同诈骗罪。吴某犯数罪，应数罪并罚。吴某在2015年3月19日、7月14日联系他人伪造凭证式国债收款凭证过程中，由于意志以外的原因未能得逞，属于犯罪未遂，可以比照既遂犯从轻或者减轻处罚。上诉人沈某在犯罪过程中，将假国债凭证退还给吴某，自动放弃犯罪，是犯罪中止，应当减轻处罚。吴某、史某、田某在伪造国家有价证券罪的共同犯罪中起主要作用，属主犯；王某、李某在伪造国家有价证券罪的共同犯罪中起次要作用，属从犯，可以减轻处罚。

第一百九十八条 【保险诈骗罪】

有下列情形之一，进行保险诈骗活动，数额较大的，处五年以下有期徒刑或者拘役，并处一万元以上十万元以下罚金；数额巨大或者有其他严重情节的，处五年以上十年以下有期徒刑，并处二万元以上二十万元以下罚金；数额特别巨大或者有其他特别严重情节的，处十年以上有期徒刑，并处二万元以上二十万元以下罚金或者没收财产：

（一）投保人故意虚构保险标的，骗取保险金的；

（二）投保人、被保险人或者受益人对发生的保险事故编造虚假的原因或者夸大损失的程度，骗取保险金的；

（三）投保人、被保险人或者受益人编造未曾发生的保险事故，骗取保险金的；

（四）投保人、被保险人故意造成财产损失的保险事故，骗取保险金的；

（五）投保人、受益人故意造成被保险人死亡、伤残或者疾病，骗取保险金的。

有前款第四项、第五项所列行为，同时构成其他犯罪的，依照数罪并罚的规定处罚。

单位犯第一款罪的，对单位判处罚金，并对其直接负责的主管人员和其他直接责任人员，处五年以下有期徒刑或者拘役；数额巨大或者有其他严重情节的，处五年以上十年以下有期徒刑；数额特别巨大或者有其他特别严重情节的，处十年以上有期徒刑。

保险事故的鉴定人、证明人、财产评估人故意提供虚假的证明文件，为他人诈骗提供条件的，以保险诈骗的共犯论处。

是指作为保险对象的物质财富及其他有关利益、人的生命或者身体。

是指对造成保险事故的原因作虚假的陈述或者隐瞒真实情况。

是指在未曾发生保险事故的情况下，虚构事实，谎称发生保险事故。

是指投保人或受益人采取杀害、伤害、虐待、遗弃、下毒、传播传染病以及利用其他方法故意造成人身事故，致使被保险人死亡、伤残或者生病，以取得保险金的行为。

思维导图

- 投保人故意虚构保险标的，骗取保险金的
- 投保人、被保险人或者受益人对发生的保险事故编造虚假的原因或者夸大损失的程度，骗取保险金的
- 投保人、被保险人或者受益人编造未曾发生的保险事故，骗取保险金的
- 投保人、被保险人故意造成财产损失的保险事故，骗取保险金的
- 投保人、受益人故意造成被保险人死亡、伤残或者疾病，骗取保险金的

进行保险诈骗活动：
- 数额较大的 → 处五年以下有期徒刑或者拘役，并处一万元以上十万元以下罚金
- 数额巨大或者有其他严重情节的 → 处五年以上十年以下有期徒刑，并处二万元以上二十万元以下罚金
- 数额特别巨大或者有其他特别严重情节的 → 处十年以上有期徒刑，并处二万元以上二十万元以下罚金或者没收财产

拓展适用

《最高人民检察院、公安部关于公安机关管辖的刑事案件立案追诉标准的规定（二）》（2022年4月6日）
　　第五十一条
《最高人民法院、最高人民检察院、公安部关于依法办理"碰瓷"违法犯罪案件的指导意见》（2020年9月22日）

案例精析

崔×等保险诈骗案

案号：（2014）一中刑终字第367号
来源：中国裁判文书网

裁判要点

孙×、崔×经商议，由孙×驾驶汽车在某路公交车站附近故意制造交通事故，并向保险公司报案、索赔。2013年4月23日，被告人孙×在某路15号与保险公司签订机动车辆保险一次性赔偿协议书，约定由保险公司赔偿其人民币170840元。上诉人孙×、崔×二人共同故意造成财产损失的保险事故，骗取保险金，其行为均已构成保险诈骗罪，且犯罪数额巨大，依法应予惩处。孙×、崔×已经着手实施犯罪，由于意志以外的原因而未得逞，系犯罪未遂；且二人到案后如实供述犯罪事实，故依法对其二人减轻处罚。

第一百九十九条　（删去）

要点注释

根据《刑法修正案（九）》删去《刑法》第一百九十九条。

第二百条 【单位犯金融诈骗罪的处罚规定】

单位犯本节第一百九十四条、第一百九十五条规定之罪的,对单位判处罚金,并对其直接负责的主管人员和其他直接责任人员,处五年以下有期徒刑或者拘役,可以并处罚金;数额巨大或者有其他严重情节的,处五年以上十年以下有期徒刑,并处罚金;数额特别巨大或者有其他特别严重情节的,处十年以上有期徒刑或者无期徒刑,并处罚金。

▶一般由单位集体决定或者由单位的领导人员决定,以单位的名义并由单位内部人员具体实施,犯罪的目的是为单位谋取非法利益。

要点注释

根据本条的规定,对单位犯罪的处罚分为两种情况:
(1)一般采取双罚制原则。即单位犯罪的,对单位判处罚金,同时对单位直接负责的主管人员和其他直接责任人员判处刑罚。(2)由于单位犯罪的复杂性,其社会危害程度差别很大,一律适用双罚制原则,尚不能全面准确地体现罪刑相适应的原则和符合犯罪的实际情况。因此,法律作了例外的规定,即刑法分则和其他法律对单位犯罪的处罚另有规定的,依照规定。对个别的单位犯罪未采用双罚制,而实行了代罚制,即对单位不判处罚金,只对直接责任人员进行处罚。

思维导图

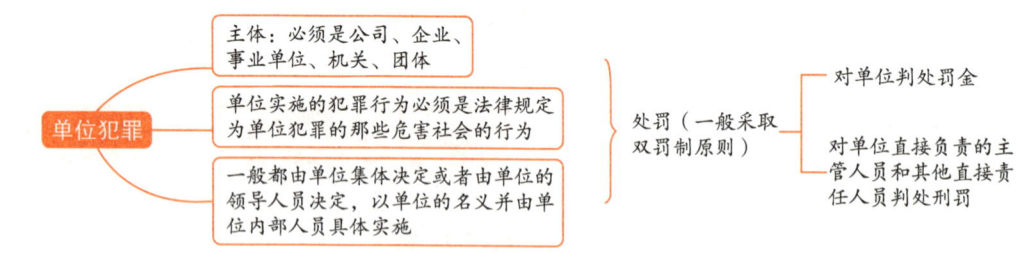

单位犯罪
- 主体:必须是公司、企业、事业单位、机关、团体
- 单位实施的犯罪行为必须是法律规定为单位犯罪的那些危害社会的行为
- 一般都由单位集体决定或者由单位的领导人员决定,以单位的名义并由单位内部人员具体实施

处罚(一般采取双罚制原则)
- 对单位判处罚金
- 对单位直接负责的主管人员和其他直接责任人员判处刑罚

> **拓展适用**
>
> 《全国人民代表大会常务委员会关于〈中华人民共和国刑法〉第三十条的解释》（2014 年 4 月 24 日）

案例精析

资产管理公司、胡某集资诈骗案

来源：《人民司法·案例》2022 年第 26 期①

裁判要点

被告单位资产管理公司及其直接负责的主管人员被告人胡某，以非法占有为目的，使用诈骗方法非法集资，数额特别巨大，其行为均已构成集资诈骗罪。资产管理公司、胡某的非法集资行为给被害人造成了重大经济损失，严重破坏了国家金融管理秩序，依法从严惩处；胡某到案后虽如实供述自己的罪行，但不足以对其从轻处罚。本案中，资产管理公司的非法集资项目种类繁多，伪私募只是其中一种，该伪私募在募集资金行为非法性、公开性、利诱性、社会性特征方面都比较明显，属于非法集资。例如，发行的"A""B"私募基金产品，并未按照私募基金管理规定的要求到中国证券投资基金业协会备案，即未经有关部门依法许可，也未设立银行托管账户，具有非法性；通过业务员上门推销、网络及新闻媒体宣传等方式，向社会公众公开销售，具有公开性；在基金产品说明书中写明业绩基准为 10%、按季度付息、到期还本等字样，变相向投资者承诺还本付息，具有利诱性；募集过程中违反私募基金关于客户应为合格投资者、单个客户投资限额的规定，向社会公众公开销售，具有社会性。

背离私募基金本质特征的伪私募，如具有非法性、公开性、利诱性、社会性特征的，属于非法集资。根据行为人是否具有非法占有募资款的目的，可将私募类非法集资区别认定为非法吸收公众存款罪和集资诈骗罪。

司法实践中，伪私募案件绝大多数属于非法集资，有的构成非法吸收公众存款罪，有的因为采用诈骗手段，并非法占有所募集的钱款而构成集资诈骗罪。这是因为伪私募的集资目的，往往促使行为人走向公开宣传、承诺高额回报、向社会不特定公众吸收资金的道路，若不如此操作，明显不利于其集资目的的实现。但凡事总有例外，绝不能因为伪私募与非法集资之间的常态联系而将两者画上等号，要认识到伪私募主要是因为缺乏私募基金的某一或者某些本质特征，而某一或者某些本质特征的缺乏并不必然使伪私募符合非法集资的四个条件。

---

① 罗开卷、许浩：《私募类非法集资的审查判断》，载《人民司法·案例》2022 年第 26 期。

第六节　危害税收征管罪

第二百零一条　【逃税罪】

纳税人采取欺骗、隐瞒手段进行**虚假纳税申报**或者不申报，逃避缴纳税款数额较大并且占应纳税额百分之十以上的，处三年以下有期徒刑或者拘役，并处罚金；数额巨大并且占应纳税额百分之三十以上的，处三年以上七年以下有期徒刑，并处罚金。

扣缴义务人采取前款所列手段，不缴或者少缴已扣、已收税款，数额较大的，依照前款的规定处罚。

对多次实施前两款行为，**未经处理**的，按照累计数额计算。

有第一款行为，经税务机关依法下达追缴通知后，补缴应纳税款，缴纳滞纳金，已受行政处罚的，不予追究刑事责任；但是，五年内因逃避缴纳税款受过刑事处罚或者被税务机关给予二次以上行政处罚的除外。

> 是指纳税人或者扣缴义务人向税务机关报送虚假的纳税申报表、财务报表、代扣代缴、代收代缴税款报告表或者其他纳税申报资料，如提供虚假申请，编造减税、免税、抵税、先征收后退还税款等虚假资料等。

> 是指纳税人或者扣缴义务人在五年内多次实施偷税行为，但每次偷税数额均未达到《刑法》第二百零一条规定的构成犯罪的数额标准，且未受行政处罚的情形。

要点注释

构成逃税罪应当具备以下条件：（1）犯罪主体必须是纳税人。这里规定的"纳税人"，是指根据法律和行政法规的规定负有纳税义务的单位和个人，包括未按照规定办理税务登记的从事生产、经营的纳税人以及临时从事经营的纳税人。（2）行为人实施了逃税行为，主要通过虚假纳税申报，或者不申报手段进行。（3）逃避缴纳税额达到一定数额并达到第一款规定的所占应纳税额的比例。

◈ 思维导图

依照《刑法》第二百零一条第一款的规定定罪处罚	纳税人实施下列行为之一，不缴或者少缴应纳税款，偷税数额占应纳税额的百分之十以上且偷税数额在一万元以上的	伪造、变造、隐匿、擅自销毁账簿、记账凭证
		在账簿上多列支出或者不列、少列收入
		经税务机关通知申报而拒不申报纳税
		进行虚假纳税申报
		缴纳税款后，以假报出口或者其他欺骗手段，骗取所缴纳的税款

拓展适用

《最高人民检察院、公安部关于公安机关管辖的刑事案件立案追诉标准的规定（二）》（2022年4月6日）

第五十二条

《公益事业捐赠法》（1999年6月28日）

第三十条

《国务院办公厅关于完善反洗钱、反恐怖融资、反逃税监管体制机制的意见》（2017年8月29日）

三、完善法律制度

《最高人民法院关于审理偷税抗税刑事案件具体应用法律若干问题的解释》（2002年11月5日）

第一条、第二条

案例精析

罗某波、黔南州某房开公司瓮安分公司逃税案 ①

来源：贵州高院民营企业合法权益刑事司法保护典型案例之3

裁判要点

被告单位黔南州某房开公司瓮安分公司采取少列支出等方式逃避缴纳税款数额巨大并且占应纳税额的30%以上，被告人罗某波是被告单位的直接负责人，对该单位未缴税款负直接主管责任，在税务机关两次下达追缴通知后，仍不缴纳税款，其行为已构成逃税罪。案发后，被告单位自愿认罪认罚，多方筹措资金，主动补缴税款人民币120.04万元，可以从宽处理；被告人罗某波主动到案并如实供述犯罪事实，构成自首，并认罪认罚，可以从轻处罚。综上，以逃税罪判处黔南州某房开公司瓮安分公司罚金人民币20万元；以逃税罪判处被告人罗某波有期徒刑三年，缓刑三年，并处罚金人民币5万元；责令被告单位补缴逃税款人民币209.54万元。

法治是最好的营商环境。人民法院通过充分行使审判职能作用，在优化法治化营商环境中发挥着重要作用。本案中，人民法院根据罗某波的犯罪事实、犯罪性质、情节和对社会的危害程度，在案件审理中未对其采取强制措施，后依法判处缓刑并处罚金。既依法严厉打击了逃税的违法犯罪行为，又切实保障了民营企业及企业家的合法权益。本案对教育、引导该地区其他民营企业、企业家依法从事各类经营活动、依法纳税具有警示教育作用，有效实现三个效果有机统一，为维护社会和谐稳定和经济高质量发展贡献了法院力量。

---

① 《贵州高院民营企业合法权益刑事司法保护案例精析》，载贵州省高级人民法院网站，http://www.guizhoucourt.gov.cn/ajbd/266086.jhtml，2024年2月20日访问。

第二百零二条 【抗税罪】

以暴力、威胁方法拒不缴纳税款的,处三年以下有期徒刑或者拘役,并处拒缴税款一倍以上五倍以下罚金;情节严重的,处三年以上七年以下有期徒刑,并处拒缴税款一倍以上五倍以下罚金。

是指暴力抗税的方法特别恶劣、造成严重后果或者抗税数额巨大等。具有下列情形之一:(1)聚众抗税的首要分子;(2)抗税数额在十万元以上的;(3)多次抗税的;(4)故意伤害致人轻伤的;(5)具有其他严重情节的。

要点注释

具有下列情形之一的属于本条规定的"情节严重":(1)聚众抗税的首要分子;(2)抗税数额在10万元以上的;(3)多次抗税的;(4)故意伤害致人轻伤的;(5)具有其他严重情节的。

思维导图

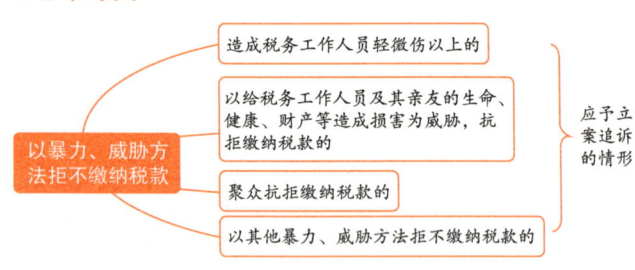

以暴力、威胁方法拒不缴纳税款
- 造成税务工作人员轻微伤以上的
- 以给税务工作人员及其亲友的生命、健康、财产等造成损害为威胁,抗拒缴纳税款的
- 聚众抗拒缴纳税款的
- 以其他暴力、威胁方法拒不缴纳税款的

→ 应予立案追诉的情形

> **拓展适用**
>
> 《最高人民检察院、公安部关于公安机关管辖的刑事案件立案追诉标准的规定（二）》（2022年4月6日）
>
> 第五十三条
>
> 《最高人民法院关于审理偷税抗税刑事案件具体应用法律若干问题的解释》（2002年11月5日）
>
> 第五条

案例精析

1. 郭某等非法侵入住宅、盗窃、抢夺、故意毁坏财物、侮辱、逃税、逃避追缴欠税、抗税案

案号：（2018）闽02刑终660号

来源：中国裁判文书网

裁判要点

逃税罪、逃避追缴欠税罪、抗税罪不属于人民法院受理的自诉案件范围，依法不予受理。非法侵入住宅罪、盗窃罪、抢夺罪、故意毁坏财物罪、侮辱罪的自诉案件应满足《刑事诉讼法》第二百零四条、《最高人民法院关于适用〈中华人民共和国刑事诉讼法〉的解释》第一条的规定。本案中，辜某向原审法院提供的指控材料仅有房屋租赁合同、郭某驱赶自诉人搬家的短信、郭某及其亲戚发给自诉人的短信、自诉人的食宿和生活开支、消费票据等证据，自诉人的证据不足以证明郭某存在非法侵入住宅、盗窃、抢夺、故意毁坏财物、侮辱的事实，自诉人的自诉缺乏罪证，不符合自诉案件的受理条件。《最高人民法院关于适用〈中华人民共和国刑事诉讼法〉的解释》第二百六十三条规定，对刑事自诉案件缺乏罪证的，人民法院应当说服自诉人撤回起诉；自诉人不撤回起诉的，裁定不予受理。

2. 某公司诉广州税稽一局行政征缴案

案号：（2015）行提字第13号

来源：人民法院案例库2023-12-3-010-002

裁判要点

根据依法行政的基本要求，没有法律、法规和规章的规定，行政机关不得作出影响行政相对人合法权益或者增加行政相对人义务的决定；在法律规定存在多种解释时，应当首先考虑选择适用有利于行政相对人的解释。有权核定并追缴税款，与加收滞纳金属于两个不同的问题。根据《税收征收管理法》第三十二条，第五十二条第二款、第三款规定，加收税收滞纳金应当符合以下条件之一：纳税人未按规定期限缴纳税款；自身存在计算错误等失误；或者故意偷税、抗税、骗税的。

第二百零三条 【逃避追缴欠税罪】

> 纳税人欠缴应纳税款,采取转移或者隐匿财产的手段,致使税务机关无法追缴欠缴的税款,数额在一万元以上不满十万元的,处三年以下有期徒刑或者拘役,并处或者单处欠缴税款一倍以上五倍以下罚金;数额在十万元以上的,处三年以上七年以下有期徒刑,并处欠缴税款一倍以上五倍以下罚金。

（立案追诉的起点。）

（该罪的构成不要求税务机关穷尽手段追缴欠税而未能追缴。）

要点注释

构成逃避追缴欠税罪需要满足以下条件:（1）存在欠缴应纳税款的事实;（2）故意采取转移或者隐匿财产的手段,而且这种隐匿、转移财产的行为需是在欠缴税款的情况下实施的;（3）致使税务机关无法追缴欠缴的税款;（4）数额较大,即数额在一万元以上。

思维导图

纳税人欠缴应纳税款 → 转移财产 / 隐匿财产 → 致使税务机关无法追缴欠缴的税款 → 数额在一万元以上

> ### 拓展适用
>
> 《税收征收管理法》（2015 年 4 月 24 日）
> 第六十五条
>
> 《最高人民检察院、公安部关于公安机关管辖的刑事案件立案追诉标准的规定（二）》（2022 年 4 月 6 日）
> 第五十四条

案例精析

1. 宫某等逃避追缴欠税案

案号：（2018）京 03 刑终 698 号

来源：中国裁判文书网

裁判要点

原审被告单位餐饮公司及其直接负责的主管人员上诉人宫某、原审被告人陈某欠缴应纳税款，采取转移、隐匿财产的手段，致使税务机关无法追缴欠缴的税款，数额在十万元以上，其行为均已构成逃避追缴欠税罪，依法均应予惩处。关于上诉人宫某所提税务处理决定错误、餐饮公司不存在欠税事实等上诉理由，经查明：餐饮公司使用不符合规定的发票列支成本，相关发票不能作为税前扣除的凭证，且在案证据不足以证实该公司存在计算应纳税所得额时可予扣除的相关合理支出，故此节相关上诉理由和辩护意见不能成立，法院不予采纳；关于宫某所提餐饮公司不具有转移、隐匿财产行为等上诉理由，经查明：在案相关公司设立登记及注销等材料、银行账户信息、交易明细等书证可以证明，餐饮公司通过成立新公司、注销原分公司并转移原公司账户内资金等手段转移、隐匿财产，致使税务机关无法追缴欠缴税款，故此节相关上诉理由和辩护意见不能成立，法院不予采纳；关于宫某所提税务机关未依职责行使权力、没有穷尽追缴手段等上诉理由，经查：税务机关在作出税务处理决定后，餐饮公司未及时补缴欠税，后税务机关出具催告书催缴税款并冻结相关账户进行扣缴，其根据实际情况已依法履行职权，并无不当，故此节相关上诉理由和辩护意见不能成立，法院不予采纳。

2. 尚某、五金制品公司逃避追缴欠款案

案号：（2019）粤 19 刑终 191 号

来源：中国裁判文书网

裁判要点

被告单位五金制品公司欠缴应纳税款，采取转移财产的手段，致使税务机关无法追缴欠缴的税款；上诉人尚某系五金制品公司的法定代表人，系五金制品公司逃避追缴欠税犯罪直接负责的主管人员，其行为均已触犯中华人民共和国刑律，构成逃避追缴欠税罪，依法应予惩处。上诉人尚某认罪态度较好，可以酌情从轻处罚。上诉人尚某已清缴了所欠全部税款，可以酌情从轻处罚。

第二百零四条

【骗取出口退税罪】以假报出口或者其他欺骗手段，骗取国家出口退税款，数额较大的，处五年以下有期徒刑或者拘役，并处骗取税款一倍以上五倍以下罚金；数额巨大或者有其他严重情节的，处五年以上十年以下有期徒刑，并处骗取税款一倍以上五倍以下罚金；数额特别巨大或者有其他特别严重情节的，处十年以上有期徒刑或者无期徒刑，并处骗取税款一倍以上五倍以下罚金或者没收财产。

【逃税罪】纳税人缴纳税款后，采取前款规定的欺骗方法，骗取所缴纳的税款的，依照本法第二百零一条的规定定罪处罚；骗取税款超过所缴纳的税款部分，依照前款的规定处罚。

- 假报出口：是指以虚构已税货物出口事实为目的，具有下列情形之一的行为：（1）伪造或者签订虚假的买卖合同；（2）以伪造、变造或者其他非法手段取得出口货物报关单、出口收汇核销单、出口货物专用缴款书等有关出口退税单据、凭证；（3）虚开、伪造、非法购买增值税专用发票或者其他可以用于出口退税的发票；（4）其他虚构已税货物出口事实的行为。

- 其他欺骗手段：是指具有下列情形之一的行为：（1）骗取出口货物退税资格的；（2）将未纳税或者免税货物作为已税货物出口的；（3）虽有货物出口，但虚构该出口货物的品名、数量、单价等要素，骗取未实际纳税部分出口退税款的；（4）以其他手段骗取出口退税款的。

- 数额巨大或者有其他严重情节：是指骗取国家出口退税款50万元以上。

- （1）造成国家税款损失150万元以上并且在第一审判决宣告前无法追回的；（2）因骗取国家出口退税行为受过行政处罚，两年内又骗取国家出口退税款数额在150万元以上的；（3）情节特别严重的其他情形。

- 数额特别巨大或者有其他特别严重情节：是指骗取国家出口退税款250万元以上的。

（1）造成国家税款损失30万元以上并且在第一审判决宣告前无法追回的；（2）因骗取国家出口退税行为受过行政处罚，两年内又骗取国家出口退税款数额在30万元以上的；（3）情节严重的其他情形。

◇思维导图

应予立案追诉的情形
- 假报出口
- 其他欺骗手段

骗取国家出口退税款，数额在十万元以上

拓展适用

《对外贸易法》（2022年12月30日）
第三十三条

《最高人民检察院、公安部关于公安机关管辖的刑事案件立案追诉标准的规定（二）》（2022年4月6日）
第五十五条

> 《最高人民法院关于审理骗取出口退税刑事案件具体应用法律若干问题的解释》（2002年9月17日）
> 第一条、第二条、第三条、第四条、第五条、第六条、第七条、第八条、第九条

案例精析

1. 孟某逃税再审改判无罪案

来源：最高法发布涉民营企业产权和企业家合法权益保护再审典型案例之案例5①

裁判要点

根据《刑法》第二百零一条规定，纳税人逃避缴纳税款，经税务机关依法下达追缴通知后，补缴应纳税款，缴纳滞纳金，已受行政处罚的，不予追究刑事责任。本案中，孟某在因为被羁押没有收到也不知晓该税务行政处理决定书的情况下，未在规定期限内补缴税款系非自身原因所致，原审以逃税罪判处其刑罚，适用法律错误。检察机关抗诉意见成立，再审作出改判，宣告孟某无罪。

2. 刘某甲等12人走私贵重金属、骗取出口退税案

案号：（2022）闽刑终51号
来源：人民法院案例库2023-05-1-081-001

裁判要点

（1）对于骗税型走私犯罪的罪名适用应当厘清牵连犯的适用范围，准确进行罪数评判。2002年《最高人民法院关于审理骗取出口退税刑事案件具体应用法律若干问题的解释》第九条规定，实施骗取出口退税，同时构成虚开增值税专用发票等其他犯罪的，依照刑法处罚较重的规定定罪处罚。然而，和骗取出口退税存在关联的犯罪行为，并非一律成立牵连犯并予以择一重罪处罚，而应当根据具体案情准确判断行为人的两个犯罪行为是否具备牵连犯的本质特征。骗取出口退税与走私行为存在时空关联，但二者之间不存在常态化、高度伴随的牵连关系，不成立牵连犯，当以数罪并罚，实现刑法对犯罪行为的全面评价，进而贯彻罪责刑相适应的刑法基本原则。

（2）已在审查起诉阶段认罪认罚的被告人在庭审中对指控事实提出辩解的，应从程序、实体两个层面，定性、定量两个维度，综合认定被告人是否成立认罪认罚、认罪认罚的成立阶段、价值意义及从宽处罚的幅度，切实保障被告人的辩护权，避免对技术型认罪认罚的被告人错误地予以从宽处罚。

---

① 《最高法发布涉民营企业产权和企业家合法权益保护再审典型案例》，载最高人民法院网站，https://www.court.gov.cn/zixun/xiangqing/413952.html，2024年3月5日访问。

第二百零五条 【虚开增值税专用发票、用于骗取出口退税、抵扣税款发票罪】

虚开增值税专用发票或者虚开用于骗取出口退税、抵扣税款的其他发票的,处三年以下有期徒刑或者拘役,并处二万元以上二十万元以下罚金;虚开的税款数额较大或者有其他严重情节的,处三年以上十年以下有期徒刑,并处五万元以上五十万元以下罚金;虚开的税款数额巨大或者有其他特别严重情节的,处十年以上有期徒刑或者无期徒刑,并处五万元以上五十万元以下罚金或者没收财产。

单位犯本条规定之罪的,对单位判处罚金,并对其直接负责的主管人员和其他直接责任人员,处三年以下有期徒刑或者拘役;虚开的税款数额较大或者有其他严重情节的,处三年以上十年以下有期徒刑;虚开的税款数额巨大或者有其他特别严重情节的,处十年以上有期徒刑或者无期徒刑。

虚开增值税专用发票或者虚开用于骗取出口退税、抵扣税款的其他发票,是指有为他人虚开、为自己虚开、让他人为自己虚开、介绍他人虚开行为之一的。

> 虚开的税款数额在五万元以上。

> 虚开的税款数额在五十万元以上。

要点注释

根据本条的规定,虚开增值税专用发票、用于骗取出口退税、抵扣税款发票罪属于行为犯,即只要具有虚开行为,便构成犯罪,没有"数额""情节"的限定。但是,任何犯罪行为都存在情节问题,因此,虚开行为情节显著轻微危害不大,根据《刑法》第十三条的规定,应不认为是犯罪。从这个意义上来讲,构成虚开增值税专用发票、用于骗取出口退税、抵扣税款发票罪,也存在定罪的标准。

思维导图

- 虚开增值税专用发票
- 虚开用于骗取出口退税、抵扣税款的其他发票

应予立案追诉的情形:
- 虚开的税款数额在十万元以上的
- 造成国家税款损失数额在五万元以上的

> **拓展适用**
>
> 《最高人民检察院、公安部关于公安机关管辖的刑事案件立案追诉标准的规定（二）》（2022年4月6日）第五十六条
>
> 《最高人民法院关于虚开增值税专用发票定罪量刑标准有关问题的通知》（2018年8月22日）
>
> 《全国人民代表大会常务委员会关于惩治虚开、伪造和非法出售增值税专用发票犯罪的决定》（1995年10月30日）

案例精析

1. 无锡F警用器材公司虚开增值税专用发票案

来源：最高人民检察院检例第81号

裁判要点

乌某某、陈某某为了F警用器材公司少缴税款，商议在没有货物实际交易的情况下，从其他公司虚开增值税专用发票抵扣税款，并指使倪某某通过公司供应商杜某某等人介绍，采用伪造合同、虚构交易、支付开票费等手段，从王某某（另案处理）实际控制的商贸公司、电子科技公司虚开增值税专用发票24份，税额计人民币377344.79元，后F警用器材公司从税务机关抵扣了税款。民营企业违规经营触犯刑法情节较轻，认罪认罚的，对单位和直接责任人员依法能不捕的不捕，能不诉的不诉。检察机关应当督促认罪认罚的民营企业合法规范经营。拟对企业作出不起诉处理的，可以通过公开听证听取意见。对被不起诉人（单位）需要给予行政处罚、处分或者需要没收其违法所得的，应当依法提出检察意见，移送有关主管机关处理。

2. 赵某某等虚开增值税专用发票案

案号：（2022）鲁09刑终125号

来源：人民法院案例库2023-05-1-146-001

裁判要点

虚开增值税专用发票罪虚开行为的界定，要结合被告人的主观目的进行认定。利用增值税专用发票可以抵扣税款的核心功能，从国家骗抵税款的虚开行为，本质上与诈骗犯罪无异，危害性大，因此刑法对虚开增值税专用发票罪规定了严厉的法定刑。抵扣税款的前提是进项已缴纳税款。对于虽有实际交易、但没有缴税的业务，因其购买环节没有缴纳税款，因此也无权抵扣；被告人若从第三方购买发票进行抵扣，本质上就是骗抵税款的虚开行为。被告人购买发票的"开票费"等支出，卖票方不会作为税款上缴国家，对国家而言损失的是被告人抵扣的全部税款，因此犯罪数额中不能扣除"开票费"。

第二百零五条之一 【虚开发票罪】

《刑法》第二百零五条规定的发票包括增值税专用发票、用于骗取出口退税、抵扣税款的其他发票。

> 虚开本法第二百零五条规定以外的其他发票,情节严重的,处二年以下有期徒刑、拘役或者管制,并处罚金;情节特别严重的,处二年以上七年以下有期徒刑,并处罚金。
>
> 单位犯前款罪的,对单位判处罚金,并对其直接负责的主管人员和其他直接责任人员,依照前款的规定处罚。

要点注释

本条根据 2011 年 2 月 25 日《刑法修正案(八)》增加。

▲思维导图

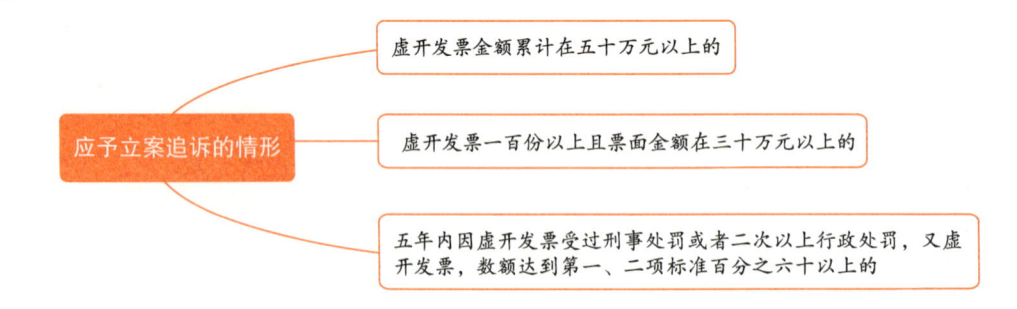

应予立案追诉的情形：
- 虚开发票金额累计在五十万元以上的
- 虚开发票一百份以上且票面金额在三十万元以上的
- 五年内因虚开发票受过刑事处罚或者二次以上行政处罚,又虚开发票,数额达到第一、二项标准百分之六十以上的

拓展适用

《发票管理办法》（2023 年 7 月 20 日）
第二十一条、第三十五条

《发票管理办法实施细则》（2024 年 1 月 15 日）
第四十条

《最高人民检察院、公安部关于公安机关管辖的刑事案件立案追诉标准的规定（二）》（2022 年 4 月 6 日）
第五十七条

案例精析

江苏 A 建设有限公司等七家公司及其经营者虚开发票系列案

来源：涉民营企业司法保护案例精析之四[①]

裁判要点

陈某在经营昆山 B 置地有限公司、昆山 C 房地产开发有限公司、昆山市 D 房产开发有限公司（陈某以上 3 家公司均另案处理）期间，在开发"某花园"等房地产项目过程中，为虚增建筑成本，偷逃土地增值税、企业所得税，在无真实经营业务的情况下，以支付 6%-11% 开票费的方式，要求 A 公司等 7 家工程承揽企业为其虚开建筑业统一发票、增值税普通发票，虚开金额共计 3 亿余元。应陈某要求，为顺利完成房地产工程建设、方便结算工程款，A 公司等 7 家企业先后在承建"某花园"等房地产工程过程中为陈某虚开发票，使用陈某支付的开票费缴纳全部税款及支付相关费用。许某等 7 人在公安机关立案前投案自首，主动上缴违法所得、缴纳罚款。A 公司等 7 家公司及许某等 7 人实施了《刑法》第二百零五条之一规定的虚开发票行为，具有自首、坦白等法定从轻或减轻处罚情节，没有在虚开发票过程中偷逃税款，案发后均积极上缴违法所得、缴纳罚款，在犯罪中处于从属地位，系陈某利用项目发包、资金结算形成的优势地位要求其实施共同犯罪，具有被动性。依据《刑事诉讼法》第一百七十七条第二款规定，昆山市人民检察院于 2018 年 12 月 19 日对 A 公司等 7 家公司及许某等 7 人作出不起诉决定。同时，对陈某及其经营的 3 家公司以虚开发票罪依法提起公诉。

对于偷逃税款、虚开发票等严重破坏合法、健康的市场经济秩序，破坏公开、公平、公正的市场竞争秩序的犯罪行为，应当依法追究刑事责任，维护合法经营、公平竞争的市场环境。

---

① 《涉民营企业司法保护案例精析》，载最高人民检察院网站，https://www.spp.gov.cn/xwfbh/wsfbt/201812/t20181219_405690.shtml#2，2024 年 2 月 21 日访问。

第二百零六条 【伪造、出售伪造的增值税专用发票罪】

伪造或者出售伪造的增值税专用发票的,处三年以下有期徒刑、拘役或者管制,并处二万元以上二十万元以下罚金;数量较大或者有其他严重情节的,处三年以上十年以下有期徒刑,并处五万元以上五十万元以下罚金;数量巨大或者有其他特别严重情节的,处十年以上有期徒刑或者无期徒刑,并处五万元以上五十万元以下罚金或者没收财产。

单位犯本条规定之罪的,对单位判处罚金,并对其直接负责的主管人员和其他直接责任人员,处三年以下有期徒刑、拘役或者管制;数量较大或者有其他严重情节的,处三年以上十年以下有期徒刑;数量巨大或者有其他特别严重情节的,处十年以上有期徒刑或者无期徒刑。

> 具备其中一种行为即可构成本罪。

要点注释

根据本条的规定,如果同一主体同时具有伪造和出售伪造的增值税专用发票的行为,则应以伪造、出售伪造的增值税专用发票罪定罪处刑,而不数罪并罚,但出售行为应作为量刑情节在量刑时予以考虑。

思维导图

应予立案追诉的情形
- 伪造增值税专用发票
- 出售伪造的增值税专用发票

涉嫌下列情形之一:
- 票面税额累计在十万元以上的
- 伪造或者出售伪造的增值税专用发票十份以上且票面税额在六万元以上的
- 非法获利数额在一万元以上的

> **拓展适用**
>
> 《最高人民检察院、公安部关于公安机关管辖的刑事案件立案追诉标准的规定（二）》（2022年4月6日）
>
> 第五十八条
>
> 《全国人民代表大会常务委员会关于惩治虚开、伪造和非法出售增值税专用发票犯罪的决定》（1995年10月30日）

案例精析

鞠×等虚开增值税专用发票、用于骗取出口退税、抵扣税款发票案

案号：（2016）京03刑终749号

来源：中国裁判文书网

裁判要点

2015年7月至8月，被告人鞠×经营的金属材料有限公司缺少进项发票，鞠×遂通过他人联系到被告人王×，让王×为其虚开所需增值税专用发票。王×从他人处虚开17张增值税专用发票，并在不锈钢市场内，出售给鞠×。王×获利人民币3700元。17张增值税专用发票均为机打发票，每张增值税专用发票票面记载的货物（钢材）金额均为人民币99922.91元，税率17%，税额人民币16986.89元，17张增值税专用发票税额共计人民币288777.13元。增值税专用发票购买方为金属材料有限公司，销售方为商贸有限公司，双方无发票记载的真实货物交易。17张增值税专用发票均为真票，其中8张已认证。2016年4月15日，被告人鞠×因所购增值税专用发票中部分发票无法认证，与被告人王×发生纠纷。王×报案，二人于当日被民警传唤到案。王×退缴违法所得人民币3700元，公安机关扣押王×、鞠×银行卡各1张，均在案。

被告人王×法制观念淡薄，明知没有真实货物购销，为谋取利益，介绍他人开具增值税专用发票；被告人鞠×法制观念淡薄，没有真实货物购销，让他人为自己开具增值税专用发票，其行为均已构成虚开增值税专用发票罪，依法应予惩处。人民检察院指控二被告人犯罪的事实清楚，证据确实、充分，但指控罪名不当，予以更正。鉴于被告人王×、鞠×均能如实供述所犯罪行，王×退缴违法所得，对二被告人均依法予以从轻处罚。

第二百零七条 【非法出售增值税专用发票罪】

> 是指国家统一印制的增值税专用发票，而不是伪造的。

非法出售增值税专用发票的，处三年以下有期徒刑、拘役或者管制，并处二万元以上二十万元以下罚金；数量较大的，处三年以上十年以下有期徒刑，并处五万元以上五十万元以下罚金；数量巨大的，处十年以上有期徒刑或者无期徒刑，并处五万元以上五十万元以下罚金或者没收财产。

要点注释

构成非法出售增值税专用发票罪，必须同时具备以下三个条件：（1）行为人有出售增值税专用发票，牟取非法利益的目的。（2）单位（包括税务机关和其他单位）和个人（包括税务机关的工作人员和其他个人）都可以成为本罪的主体。（3）行为人必须实施了非法出售增值税专用发票的行为。增值税专用发票是增值税抵扣税款的凭证，是计征增值税的依据。增值税专用发票由国家税务机关依照规定发售，只限于增值税的一般纳税人领购使用。除此之外，任何单位和个人不得出售。非法出售增值税专用发票，首先是以持有这种发票为条件的，他们取得这种发票，有的是从合法渠道领取的，即符合一般纳税人条件的单位和个人依法从税务部门领购的增值税专用发票。有的是与税务人员相勾结，非法取得的增值税专用发票。有的是以盗窃、骗取或者其他犯罪手段从增值税专用发票持有者手中非法取得的增值税专用发票。但无论非法出售的增值税专用发票的来源是否合法，并不影响本罪的成立。

◇思维导图

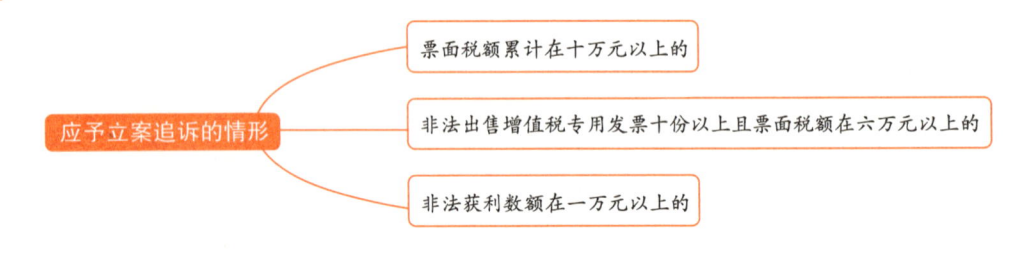

应予立案追诉的情形
- 票面税额累计在十万元以上的
- 非法出售增值税专用发票十份以上且票面税额在六万元以上的
- 非法获利数额在一万元以上的

> **拓展适用**
>
> 《最高人民检察院、公安部关于公安机关管辖的刑事案件立案追诉标准的规定（二）》（2022年4月6日）第五十九条

案例精析

1. 彭某、高某等非法出售增值税专用发票、非法出售发票、虚开发票案

案号：（2021）鲁13刑终197号
来源：中国裁判文书网

裁判要点

2017年8月至2019年6月，被告人彭某、王某、高某、陈某利用虚假注册的公司手续领取空白增值税专用发票共计905份，被开出增值税专用发票共计694份；领取空白增值税普通发票共计990份，被开出增值税普通发票共计723份。

2019年6月至9月，被告人陈某将商贸公司、建材公司、商贸有限公司、建材有限公司手续及空白增值税普通发票单独出售给林某。经查明，被开出155份。其被开出的增值税普通发票共计878份。

被告人彭某、王某、高某、陈某非法出售增值税专用发票，数量巨大，其行为构成非法出售增值税专用发票罪；被告人彭某、王某、高某、陈某非法出售发票，情节严重，其行为构成非法出售发票罪；被告人林振明虚开发票，情节特别严重，其行为构成虚开发票罪。被告人陈某到案后提供重要线索，协助公安机关抓获同案犯，系立功，可以酌情从轻处罚；在缓刑考验期内犯新罪，应当撤销缓刑，数罪并罚。被告人林某到案后能如实供述自己的罪行，系坦白，对其可以从轻处罚。

2. 郑某、肖某非法制造、出售非法制造的发票案

案号：（2014）沪铁刑初字第187号
来源：人民法院案例库2023-05-1-152-001

裁判要点

伪造及出售过期火车票的行为应认定为非法制造、出售非法制造的发票。过期火车票，已不具有原有的乘车功能，如认定为伪造车票罪显属不当，这些火车票多根据客户定制用于单位报销差旅费等用途，其出售价格远低于车票面额，在过期车票未失去报销的功能时，应被视为发票。

第二百零八条

【非法购买增值税专用发票、购买伪造的增值税专用发票罪】非法购买增值税专用发票或者购买伪造的增值税专用发票的,处五年以下有期徒刑或者拘役,并处或者单处二万元以上二十万元以下罚金。

【虚开增值税专用发票、用于骗取出口退税、抵扣税款发票罪】【伪造、出售伪造的增值税专用发票罪】【非法出售增值税专用发票罪】非法购买增值税专用发票或者购买伪造的增值税专用发票又虚开或者出售的,分别依照本法第二百零五条、第二百零六条、第二百零七条的规定定罪处罚。

> 是指相对于依法领购而言的。禁止任何组织和个人私自购买增值税专用发票,凡是私自购买的,都是非法购买。

> 是指所购买的增值税专用发票,不是国家税务机关发售的真的增值税专用发票,而是伪造的。

要点注释

非法购买增值税专用发票或者购买伪造的增值税专用发票罪,应具备以下三个条件:(1)行为人有违反国家规定,非法购买增值税专用发票或者购买伪造的增值税专用发票的目的。(2)犯罪主体为一般主体,即任何单位和个人都可以成为本罪的主体。(3)行为人必须实施了非法购买增值税专用发票或者购买伪造的增值税专用发票的行为。以上三个犯罪构成条件必须同时具备,缺少其中的一项,都不是犯罪。

思维导图

- 应予立案追诉的情形
  - 非法购买增值税专用发票或者购买伪造的增值税专用发票
    - 非法购买增值税专用发票或者购买伪造的增值税专用发票二十份以上且票面税额在十万元以上的
    - 票面税额累计在二十万元以上的

拓展适用

《最高人民检察院、公安部关于公安机关管辖的刑事案件立案追诉标准的规定（二）》（2022年4月6日）

第六十条

案例精析

詹某、毕某某非法购买增值税专用发票、购买伪造的增值税专用发票案

案号：（2021）鲁01刑终341号

来源：中国裁判文书网

裁判要点

首先，詹某为出售发票牟利，通过非法途径买卖增值税专用发票和增值税普通发票，其主观上应当明知所获取的增值税专用发票和增值税普通发票存在虚假、伪造的情形，并且，根据詹某、毕某某的供述、侦查机关提取的詹某聊天记录能够印证詹某明知涉案发票有虚假的情况下仍予以出售。其次，詹某虚开增值税专用发票，虚开的税款数额较大，虚开增值税普通发票，情节严重，且部分增值税专用发票已经用于认证、抵扣税款，部分增值税普通发票已经在相关企业记入成本账，其虚开发票的行为侵犯了国家对发票的管理制度。詹某出售伪造的增值税专用发票和增值税普通发票，没有货物购销或者没有提供或接受应税劳务而介绍他人开具增值税专用发票和增值税普通发票，且出售伪造的增值税专用发票数量巨大，虚开增值税专用发票虚开的税款数额较大，虚开增值税普通发票情节严重，并且，以非法占有为目的，虚构事实骗取他人财物，数额巨大，其行为依法分别构成出售伪造的增值税专用发票罪、出售非法制造的发票罪、虚开增值税专用发票罪、虚开发票罪、诈骗罪，对詹某应数罪并罚。毕某某非法购买增值税专用发票，其行为依法构成非法购买增值税专用发票罪。根据詹某、毕某某的犯罪事实、性质、主观恶性、危害后果，并综合考量詹某归案后能如实供述诈骗的犯罪事实，其亲属主动退缴诈骗违法所得，毕某某具有自首和认罪认罚情节，分别对二人从轻处罚。

第二百零九条

【非法制造、出售非法制造的用于骗取出口退税、抵扣税款发票罪】伪造、擅自制造或者出售伪造、擅自制造的可以用于骗取出口退税、抵扣税款的其他发票的,处三年以下有期徒刑、拘役或者管制,并处二万元以上二十万元以下罚金;数量巨大的,处三年以上七年以下有期徒刑,并处五万元以上五十万元以下罚金;数量特别巨大的,处七年以上有期徒刑,并处五万元以上五十万元以下罚金或者没收财产。

【非法制造、出售非法制造的发票罪】伪造、擅自制造或者出售伪造、擅自制造的前款规定以外的其他发票的,处二年以下有期徒刑、拘役或者管制,并处或单处一万元以上五万元以下罚金;情节严重的,处二年以上七年以下有期徒刑,并处五万元以上五十万元以下罚金。

【非法出售用于骗取出口退税、抵扣税款发票罪】非法出售可以用于骗取出口退税、抵扣税款的其他发票的,依照第一款的规定处罚。

【非法出售发票罪】非法出售第三款规定以外的其他发票的,依照第二款的规定处罚。

> 是指非法出售不能用于骗取出口退税、抵扣税款的其他发票的行为。

要点注释

本条第四款是关于非法出售第三款规定以外的其他发票的犯罪及其处刑的规定。

◇思维导图

- 非法制造
  - 伪造
  - 擅自制造
  - 出售

→ 伪造、擅自制造的用于骗取出口退税、抵扣税款的其他发票
  - 票面可以退税、抵扣税额累计在十万元以上的
  - 伪造、擅自制造或者出售伪造、擅自制造的发票十份以上且票面可以退税、抵扣税额在六万元以上的
  - 非法获利数额在一万元以上的

> **拓展适用**
>
> 《最高人民检察院、公安部关于公安机关管辖的刑事案件立案追诉标准的规定（二）》（2022年4月6日）
> 第六十一条、第六十二条、第六十三条、第六十四条

案例精析

1. 詹某、詹某某、章某非法制造、出售非法制造的发票案

案号：（2019）浙11刑终250号
来源：中国裁判文书网

裁判要点

被告人詹某、詹某某违反国家发票管理法规，伪造并出售伪造的可以用于骗取出口退税、抵扣税款的发票以外的发票，危害国家税收征收管理制度，情节严重，其行为均已构成非法制造、出售非法制造的发票罪。被告人章某违反国家税收征收管理制度及发票管理规定，虚开增值税普通发票，情节严重，其行为已构成虚开发票罪。被告人詹某、詹某某系共同犯罪，詹某在共同犯罪中起主要作用，系主犯；詹某某系从犯，依法从轻处罚。被告人詹某、詹某某有坦白情节，且当庭自愿认罪，依法从轻处罚；其已退缴部分违法所得，酌情从轻处罚。被告人章某有前科情节，酌情从重处罚。被告人章某有自首情节，且自愿认罪认罚，依法从轻处罚；其已主动补缴了相应税款，酌情从轻处罚。

2. 刘某、冷某1、冷某2、靳某等伪造、出售伪造的增值税专用发票案

案号：（2015）粤高法刑二终字第199、200号
来源：中国裁判文书网

裁判要点

刘某无视国家法律，伪造并出售伪造的增值税专用发票5515份，数量巨大；非法制造、出售非法制造的发票4573份，情节严重，其行为已分别构成伪造、出售伪造的增值税专用发票罪和非法制造、出售非法制造的发票罪，依法应予数罪并罚；上诉人冷某1、冷某2、靳某、熊某无视国家法律，受刘某指使，参与伪造增值税专用发票4440份，数量巨大，参与非法制造发票3723份，情节严重，其行为均已构成伪造增值税专用发票罪和非法制造发票罪，依法亦应数罪并罚。

第二百一十条

【盗窃罪】盗窃增值税专用发票或者可以用于骗取出口退税、抵扣税款的其他发票的，依照本法第二百六十四条的规定定罪处罚。

【诈骗罪】使用欺骗手段骗取增值税专用发票或者可以用于骗取出口退税、抵扣税款的其他发票的，依照本法第二百六十六条的规定定罪处罚。

> 是指除增值税专用发票以外的具有出口退税、抵扣税款功能的发票。例如，农林牧水产品收购发票、废旧物品收购发票、运输发票等，还有征收消费税的产品出口所开具的发票也可以作为出口退税的凭证。

> 是指国家税务部门根据增值税征收管理需要，兼记货物或劳务所负担的增值税税额而设定的一种专用发票。

要点注释

根据《刑法》第二百六十四条对盗窃罪的规定，盗窃公私财物，数额较大的，或者多次盗窃、入户盗窃、携带凶器盗窃、扒窃的，处三年以下有期徒刑、拘役或者管制，并处或者单处罚金；数额巨大或有其他严重情节的，处三年以上十年以下有期徒刑，并处罚金；数额特别巨大或者有其他特别严重情节的，处十年以上有期徒刑或者无期徒刑，并处罚金或者没收财产。根据《刑法》第二百六十六条对诈骗罪的规定，诈骗公私财物，数额较大的，处三年以下有期徒刑、拘役或者管制，并处或者单处罚金；数额巨大或者有其他严重情节的，处三年以上十年以下有期徒刑，并处罚金；数额特别巨大或者有其他特别严重情节的，处十年以上有期徒刑或者无期徒刑，并处罚金或者没收财产。本法另有规定的，依照规定。

思维导图

增值税专用发票或者可以用于骗取出口退税、抵扣税款的其他发票
- 盗窃
- 使用欺骗手段骗取
- 依照本法第二百六十四条（盗窃罪）的规定定罪处罚
- 依照本法第二百六十六条（诈骗罪）的规定定罪处罚

> **拓展适用**
>
> 《刑法》（2023年12月29日）
> 第二百六十四条、第二百六十六条
>
> 《最高人民法院印发〈关于适用〈全国人民代表大会常务委员会关于惩治虚开、伪造和非法出售增值税专用发票犯罪的决定〉的若干问题的解释〉的通知》（1996年10月17日）

案例精析

刘2、初某某诈骗案

案号：（2017）沪0106刑初928号
来源：中国裁判文书网

裁判要点

被告人刘2在贸易公司涉嫌虚假申报、偷逃税款的情况下，向被告人初某某提供贸易公司的相关税务资料，刘2以支付好处费的方式，多次指使初某某前往本市某区国家税务局税务窗口骗购增值税专用发票。其间，被告人初某某共计骗购增值税专用发票400份。2016年11月15日，被告人初某某再次受刘2指使，至本市某区国家税务局欲骗购100份增值税专用发票时，被窗口工作人员发现疑点而未能购得。当日，经税务局工作人员询问后，初某某承认其非贸易公司员工，税务机关随即报警。

本院依法适用简易程序，实行独任审判，于2017年8月25日公开开庭审理了本案。被告人刘2、初某某使用欺骗手段骗取增值税专用发票，数额较大，其行为均已构成诈骗罪，依法应予惩处。被告人刘2在共同犯罪中起主要作用，系主犯。被告人初某某在共同犯罪中起次要作用，系从犯，依法从轻处罚。被告人刘2、初某某如实供述自己的罪行，均依法从轻处罚。

第二百一十条之一 【持有伪造的发票罪】

明知是伪造的发票而持有,数量较大的,处二年以下有期徒刑、拘役或者管制,并处罚金;数量巨大的,处二年以上七年以下有期徒刑,并处罚金。

单位犯前款罪的,对单位判处罚金,并对其直接负责的主管人员和其他直接责任人员,依照前款的规定处罚。

> 包括增值税专用发票、可以用于骗取出口退税、抵扣税款的其他发票和普通发票。

要点注释

本条为2011年《刑法修正案(八)》新增的条文,增加了单位持有伪造发票犯罪的规定。

◆思维导图

明知是伪造的发票而持有
- 持有伪造的增值税专用发票或者可以用于骗取出口退税、抵扣税款的其他发票五十份以上且票面税额累计在二十五万元以上的
- 持有伪造的增值税专用发票或者可以用于骗取出口退税、抵扣税款的其他发票票面税额累计在五十万元以上的
- 持有伪造的第一项规定以外的其他发票一百份以上且票面余额在五十万元以上的
- 持有伪造的第一项规定以外的其他发票票面金额累计在一百万元以上的

> **拓展适用**
>
> 《最高人民检察院、公安部关于公安机关管辖的刑事案件立案追诉标准的规定（二）》（2022年4月6日）
> 第六十五条

案例精析

1. 建筑工程公司、李某持有伪造的发票案

案号：（2022）辽08刑终5号
来源：中国裁判文书网

裁判要点

被告单位建筑工程公司明知是伪造的发票而持有，数量较大，已构成持有伪造的发票罪；被告人李某明知是伪造的发票而持有，数量较大，已构成持有伪造的发票罪。第一，可以认定被告人李某明知其持有的发票是伪造的，主观上具有犯罪故意。第二，被告人李某明知是伪造的发票而持有，数量较大，客观上实施了犯罪行为。第三，根据《刑法》第二百一十条之一的规定，被告单位建筑工程公司犯持有伪造的发票罪，被告人李某作为直接负责的主管人员构成持有伪造的发票罪。被告单位建筑工程公司、被告人李某案发后自动投案，如实供述自己的罪行，系自首，且愿意接受处罚，可以从轻处罚。一审后建筑工程公司提起上诉。建筑工程公司明知是伪造的发票而持有，数量较大，其行为已构成持有伪造的发票罪，应予惩处；李某是直接负责的主管人员，亦应以持有伪造的发票罪定罪处罚。

2. 徐某、谭某、梁某等虚开增值税专用发票、用于骗取出口退税、抵扣税款发票案

案号：（2019）桂刑终279号
来源：中国裁判文书网

裁判要点

徐某、谭某、梁某，原审被告人徐某某违反增值税专用发票的管理规定，虚开增值税专用发票，虚开的税款数额巨大，均已构成虚开增值税专用发票罪。原审被告人徐某某知是伪造的发票而持有，数量巨大，其行为已构成持有伪造的发票罪。在共同犯罪中，徐某、徐某某、谭某、梁某均起主要作用，是主犯，应当按照各自所参与的全部犯罪处罚。原审被告人徐某某一人犯数罪，应数罪并罚。

第二百一十一条 【单位犯危害税收征管罪的处罚规定】

单位犯本节第二百零一条、第二百零三条、第二百零四条、第二百零七条、第二百零八条、第二百零九条规定之罪的,对单位判处罚金,并对其直接负责的主管人员和其他直接责任人员,依照各该条的规定处罚。

> 是指公司、企业、事业单位、机关、团体。

要点注释

根据《刑法》的规定,对单位犯罪的处罚分为两种情况:

1. 一般采取双罚制原则。即单位犯罪的,对单位判处罚金,同时对单位直接负责的主管人员和其他直接责任人员判处刑罚。

2. 由于单位犯罪的复杂性,其社会危害程度差别很大,一律适用双罚制原则,尚不能全面准确地体现罪刑相适应的原则和符合犯罪的实际情况。因此,法律作了例外的规定,根据《刑法》第三十一条的规定,单位犯罪的,对单位判处罚金,并对其直接负责的主管人员和其他直接责任人员判处刑罚。本法分则和其他法律另有规定的,依照规定。

思维导图

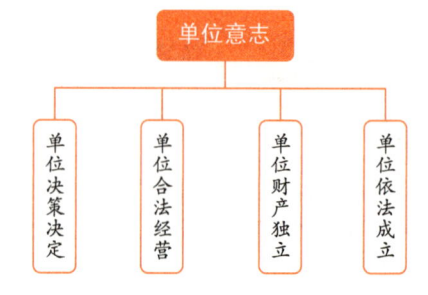

```
        单位意志
    ┌─────┼─────┬─────┐
  单位   单位   单位   单位
  决策   合法   财产   依法
  决定   经营   独立   成立
```

> **拓展适用**
>
> 《最高人民法院关于审理骗取出口退税刑事案件具体应用法律若干问题的解释》（2002年9月17日）
> 第六条

案例精析

矿业公司、陈某逃税案

案号：（2019）闽0124刑初97号
来源：中国裁判文书网

裁判要点

被告单位矿业公司成立于2016年7月8日，被告人陈某系该公司实际控制人兼财务负责人。陈某指使公司员工李某于2016年10月至12月累计在增值税纳税申报表附列资料第8栏"其他扣税凭证—其他"栏虚假填列金额为人民币7804073.53元，税额为人民币1326692.5元；于2017年1月至4月累计在增值税纳税申报表附列资料第8栏"其他扣税凭证—其他"栏虚假填列金额为人民币7388622.06元，税额为人民币1256065.75元。上述两项合计税额为人民币2582758.25元（其中2016年11月已做进项税额转出人民币51002.25元），矿业公司在没有取得增值税专用发票等扣税凭证的情况下填写其他扣税凭证虚抵进项税额人民币2531756元（=2582758.25-51002.25），少缴增值税款人民币2531756元。2017年5月23日，税务局对矿业公司在2016年7月至2017年4月的征税期间进行税务稽查过程中，发现矿业公司涉嫌上述逃税行为。

被告单位矿业公司采取欺骗、隐瞒手段不申报纳税，逃避缴纳税款数额较大且占应纳税额10%以上，同时未接受行政处罚罚款人民币1519053.60元，其行为已构成逃税罪；被告人陈某作为被告单位矿业公司的实际控制人兼财务负责人，在负责该公司经营管理期间，授意公司财务人员实施上述逃税行为，亦构成逃税罪。被告人陈某到案后能如实供述自己的罪行，并当庭表示自愿认罪，依法可以从轻处罚。被告单位矿业公司在公安机关立案前已经全额补缴了税款，其诉讼代表人代表被告单位矿业公司当庭表示自愿认罪，可以酌情从轻处罚。根据被告人陈某的犯罪情节及悔罪表现，对其适用缓刑不致再危害社会，对所居住的社区亦无重大不良影响，更有利于对其进行教育改造和社会矫正，可以宣告缓刑。

第二百一十二条 【税收征缴优先原则】

犯本节第二百零一条至第二百零五条规定之罪，被判处罚金、没收财产的，在执行前，应当先由税务机关追缴税款和所骗取的出口退税款。

要点注释

类似的，根据《税收征收管理法》第四十五条的规定，税务机关征收税款，税收优先于无担保债权，法律另有规定的除外；纳税人欠缴的税款发生在纳税人以其财产设定抵押、质押或者纳税人的财产被留置之前的，税收应当先于抵押权、质权、留置权执行。纳税人欠缴税款，同时又被行政机关决定处以罚款、没收违法所得的，税收优先于罚款、没收违法所得。税务机关应当对纳税人欠缴税款的情况定期予以公告。

思维导图

构成危害税收征管罪 → 先由税务机关追缴税款和所骗取的出口退税款 → 执行罚金或者没收财产

拓展适用

《税收征收管理法》（2015 年 4 月 24 日）
第六十三条、第六十四条、第六十六条

案例精析

王某、何某等虚开增值税专用发票、用于骗取出口退税、抵扣税款发票、虚开发票案

案号：（2020）赣 11 刑终 74 号
来源：中国裁判文书网

裁判要点

四被告人虚开发票 49 份，价税共计 24263000 元，虚开增值税专用发票 202 份，价税共计 23344041.14 元，造成国家损失 2334488.69 元，属于情节特别严重，应以虚开增值税专用发票罪、虚开发票罪追究刑事责任。四被告人的辩护人辩护认为本案的犯罪金额应根据被告人给国家实际造成的损失数额，减去实际缴纳的税款、合法抵扣的税款以及四被告人退缴的款项，剩余款项为 130 万余元。《最高人民法院关于虚开增值税专用发票定罪量刑标准有关问题的通知》中规定，在新的司法解释颁行前，对虚开增值税专用发票刑事案件定罪量刑的数额标准，可以参照《最高人民法院关于审理骗取出口退税刑事案件具体应用法律若干问题的解释》第三条的规定执行，其中规定虚开的税款数额在五十万元以上的，认定为《刑法》第二百零五条规定的"数额较大"，虚开的税款数额在二百五十万元以上的，认定为《刑法》第二百零五条规定的"数额巨大"。本案四被告人虚开给某 1 公司的增值税专用发票税额为 2527619.74 元，属于"数额巨大"，且该税额经区税务局予以认证并全部抵扣，法院以"数额巨大"量刑处罚。对于被告人虚开给某公司的 49 份增值税专用发票，因现有在案证据不能证实被税务机关认证抵扣，故不纳入本案定罪量刑数额当中。本案中，原公诉机关认定损失为 2334488.69 元。原审法院认为，被告人已缴税款 191315.46 元、合法抵扣税款 1815.59 元、侦查机关扣押的款项 102.3 万元（其中王某 30 万元、何某 25 万元、刘某 45 万元、余某 2.3 万元），共计 1216131.05 元，根据税收征缴优先原则，应当作为税务机关追缴的税款，亦可作为已追回国家的损失计算，因此，本案四被告人给国家造成的损失为 2527619.74 元 −1216131.05 元 =1311488.69 元。

第七节　侵犯知识产权罪

第二百一十三条　【假冒注册商标罪】

> 未经注册商标所有人许可，在同一种商品、服务上使用与其注册商标相同的商标，情节严重的，处三年以下有期徒刑，并处或者单处罚金；情节特别严重的，处三年以上十年以下有期徒刑，并处罚金。

（左注）是指与被假冒的注册商标完全相同，或者与被假冒的注册商标在视觉上基本无差别、足以对公众产生误导的商标。

（右注）是指将注册商标或者假冒的注册商标用于商品、商品包装或者容器以及产品说明书、商品交易文书，或者将注册商标或者假冒的注册商标用于广告宣传、展览以及其他商业活动等行为。

要点注释

构成假冒注册商标罪应具备以下三个条件：（1）行为人在使用他人注册商标时，未经注册商标所有人的许可。"注册商标所有人"，即商标注册人。（2）行为人实施了在同一种商品上使用与他人注册商标相同的商标的行为。即商标相同，使用该商标的商品为同一种商品。（3）行为人实施了在同一种商品上使用与他人注册商标相同的商标的行为，情节严重。这是区分罪与非罪的界限。

思维导图

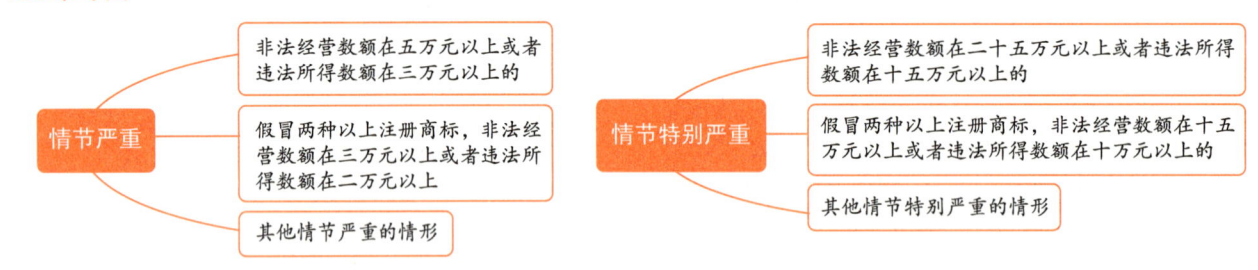

- **情节严重**
  - 非法经营数额在五万元以上或者违法所得数额在三万元以上的
  - 假冒两种以上注册商标，非法经营数额在三万元以上或者违法所得数额在二万元以上
  - 其他情节严重的情形

- **情节特别严重**
  - 非法经营数额在二十五万元以上或者违法所得数额在十五万元以上的
  - 假冒两种以上注册商标，非法经营数额在十五万元以上或者违法所得数额在十万元以上的
  - 其他情节特别严重的情形

> **拓展适用**
>
> 《商标法》（2019年4月23日）
> 第六十三条、第六十七条
>
> 《最高人民法院、最高人民检察院关于办理侵犯知识产权刑事案件具体应用法律若干问题的解释（三）》（2020年9月12日）
> 第一条
>
> 《最高人民法院、最高人民检察院关于办理非法生产、销售烟草专卖品等刑事案件具体应用法律若干问题的解释》（2010年3月2日）
> 第一条
>
> 《最高人民法院、最高人民检察院关于办理侵犯知识产权刑事案件具体应用法律若干问题的解释》（2004年12月8日）
> 第一条、第二条、第十三条、第十五条

案例精析

1. 郭某、郭某某、孙某假冒注册商标案

来源：最高人民法院指导案例87号

裁判要点

假冒注册商标犯罪的非法经营数额、违法所得数额，应当综合被告人供述、证人证言、被害人陈述、网络销售电子数据、被告人银行账户往来记录、送货单、快递公司电脑系统记录、被告人等所作记账等证据认定。被告人辩解称网络销售记录存在刷信誉的不真实交易，但无证据证实的，对其辩解不予采纳。

2. 石某波销售假冒注册商标的商品案

案号：（2023）苏01刑更718号
来源：人民法院案例库2024-16-1-156-001

裁判要点

知识产权刑事案件由于被害人众多、案情复杂以及刑民赔偿计算方法的不同等原因，被害方实体权利的救济较少通过刑事附带民事诉讼的方法来解决，不少通过另行提起民事诉讼来实现。在该类罪犯减刑案件中，被害方受损利益往往数额巨大，相关罪犯对其损失赔偿的履行情况及态度，是否以实际行动积极弥补被害方受损利益，应作为判断罪犯主观改造表现是否积极、是否确有悔改表现的重要因素。

第二百一十四条 【销售假冒注册商标的商品罪】

> 销售明知是假冒注册商标的商品,违法所得数额较大或者有其他严重情节的,处三年以下有期徒刑,并处或者单处罚金;违法所得数额巨大或者有其他特别严重情节的,处三年以上十年以下有期徒刑,并处罚金。

- 销售明知是假冒注册商标的商品,销售金额在五万元以上的。
- 销售金额在二十五万元以上的。

是指具有以下情形之一:(1)知道自己销售的商品上的注册商标被涂改、调换或者覆盖的;(2)因销售假冒注册商标的商品受到过行政处罚或者承担过民事责任,又销售同一种假冒注册商标的商品的;(3)伪造、涂改商标注册人授权文件或者知道该文件被伪造、涂改的;(4)其他知道或者应当知道是假冒注册商标的商品的情形。

要点注释

销售金额和未销售货值金额分别达到不同的法定刑幅度或者均达到同一法定刑幅度的,在处罚较重的法定刑或者同一法定刑幅度内酌情从重处罚。

思维导图

销售假冒注册商标的商品犯罪案件中尚未销售或者部分销售情形的定罪量刑

- 以销售假冒注册商标的商品罪(未遂)定罪处罚
  - 假冒注册商标的商品尚未销售,货值金额在十五万元以上的
  - 假冒注册商标的商品部分销售,已销售金额不满五万元,但与尚未销售的假冒注册商标的商品的货值金额合计在十五万元以上的
- 《刑法》第二百一十四条规定的各法定刑幅度定罪处罚
  - 假冒注册商标的商品尚未销售,货值金额分别达到十五万元以上不满二十五万元、二十五万元以上的

> **拓展适用**
>
> 《最高人民法院、最高人民检察院关于办理侵犯知识产权刑事案件具体应用法律若干问题的解释》(2004年12月8日)
>
> 第二条、第九条
>
> 《最高人民法院、最高人民检察院关于办理非法生产、销售烟草专卖品等刑事案件具体应用法律若干问题的解释》(2010年3月2日)
>
> 第一条
>
> 《最高人民法院、最高人民检察院、公安部关于办理侵犯知识产权刑事案件适用法律若干问题的意见》(2011年1月10日)

案例精析

邓某、食品公司等销售假冒注册商标的商品案

来源：最高人民检察院检例第98号

裁判要点

（1）依法严惩假冒注册商标类犯罪，切实维护权利人和消费者合法权益

依法严厉惩治侵犯注册商标犯罪行为，保护权利人对注册商标的合法权益是检察机关贯彻国家知识产权战略，营造良好知识产权法治环境的重要方面。在办理侵犯注册商标犯罪案件中，

检察机关应当全面强化职责担当。对于商品可能涉及危害食品药品安全、社会公共安全的，应当引导公安机关通过鉴定检验等方式就产品质量进行调查取证，查明假冒商品是否符合国家产品安全标准，是否涉嫌构成生产、销售有毒有害食品罪等罪名。如果一行为同时触犯数个罪名，则应当按照法定刑较重的犯罪进行追诉。制假售假犯罪链条中由于层层加价销售，往往出现上游制售假冒商品数量大但销售金额小、下游销售数量小而销售金额大的现象。检察机关在提出量刑建议时，不能仅考虑犯罪金额，还要综合考虑被告人在上下游犯罪中的地位与作用、所处的制假售假环节、销售数量、扩散范围、非法获利数额、社会影响等多种因素，客观评价社会危害性，体现重点打击制假售假源头的政策导向，做到罪刑相适应，有效惩治犯罪行为。

（2）对销售假冒注册商标的商品犯罪的上下游人员，应注意结合相关证据准确认定不同环节被告人的主观明知

司法实践中，对于销售主观明知的认定，应注意审查被告人在上下游犯罪中的客观行为。对售假源头者，可以通过是否伪造授权文件等进行认定；对批发环节的经营者，可以通过进出货价格是否明显低于市场价格，以及交易场所与交易方式是否合乎常理等因素进行甄别；对终端销售人员，可以通过客户反馈是否异常等情况进行判断；对确受伪造变造文件蒙蔽或主观明知证据不足的人员，应坚持主客观相一致原则，依法不予追诉。

第二百一十五条 【非法制造、销售非法制造的注册商标标识罪】

伪造、擅自制造他人注册商标标识或者销售伪造、擅自制造的注册商标标识，情节严重的，处三年以下有期徒刑，并处或者单处罚金；情节特别严重的，处三年以上十年以下有期徒刑，并处罚金。

是指具有下列情形之一：（1）伪造、擅自制造或者销售伪造、擅自制造的注册商标标识数量在二万件以上，或者非法经营数额在五万元以上，或者违法所得数额在三万元以上的；（2）伪造、擅自制造或者销售伪造、擅自制造两种以上注册商标标识数量在一万件以上，或者非法经营数额在三万元以上，或者违法所得数额在二万元以上的；（3）其他情节严重的情形。

是指具有下列情形之一：（1）伪造、擅自制造或者销售伪造、擅自制造的注册商标标识数量在十万件以上，或者非法经营数额在二十五万元以上，或者违法所得数额在十五万元以上的；（2）伪造、擅自制造或者销售伪造、擅自制造两种以上注册商标标识数量在五万件以上，或者非法经营数额在十五万元以上，或者违法所得数额在十万元以上的；（3）其他情节特别严重的情形。

思维导图

销售他人非法制造的注册商标标识犯罪案件中尚未销售或者部分销售情形的定罪 → **以销售非法制造的注册商标标识罪（未遂）定罪处罚**
- 尚未销售他人伪造、擅自制造的注册商标标识数量在六万件以上的
- 尚未销售他人伪造、擅自制造的两种以上注册商标标识数量在三万件以上的
- 部分销售他人伪造、擅自制造的注册商标标识，已销售标识数量不满二万件，但与尚未销售标识数量合计在六万件以上的
- 部分销售他人伪造，擅自制造的两种以上注册商标标识，已销售标识数量不满一万件，但与尚未销售标识数量合计在三万件以上的

拓展适用

《商标法》（2019年4月23日）
第五十七条

《最高人民法院、最高人民检察院关于办理非法生产、销售烟草专卖品等刑事案件具体应用法律若干问题的解释》（2010年3月2日）
第一条

> 《最高人民法院、最高人民检察院、公安部关于办理侵犯知识产权刑事案件适用法律若干问题的意见》（2011年1月10日）
>
> 《最高人民法院、最高人民检察院关于办理侵犯知识产权刑事案件具体应用法律若干问题的解释》（2004年12月8日）第三条

案例精析

1. 李某、张某等假冒注册商标，孙某、孙某某等销售假冒注册商标的商品，张某某、李某某等非法制造、销售非法制造的注册商标标识案

案号：（2021）苏刑终138号
来源：中国裁判文书网

裁判要点

李某、张某未经注册商标所有人许可，在同一种商品上使用与其注册商标相同的商标，情节特别严重，原审被告人崔某明知上诉人李某、原审被告人张某实施假冒注册商标犯罪仍为其提供帮助，情节严重，其行为均已构成假冒注册商标罪；原审被告人孙某、孙某某、蔡某、韩某、贺某、韩某某销售明知是假冒注册商标的商品，原审被告人孙某、孙某某销售金额数额巨大，原审被告人蔡某、韩某、贺某、韩某某销售金额数额较大，其行为均已构成销售假冒注册商标的商品罪；原审被告人张某某、李某某、陈友广伪造他人注册商标标识并且销售，情节严重，其行为均已构成非法制造、销售非法制造的注册商标标识罪的事实清楚，证据确实、充分。

2. 李某志等非法制造注册商标标识案

案号：（2018）粤03刑终655号
来源：人民法院案例库2023-09-1-158-002

裁判要点

（1）根据《最高人民法院、最高人民检察院关于办理侵犯知识产权刑事案件具体应用法律若干问题的解释》第十二条规定，制造、储存、运输和未销售的侵权产品的价值，按照标价或已查清的侵权产品的实际销售平均价格计算。侵权产品没有标价或无法查清其实际销售价格的，按照被侵权产品的市场中间价格计算。被侵权产品市场中间价格的确定，有同种合格产品销售的可以按照同种产品价格计算，若侵权产品属于不在市场上单独销售的配件，市场中间价格可以按照权利人生产、制造、加工的成本价格计算，无法确定成本价格的，可以根据权利人提供的配件更换、维修价格计算。

（2）在既没有实际销售价格，亦无法确定市场中间价格的情况下，仅有被害单位出具的《价格证明》不属于法律及相关司法解释规定的市场中间价格认定的证据。在不能确定非法经营数额的情况下，按照伪造、擅自制造两种以上注册商标标识的数量予以量刑处罚。

第二百一十六条 【假冒专利罪】

是指具有下列情形之一：（1）非法经营数额在二十万元以上或者违法所得数额在十万元以上的；（2）给专利权人造成直接经济损失五十万元以上的；（3）假冒两项以上他人专利，非法经营数额在十万元以上或者违法所得数额在五万元以上的；（4）其他情节严重的情形。

> 假冒他人专利，**情节严重**的，处三年以下有期徒刑或者拘役，并处或者单处罚金。

要点注释

在实践中要注意区分假冒专利与专利侵权的区别：假冒专利是以非专利产品或非专利技术冒充他人的专利产品或专利技术；而专利侵权，主要是指未经专利权人许可，擅自使用专利权人的专利行为；"专利权人"是指专利权的所有人、持有人，包括单位和个人，也包括在我国申请专利的国外的个人和单位。

思维导图

假冒专利罪
- 未经许可，在其制造或者销售的产品、产品的包装上标注他人专利号的
- 未经许可，在广告或其他宣传材料中使用他人的专利号，使人将所涉及的技术误认为是他人专利技术的
- 未经许可，在合同中使用他人的专利号，使人将合同涉及的技术误认为是他人专利技术的
- 伪造或者变造他人的专利证书、专利文件或者专利申请文件的

拓展适用

《专利法》（2020 年 10 月 17 日）
第六十八条、第六十九条

《最高人民法院、最高人民检察院关于办理侵犯知识产权刑事案件具体应用法律若干问题的解释》（2004 年 12 月 8 日）
第四条、第十条

案例精析

1. 被告人仇某等假冒注册商标、假冒专利案

来源：最高法院公布五起侵犯知识产权和制售假冒伪劣商品典型案例之四[①]

裁判要点

2008 年 4 月至 7 月，被告人仇某、崔某、严某、闫某、黄某未经注册商标所有人实业公司许可，在河南省南乐县千口乡千口村共同投资，合作生产假冒注册商标"某牌"的雪糕产品共计 117571 件（箱），假冒注册商标"某牌"的雪糕产品共计 3947 件（箱），非法经营数额共计人民币 3119998 元。五被告人的行为同时侵害了实业公司对上述两种产品的外观设计专利权。其间，仇某与被告人闫中波合作，在未经注册商标所有人乳业公司许可的情况下，在河南省南乐县千口乡千口村加工生产假冒注册商标"某牌"的雪糕产品共计 110855 件（箱），非法经营数额共计人民币 1773680 元。二被告人的行为同时侵犯了乳业公司对该产品的外观专利设计权。被告人仇某、崔某、严某、闫某、闫中波、黄某均构成假冒注册商标罪和假冒专利罪，依法择一重罪以假冒注册商标罪处断。

2. 嘉兴某旅游制品有限公司诉姚某、上海某信息技术有限公司假冒他人专利纠纷案

案号：（2021）最高法知民终 2380 号
来源：人民法院案例库 2023-13-2-160-023

裁判要点

假冒他人专利行为与侵害专利权行为虽然均属于与专利相关的侵权行为，但其侵权行为样态、所侵害的法益、责任承担方式均有所不同。单纯假冒他人专利而未实施专利技术方案的行为，不构成《专利法》第十一条规定的侵害专利权行为，有关损害赔偿责任的认定应当适用《民法典》关于侵权损害赔偿的一般规定。

[①] 《最高法院公布五起侵犯知识产权和制售假冒伪劣商品典型案例》，载最高人民法院网站，https://www.court.gov.cn/zixun/xiangqing/2073.html，2024 年 3 月 5 日访问。

第二百一十七条 【侵犯著作权罪】

以营利为目的,有下列侵犯著作权或者与著作权有关的权利的情形之一,违法所得数额较大或者有其他严重情节的,处三年以下有期徒刑,并处或者单处罚金;违法所得数额巨大或者有其他特别严重情节的,处三年以上十年以下有期徒刑,并处罚金:

(一)未经著作权人许可,复制发行、通过信息网络向公众传播其文字作品、音乐、美术、视听作品、计算机软件及法律、行政法规规定的其他作品的;

(二)出版他人享有专有出版权的图书的;

(三)未经录音录像制作者许可,复制发行、通过信息网络向公众传播其制作的录音录像的;

(四)未经表演者许可,复制发行录有其表演的录音录像制品,或者通过信息网络向公众传播其表演的;

(五)制作、出售假冒他人署名的美术作品的;

(六)未经著作权人或者与著作权有关的权利人许可,故意避开或者破坏权利人为其作品、录音录像制品等采取的保护著作权或者与著作权有关的权利的技术措施的。

注释:
- 是指行为人侵犯他人著作权的行为是为了获取非法利益。
- 是指以营利为目的,未经著作权人许可,复制发行其文字作品、音乐、电影、电视、录像作品、计算机软件及其他作品,复制品数量合计在五百张(份)以上。
- 是指没有得到著作权人授权或者伪造、涂改著作权人授权许可文件或者超出授权许可范围的情形。
- 包括复制、发行或者既复制又发行的行为。通过信息网络向公众传播他人文字作品、音乐、电影、电视、录像作品、计算机软件及其他作品的行为,应当视为《刑法》第二百一十七条规定的"复制发行"。

要点注释

行为人构成侵犯著作权罪须同时具备以下三个条件:(1)侵犯他人著作权的行为是故意行为,并且是以营利为目的。这是罪与非罪的界限。(2)行为人实施了侵犯他人著作权的行为。(3)行为人实施的侵犯他人著作权的行为,必须是违法所得数额较大或者有其他严重情节的,才构成犯罪。

思维导图

侵犯著作权罪

- 经著作权人许可，复制发行、通过信息网络向公众传播其文字作品、单音乐、美术、视听作品、计算机软件及法律、行政法规规定的其他作品的
- 出版他人享有专有出版权的图书的
- 未经录音录像制作者许可，复制发行、通过信息网络向公众传播其制作的录音录像的
- 未经表演者许可，复制发行录有其表演的录音录像制品，或者通过信息网络向公众传播其表演的
- 制作、出售假冒他人署名的美术作品的
- 未经著作权人或者与著作权有关的权利人许可，故意避开或者破坏权利人为其作品、录音录像制品等采取的保护著作权或者与著作权有关的权利的技术措施的

处罚：
- 违法所得数额较大或者有其他严重情节的，处三年以下有期徒刑，并处或者单处罚金
- 违法所得数额巨大或者有其他特别严重情节的，处三年以上十年以下有期徒刑，并处罚金

拓展适用

《人民检察院办理知识产权案件工作指引》（2023年4月25日）

第二十二条

案例精析

陈某等八人侵犯著作权案

来源：最高人民检察院检例第100号

裁判要点

对于涉案作品种类众多且权利人分散的案件，在认定"未经著作权人许可"时，应围绕涉案复制品是否系非法出版、复制发行，被告人能否提供获得著作权人许可的相关证明材料予以综合判断。为证明涉案网站系非法提供网络视听服务的网站，可以收集"信息网络传播视听节目许可证"持证机构名单等证据，补强对涉案复制品系非法出版、复制发行的证明。涉案侵权作品数量众多时，可进行抽样取证，但应注意审查所抽取的样本是否具有代表性、抽样范围与其他在案证据是否相符、抽样是否具备随机性等影响抽样客观性的因素。在达到追诉标准的侵权数量基础上，对抽样作品提交著作权人进行权属认证，以确认涉案作品是否均系侵权作品。

第二百一十八条 【销售侵权复制品罪】

本条规定的"违法所得数额巨大"是指以营利为目的,销售明知是本法第二百一十七条规定的侵权复制品,违法所得数额在十万元以上的。

以营利为目的,销售明知是本法第二百一十七条规定的侵权复制品,违法所得数额巨大或者有其他严重情节的,处五年以下有期徒刑,并处或者单处罚金。

要点注释

《刑法》第217条规定,以营利为目的,有下列侵犯著作权或者与著作权有关的权利的情形之一,违法所得数额较大或者有其他严重情节的,处三年以下有期徒刑,并处或者单处罚金;违法所得数额巨大或者有其他特别严重情节的,处三年以上十年以下有期徒刑,并处罚金:(1)未经著作权人许可,复制发行、通过信息网络向公众传播其文字作品、音乐、美术、视听作品、计算机软件及法律、行政法规规定的其他作品的;(2)出版他人享有专有出版权的图书的;(3)未经录音录像制作者许可,复制发行、通过信息网络向公众传播其制作的录音录像的;(4)未经表演者许可,复制发行录有其表演的录音录像制品,或者通过信息网络向公众传播其表演的;(5)制作、出售假冒他人署名的美术作品的;(6)未经著作权人或者与著作权有关的权利人许可,故意避开或者破坏权利人为其作品、录音录像制品等采取的保护著作权或者与著作权有关的权利的技术措施的。

思维导图

以营利为目的 → 销售明知是本法第二百一十七条规定的侵权复制品 → 违法所得数额在十万元以上的 → 应当以销售侵权复制品罪判处三年以下有期徒刑或者拘役,并处或者单处罚金

> **拓展适用**
>
> 《最高人民法院、最高人民检察院关于办理侵犯知识产权刑事案件具体应用法律若干问题的解释》（2004年12月8日）
>
> 第六条
>
> 《最高人民法院关于审理非法出版物刑事案件具体应用法律若干问题的解释》（1998年12月17日）
>
> 第四条
>
> 《计算机软件保护条例》（2013年1月30日）
>
> 第二十四条

案例精析

上海市人民检察院第二分院诉顾某等人非法经营案

来源：《最高人民法院公报》2005年第9期

裁判要点

对销售侵权音像复制品且违法所得数额巨大的行为，《刑法》第三章第七节中有两个条文涉及。第二百一十七条规定："以营利为目的，有下列侵犯著作权情形之一，违法所得数额较大或者有其他严重情节的，处三年以下有期徒刑或者拘役，并处或者单处罚金；违法所得数额巨大或者有其他特别严重情节的，处三年以上七年以下有期徒刑，并处罚金：（一）未经著作权人许可，复制发行其文字作品、音乐、电影、电视、录像作品、计算机软件及其他作品的；（二）出版他人享有专有出版权的图书的；（三）未经录音录像制作者许可，复制发行其制作的录音录像的；（四）制作、出售假冒他人署名的美术作品的。"第二百一十八条规定："以营利为目的，销售明知是本法第二百一十七条规定的侵权复制品，违法所得数额巨大的，处三年以下有期徒刑或者拘役，并处或者单处罚金。"第二百一十七条中的发行虽然涵盖了第二百一十八条中的销售行为，但很明显，第二百一十七条的立法目的，在于打击那些未经著作权或者邻接权人许可而复制，直接侵犯著作权或者邻接权的行为；就像盗窃后销赃一样，复制后发行，通常是此罪的一个后续的不另罚的行为。第二百一十八条的立法目的，则在于打击没有复制，只是单纯销售侵权复制品的间接侵犯著作权或者邻接权的行为。

被告人顾某为了营利，在未取得《音像制品经营许可证》的情况下，低价购进明知是侵权的音像复制品，然后高价销往国外。这种行为虽然扰乱市场秩序，但在本案中，市场秩序不是受侵害的主要客体，那些著作权人和录音录像制作者的著作权与邻接权，才是我国刑法要保护而被顾某的行为所侵害的主要客体。对顾某的行为，应当依照《刑法》第二百一十八条规定的销售侵权复制品罪定罪量刑。

第二百一十九条 【侵犯商业秘密罪】

有下列侵犯商业秘密行为之一，情节严重的，处三年以下有期徒刑，并处或者单处罚金；情节特别严重的，处三年以上十年以下有期徒刑，并处罚金：

（一）以盗窃、贿赂、欺诈、胁迫、电子侵入或者其他不正当手段获取权利人的商业秘密的；

（二）披露、使用或者允许他人使用以前项手段获取的权利人的商业秘密的；

（三）违反保密义务或者违反权利人有关保守商业秘密的要求，披露、使用或者允许他人使用其所掌握的商业秘密的。

明知前款所列行为，获取、披露、使用或者允许他人使用该商业秘密的，以侵犯商业秘密论。

本条所称权利人，是指商业秘密的所有人和经商业秘密所有人许可的商业秘密使用人。

侵犯商业秘密：是指不为公众所知悉，能为权利人带来经济利益，具有实用性并经权利人采取保密措施的技术信息和经营信息。"技术信息"是指技术配方、技术诀窍、工艺流程等。"经营信息"是指采取什么方式进行经营等有关经营的重大决策以及与自己有业务往来的客户的情况等。

电子侵入：是指采取非法复制、未经授权或者超越授权使用计算机信息系统等方式窃取商业秘密。

其他不正当手段：是指以贿赂、欺诈、电子侵入等方式获取权利人的商业秘密。

思维导图

侵犯商业秘密罪
- 以盗窃、贿赂、欺诈、胁迫、电子侵入或者其他不正当手段获取权利人的商业秘密的
- 披露、使用或者允许他人使用以前手段获取的权利人的商业秘密的
- 违反保密义务或者违反权利人有关保守商业秘密的要求，披露、使用或者允许他人使用其所掌握的商业秘密的

量刑
- 情节严重的，处三年以下有期徒刑，并处或者单处罚金
- 情节特别严重的，处三年以上十年以下有期徒刑，并处罚金

> **拓展适用**
>
> 《最高人民法院、最高人民检察院关于办理侵犯知识产权刑事案件具体应用法律若干问题的解释（三）》（2020年9月12日）
>
> 第三条、第四条、第五条、第六条
>
> 《最高人民法院、最高人民检察院关于办理侵犯知识产权刑事案件具体应用法律若干问题的解释（二）》（2007年4月5日）
>
> 第六条
>
> 《最高人民法院、最高人民检察院关于办理侵犯知识产权刑事案件具体应用法律若干问题的解释》（2004年12月8日）
>
> 第七条、第十五条

从被告人使用的信息与权利人的商业秘密是否实质上相同、是否具有知悉和掌握权利人商业秘密的条件、有无取得和使用商业秘密的合法来源，全面客观收集证据。特别是要着重审查被告人是否存在合法取得商业秘密的情形，应注意围绕辩方提出的商业秘密系经许可、承继、自行研发、受让、反向工程等合法方式获得的辩解，引导公安机关收集被告人会计账目、支出凭证等能够证明是否有研发费用、资金投入、研发人员工资等研发成本支出的证据；收集被告人所在单位研发人员名单、研发资质能力、实施研发行为、研发过程的证据；收集有关商业秘密的转让合同、许可合同、支付转让费、许可费的证据；收集被告人是通过公开渠道取得产品并实施反向工程对产品进行拆卸、测绘、分析的证据，以及被告人因传承、承继商业秘密的书证等证据。通过证据之间的相互印证，排除被告人获取、使用商业秘密来源合法的可能性的，可以证实其实施侵犯商业秘密的犯罪行为。

案例精析

金某侵犯商业秘密案

来源：最高人民检察院检例第102号

裁判要点

由于商业秘密的非公开性和犯罪手段的隐蔽性，认定被告人是否实施了侵犯商业秘密的行为往往面临证明困境。在被告人不作有罪供述时，为查明犯罪事实，检察机关应注意引导公安机关

第二百一十九条之一 【为境外窃取、刺探、收买、非法提供商业秘密罪】

为境外的机构、组织、人员窃取、刺探、收买、非法提供商业秘密的,处五年以下有期徒刑,并处或者单处罚金;情节严重的,处五年以上有期徒刑,并处罚金。

> 是指不为公众所知悉、具有商业价值并经权利人采取相应保密措施的技术信息、经营信息等商业信息。

要点注释

本条为《刑法修正案(十一)》新增条文。

思维导图

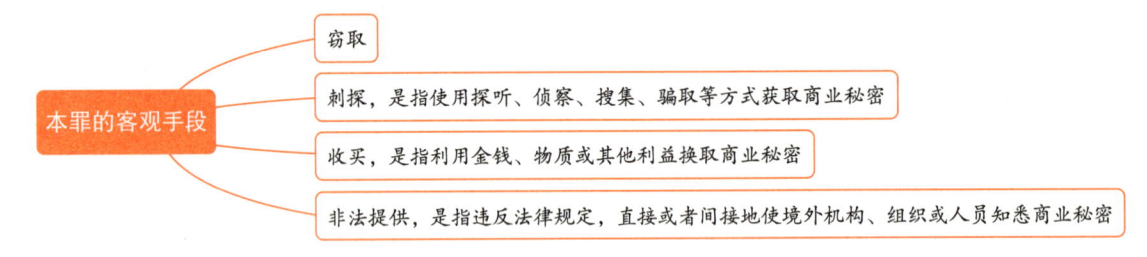

本罪的客观手段
- 窃取
- 刺探,是指使用探听、侦察、搜集、骗取等方式获取商业秘密
- 收买,是指利用金钱、物质或其他利益换取商业秘密
- 非法提供,是指违反法律规定,直接或者间接地使境外机构、组织或人员知悉商业秘密

> **拓展适用**
>
> 《最高人民法院关于进一步加强涉种子刑事审判工作的指导意见》（2022年3月2日）

案例精析

1. 林某某等侵犯商业秘密案

案号：（2018）粤13刑终361号
来源：人民法院案例库 2023-09-1-162-004

裁判要点

对侵犯商业秘密罪行为导致权利人损失的认定，审查涉案商业秘密的秘点司法鉴定意见与损失司法会计鉴定意见之间及该两项鉴定意见与案件待证事实之间的关联性最为关键，简单以鉴代审，往往容易扩大损失认定，对被告人的处罚难以体现罪责刑相一致的刑事处罚原则。审理该类案件，应当依法对鉴定意见与案件待证事实之间是否存在关联性进行严格审查，在全面细致甄别、比对原始证据的基础上认定案件事实，确定被告人侵犯商业秘密行为导致权利人的损失数额。

2. 某企业股份有限公司等诉某美国公司等侵害商业秘密纠纷案

案号：（2007）民三终字第10号
来源：人民法院案例库 2023-09-2-176-004

裁判要点

销售侵犯商业秘密所制造的侵权产品不属于反不正当竞争法所列明的侵犯商业秘密的行为。一般而言，使用商业秘密的行为实施地和结果发生地是重合的。使用商业秘密的过程，通常是制造侵权产品的过程，当侵权产品制造完成时，使用商业秘密的侵权结果即同时发生，不宜将该侵权产品的销售地视为使用商业秘密的侵权结果发生地。

第二百二十条 【单位犯侵犯知识产权罪的处罚规定】

> 是指公司、企业、事业单位、机关、团体。

单位犯本节第二百一十三条至第二百一十九条之一规定之罪的,对单位判处罚金,并对其直接负责的主管人员和其他直接责任人员,依照本节各该条的规定处罚。

要点注释

单位犯罪应当具备以下条件:(1)单位犯罪的主体,必须是公司、企业、事业单位、机关、团体。这里所说的"公司、企业、事业单位"包括任何形式的公司、企业、事业单位。"机关"是指国家机关。"团体"包括人民团体和社会团体。虽然这些单位通常都具有法人资格,但是,我国刑法并没有要求单位犯罪的主体必须具有法人资格。(2)单位实施的犯罪行为必须是法律规定为单位犯罪的那些危害社会的行为。就是说构成单位犯罪首先必须是单位实施了危害社会的行为,这些危害社会的行为必须是在刑法分则和有关法律具体规定中规定为单位犯罪的行为。如果刑法分则和其他法律没有具体规定,则不能以单位犯罪追究刑事责任。(3)单位犯罪,一般都由单位集体决定或者由单位的领导人员决定,以单位的名义并由单位内部人员具体实施,在通常情况下,犯罪的目的是为单位谋取非法利益。

思维导图

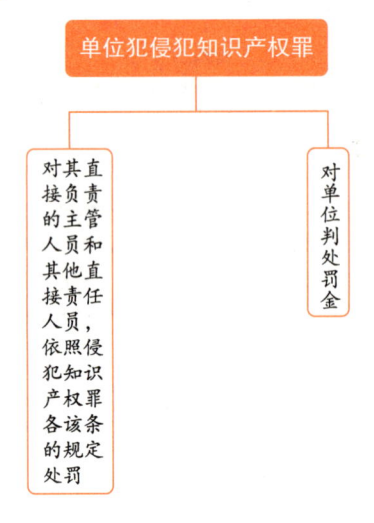

```
单位犯侵犯知识产权罪
├── 对其直接负责的主管人员和其他直接责任人员,依照侵犯知识产权罪各该条的规定处罚
└── 对单位判处罚金
```

> **拓展适用**
>
> 《最高人民法院关于审理单位犯罪案件具体应用法律有关问题的解释》（1999年6月25日）
>
> 第一条、第二条、第三条

案例精析

1. 网络科技公司、孙某、张某、洪某、梁某侵犯著作权案

来源：《最高人民检察院公报》2009年第5号

裁判要点

被告单位网络科技公司，被告人孙某、张某伙同被告人洪某、梁某共同以营利为目的，未经著作权人许可，复制发行其计算机软件，违法所得数额巨大、情节特别严重，其行为均已构成侵犯著作权罪。对被告单位应当判处罚金，对各被告人应当判处三年以上七年以下有期徒刑，并处罚金。孙某作为被告单位直接负责的主管人员、张某作为被告单位直接责任人员，应当承担刑事责任。在共同犯罪中，网络科技公司、被告人孙某、张某、洪某均起主要作用，系主犯，应按照其参与的全部犯罪处罚。梁某受洪某指使复制、发行他人计算机软件，系从犯，应减轻处罚。被告人张某犯罪以后主动投案，如实供述自己罪行，系自首，可减轻处罚。

2. 北京易某信息技术有限公司、于某侵犯著作权案

案号：（2015）浦刑（知）初字第12号
来源：人民法院案例库2023-09-1-160-009

裁判要点

对网页的"转码"过程必然导致对其中作品的存储，是否侵犯他人著作权取决于该存储是否短暂的及临时的、是否转码技术所必须的、是否具备独立的经济价值等因素。若网络服务商以转码为借口，实施了超越转码技术所必须的、属于著作权法专有权利保护范围的行为，则应当承担侵权责任，在情节严重的情况下，构成侵犯著作权罪。本案中，经营者将转码的内容传输给触发转码的用户后，还将该内容存储在自己的服务器中供其他用户直接获取，属于对他人作品的复制和信息网络传播，构成侵权。

3. 上海某集成电路设计有限公司侵犯著作权案

案号：（2021）苏01刑终716号
来源：人民法院案例库2024-09-1-160-002

裁判要点

以二进制代码形式固化至芯片内的代码化指令序列享有计算机软件著作权，受到著作权法及刑法保护。未经软件著作权人许可，反向破解受害人芯片，提取其中的文件并进行复制生产、对外销售，符合《刑法》第二百一十七条规定的，以侵犯著作权罪论处。

第八节 扰乱市场秩序罪

第二百二十一条 【损害商业信誉、商品声誉罪】

"重大损失"可以是多方面的，既可以是直接的，也可以是潜在的，如使他人的商业信誉降低、无法签订合同或无法开展正常的商业活动等；或者使他人的商品声誉遭到破坏，产品大量积压，无法销售等。

> 捏造并散布虚伪事实，损害他人的商业信誉、商品声誉，给他人造成重大损失或者有其他严重情节的，处二年以下有期徒刑或者拘役，并处或者单处罚金。

是指行为人在捏造并散布虚假事实、损害他人的商业信誉、商品声誉的过程中，捏造并散布虚假事实所采取的手段特别恶劣等严重情节。

要点注释

根据本条规定，损害他人的商业信誉、商品声誉犯罪的构成要件有以下几个方面：（1）这一犯罪从主观上看，行为人损害他人的商业信誉、商品声誉的行为必须是出于故意；（2）这一犯罪的主体为一般主体，也就是说所有的单位和个人都可以构成本罪的主体；（3）行为人必须有捏造并散布虚伪事实，损害他人的商业信誉、商品声誉的行为；（4）行为人的行为必须给他人造成了重大损失或者有其他严重情节的才能构成本罪。

思维导图

捏造并散布虚伪事实，损害他人的商业信誉、商品声誉：
- 给他人造成直接经济损失数额在五十万元以上的
- 虽未达到上述数额标准，但造成公司、企业等单位停业、停产六个月以上，或者破产的
- 其他给他人造成重大损失或者有其他严重情节的

——应予立案追诉的情形

> **拓展适用**
>
> 《最高人民检察院、公安部关于公安机关管辖的刑事案件立案追诉标准的规定（二）》（2022年4月6日）
>
> 第六十六条
>
> 《最高人民法院、最高人民检察院关于办理利用信息网络实施诽谤等刑事案件适用法律若干问题的解释》（2013年9月6日）
>
> 第九条

案例精析

1. 上海市奉贤区人民检察院诉陈某等人损害商品声誉案

来源：《最高人民法院公报》2004年第6期

裁判要点

陈某等被告人的行为对某牌空调的声誉造成了严重恶劣影响，直接导致某牌空调销量下滑，并造成众多商家质疑、退货或终止合同。从商家退货理由可见，被告人的行为与电器公司的直接经济损失之间存在内在、必然的联系。陈某、金某、金某某、钱某故意捏造并散布某牌空调质量低劣的虚伪事实，对某牌空调的商品声誉进行损害，给电器公司造成重大经济损失，影响恶劣，情节严重，其行为均已构成损害商品声誉罪。

2. 吴某、郭某损害商业信誉、商品声誉案

案号：（2020）粤08刑终391号

来源：中国裁判文书网

裁判要点

吴某、郭某捏造并通过互联网散布虚伪事实，损害他人的商业信誉，给他人造成重大损失，情节严重，其行为均已构成损害商业信誉罪。上诉人吴某指挥他人在互联网上发布虚伪事实，在共同犯罪中起主要作用，系主犯，应按其参与的全部犯罪处罚；上诉人郭某听从他人指挥，在互联网上发布相关信息，在共同犯罪中起次要作用，系从犯，应当从轻或减轻处罚。鉴于上诉人郭某自动投案，并能如实供述主要的犯罪事实，系自首，依法可对其从轻处罚。

第二百二十二条 【虚假广告罪】

广告主、广告经营者、广告发布者违反国家规定,利用广告对商品或者服务作虚假宣传,情节严重的,处二年以下有期徒刑或者拘役,并处或者单处罚金。

> 是指为推销商品或者提供服务,自行或者委托他人设计、制作、发布广告的法人、其他经济组织或者个人。

> 是指为广告主或者广告主委托的广告经营者发布广告的法人或者其他经济组织。

> 是指受委托提供广告设计、制作、代理服务的法人、其他经济组织或者个人。

要点注释

构成虚假广告罪应当具备以下几个条件:(1)构成本罪的主体是特定主体。即广告主、广告经营者和广告发布者(包括单位和个人)。(2)行为人有违反国家的规定,利用广告对商品作虚假宣传的行为。"违反国家规定"是指违反全国人民代表大会及其常委会制定的法律,国务院制定的行政法规、规定的行政措施、发布的决定和命令。这里主要是指违反了国家制定发布的有关广告管理的法律、法规。"利用广告对商品或者服务作虚假的宣传",是指违反了这些法律及法规规定,利用广告这种特殊的传播媒介,对所生产的产品或者提供的服务作夸张、虚伪和不实的宣扬或传播,足以产生使消费者受到欺骗或误导消费者的作用的行为。由此而知,行为人作虚假广告的行为本身就是一种有目的的故意行为。(3)行为人实施利用广告对商品或者服务作虚假宣传,且必须达到一定的社会危害程度,即情节严重,否则,也不能构成此罪。

思维导图

应予立案追诉的情形 — 广告主、广告经营者、广告发布者违反国家规定,利用广告对商品或者服务作虚假宣传
- 违法所得数额在十万元以上的
- 假借预防、控制突发事件、传染病防治的名义,利用广告作虚假宣传,致使多人上当受骗,违法所得数额在三万元以上的
- 利用广告对食品、药品作虚假宣传,违法所得数额在三万元以上的
- 虽未达到上述数额标准,但二年内因利用广告作虚假宣传受过二次以上行政处罚,又利用广告作虚假宣传的
- 造成严重危害后果或者恶劣社会影响的
- 其他情节严重的情形

拓展适用

《最高人民检察院、公安部关于公安机关管辖的刑事案件立案追诉标准的规定（二）》（2022年4月6日）

第六十七条

《最高人民法院、最高人民检察院关于办理危害药品安全刑事案件适用法律若干问题的解释》（2022年3月3日）

第十二条

《最高人民法院关于审理非法集资刑事案件具体应用法律若干问题的解释》（2022年2月23日）

第十二条

《最高人民法院、最高人民检察院关于办理危害食品安全刑事案件适用法律若干问题的解释》（2021年12月30日）

第十九条

案例精析

陈某某诈骗案

来源：最高法、最高检联合发布危害食品安全刑事典型案例之案例六[①]

裁判要点

被告人陈某某以非法占有为目的，采取虚构事实、隐瞒真相的手段，骗取他人财物，其行为已构成诈骗罪。陈某某为达到敛财目的，创设"平台旅游会销"诈骗模式，组成较为固定的犯罪集团实施犯罪活动。陈某某是该犯罪集团的首要分子，应按照集团所犯的全部罪行进行处罚。陈某某诈骗数额达1161万余元，应认定为"数额特别巨大"，处十年以上有期徒刑或者无期徒刑，并处罚金或者没收财产。

---

① 《最高法、最高检联合发布危害食品安全刑事典型案例》，载最高人民法院网站，https://www.court.gov.cn/zixun/xiangqing/339481.html，2024年3月5日访问。

第二百二十三条 【串通投标罪】

投标人相互串通投标报价，损害招标人或者其他投标人利益，情节严重的，处三年以下有期徒刑或者拘役，并处或者单处罚金。

投标人与招标人串通投标，损害国家、集体、公民的合法利益的，依照前款的规定处罚。

要点注释

构成本罪的主体为组织或者参加投标竞争活动的投标人、招标人（包括单位和个人）。投标人有相互串通投标报价或者投标人与招标人之间有相互串通投标行为。投标人在投标过程中相互串通投标报价，包括投标前和投标过程中，串通一气，商量好抬高标价或者压低标价等行为，既包括双方相互串通，也包括多方串通。投标人与招标人串通报价，是指二者私下串通，事先根据招标底价或者其招标人的报价情况，确定投标报价中标价格。行为人串通投标报价行为必须造成了损害招标人或者其他投标人利益的后果，并达到情节严重的程度，或者使国家、集体、公民的合法权益受到损害，即构成犯罪。

思维导图

应予立案追诉的情形
- 投标人相互串通投标报价
- 投标人与招标人串通投标

（1）损害招标人、投标人或者国家、集体、公民的合法利益，造成直接经济损失数额在五十万元以上的
（2）违法所得数额在二十万元以上的
（3）中标项目金额在四百万元以上的
（4）采取威胁、欺骗或者贿赂等非法手段的
（5）虽未达到上述数额标准，但二年内因串通投标受过二次以上行政处罚，又串通投标的
（6）其他情节严重的情形

> **拓展适用**
>
> 《招标投标法》（2017年12月27日）
> 第五十三条
>
> 《最高人民检察院、公安部关于公安机关管辖的刑事案件立案追诉标准的规定（二）》（2022年4月6日）
> 第六十八条

案例精析

1. 许某某、包某某串通投标立案监督案

来源：最高人民检察院检例第90号

裁判要点

检察机关发现公安机关对串通拍卖行为以涉嫌串通投标罪刑事立案的，应当依法监督撤销案件。严格遵循罪刑法定原则，法律没有明文规定为犯罪行为的，不得予以追诉。拍卖与投标虽然都是竞争性的交易方式，形式上具有一定的相似性，但二者行为性质不同，分别受不同法律规范调整。《刑法》第二百二十三条规定，投标人相互串通投标报价，损害招标人或者其他投标人利益，情节严重的，或者投标人与招标人串通投标，损害国家、集体、公民的合法利益的，以串通投标罪追究刑事责任。刑法未规定串通拍卖行为构成犯罪，拍卖法亦未规定串通拍卖行为可以追究刑事责任。公安机关将串通拍卖行为类推为串通投标行为予以刑事立案的，检察机关应当通过立案监督，通知公安机关撤销案件。

2. 邓某强串通投标案

案号：（2023）粤06刑终475号
来源：人民法院案例库 2024-02-1-166-001

裁判要点

公安机关在追诉时效期限内虽已立案，但未对行为人采取相关侦查措施，更未移送起诉，行为人主动向司法机关反映情况并退缴赃款，不存在逃避侦查情形的，应受追诉时效期限的限制。

第二百二十四条 【合同诈骗罪】

有下列情形之一，以非法占有为目的，在签订、履行合同过程中，骗取对方当事人财物，数额较大的，处三年以下有期徒刑或者拘役，并处或者单处罚金；数额巨大或者有其他严重情节的，处三年以上十年以下有期徒刑，并处罚金；数额特别巨大或者有其他特别严重情节的，处十年以上有期徒刑或者无期徒刑，并处罚金或者没收财产：

（一）以虚构的单位或者冒用他人名义签订合同的；

（二）以伪造、变造、作废的票据或者其他虚假的产权证明作担保的；

（三）没有实际履行能力，以先履行小额合同或者部分履行合同的方法，诱骗对方当事人继续签订和履行合同的；

（四）收受对方当事人给付的货物、货款、预付款或者担保财产后逃匿的；

（五）以其他方法骗取对方当事人财物的。

- 票据：是指汇票、本票、支票等金融票据。
- 产权证明：包括土地使用证、房屋所有权证以及能证明动产、不动产权属的各种有效证明文件。
- 逃匿：是指行为人采取使对方当事人无法寻找到的任何逃跑、隐藏、躲避的方式。

◆思维导图

（1）以虚构的单位或者冒用他人名义签订合同的；
（2）以伪造、变造、作废的票据或者其他虚假的产权证明作担保的；
（3）没有实际履行能力，以先履行小额合同或者部分履行合同的方法，诱骗对方当事人继续签订和履行合同的；
（4）收受对方当事人给付的货物、货款、预付款或者担保财产后逃匿的；
（5）以其他方法骗取对方当事人财物的。

→ 以非法占有为目的，在签订、履行合同过程中，骗取对方当事人财物

- 数额较大的，处三年以下有期徒刑或者拘役，并处或者单处罚金
- 数额巨大或者有其他严重情节的，处三年以上十年以下有期徒刑，并处罚金
- 数额特别巨大或者有其他特别严重情节的，处十年以上有期徒刑或者无期徒刑，并处罚金或没收财产

> **拓展适用**
>
> 《最高人民检察院、公安部关于公安机关管辖的刑事案件立案追诉标准的规定（二）》（2022年4月6日）第六十九条

案例精析

1. 王某合同诈骗案

来源：最高人民法院指导案例62号

裁判要点

在数额犯中，犯罪既遂部分与未遂部分分别对应不同法定刑幅度的，应当先决定对未遂部分是否减轻处罚，确定未遂部分对应的法定刑幅度，再与既遂部分对应的法定刑幅度进行比较，选择适用处罚较重的法定刑幅度，并酌情从重处罚；二者在同一量刑幅度的，以犯罪既遂酌情从重处罚。

2. 郑某合同诈骗案

案号：（2022）川0793刑初32号
来源：人民法院案例库2023-03-1-167-006

裁判要点

诈骗罪与合同诈骗罪可从以下几个方面进行区分。一是从法益侵害来看，诈骗罪侵害的是公私财物所有权，合同诈骗罪侵害的是国家对经济合同的管理秩序与公司财物所有权，并非所有诈骗罪中涉及合同，都一定构成合同诈骗罪。合同诈骗罪中的"合同"应当体现一定的市场秩序，体现财产转移或交易关系，是给行为人带来财产利益的合同。与市场秩序无关以及主要不受市场调整的合同，如不具有交易性质的赠与合同、婚姻、收养、扶养、监护等有关身份关系的协议等，不扰乱市场经济活动秩序，通常情况下不应视为合同诈骗罪中的"合同"。二是从犯罪手段来看，合同诈骗罪骗取的财物一定是合同的标的物或者与其他合同相关的财物，是履行、签订合同后的附随结果，如果骗取财产并未伴随合同签订、履行，即便收到财物后补签合同来掩盖诈骗行为，亦不能认定为合同诈骗罪。

第二百二十四条之一 【组织、领导传销活动罪】

组织、领导以推销商品、提供服务等经营活动为名，要求参加者以缴纳费用或者购买商品、服务等方式获得加入资格，并按照一定顺序组成层级，直接或者间接以发展人员的数量作为计酬或者返利依据，引诱、胁迫参加者继续发展他人参加，骗取财物，扰乱经济社会秩序的传销活动的，处五年以下有期徒刑或者拘役，并处罚金；情节严重的，处五年以上有期徒刑，并处罚金。

要点注释

本条规定的"情节严重"是指具有以下情形之一：（1）组织、领导的参与传销活动人员累计达一百二十人以上的；（2）直接或者间接收取参与传销活动人员缴纳的传销资金数额累计达二百五十万元以上的；（3）曾因组织、领导传销活动受过刑事处罚，或者一年以内因组织、领导传销活动受过行政处罚，又直接或者间接发展参与传销活动人员累计达六十人以上的；（4）造成参与传销活动人员精神失常、自杀等严重后果的；（5）造成其他严重后果或者恶劣社会影响的。

思维导图

传销活动的组织者、领导者
- 其他对传销活动的实施、传销组织的建立、扩大等起关键作用的人员
- 因组织、领导传销活动受过刑事追究，或者一年内因组织、领导传销活动受过行政处罚，又直接或者间接发展参与传销活动人员在十五人以上且层级在三级以上的人员
- 在传销活动中承担宣传、培训等职责的人员
- 在传销活动中承担管理、协调等职责的人员
- 在传销活动中起发起、策划、操纵作用的人员

> **拓展适用**
>
> 《最高人民法院、最高人民检察院、公安部关于办理组织领导传销活动刑事案件适用法律若干问题的意见》（2013年11月14日）
>
> 《最高人民检察院、公安部关于公安机关管辖的刑事案件立案追诉标准的规定（二）》（2022年4月6日）第七十条

案例精析

1. 叶某等组织、领导传销活动案

来源：最高人民检察院检例第41号

裁判要点

组织者或者经营者利用网络发展会员，要求被发展人员以缴纳或者变相缴纳"入门费"为条件，获得提成和发展下线的资格。通过发展人员组成层级关系，并以直接或者间接发展的人员数量作为计酬或者返利的依据，引诱被发展人员继续发展他人参加，骗取财物，扰乱经济社会秩序的，以组织、领导传销活动罪追究刑事责任。

随着互联网技术的广泛应用，微信、语音视频聊天室等社交平台作为新的营销方式被广泛运用。传销组织在手段上借助互联网不断翻新，打着"金融创新"的旗号，以"资本运作""消费投资""网络理财""众筹""慈善互助"等为名从事传销活动。常见的表现形式有：组织者、经营者注册成立电子商务企业，以此名义建立电子商务网站。以网络营销、网络直销等名义，变相收取入门费，设置各种返利机制，激励会员发展下线，上线从直接或者间接发展的下线的销售业绩中计酬，或以直接或者间接发展的人员数量为依据计酬或者返利。这类行为，不管其手段如何翻新，只要符合传销组织骗取财物、扰乱市场经济秩序本质特征的，应以组织、领导传销活动罪论处。

2. 罗某某组织、领导传销活动案

案号：（2022）赣09刑终41号
来源：人民法院案例库 2024-03-1-168-001

裁判要点

被告人参与组织、领导以推销商品为名，要求参加者以缴纳费用获得加入资格，并按照一定顺序组成层级，直接以发展人员的数量作为返利依据，引诱参加者继续发展他人参加，其直接或间接发展下线人员在30人以上且层级在3级以上，其行为完全符合"两高一部"《关于办理组织领导传销活动刑事案件适用法律若干问题的意见》关于传销组织层级及人数的认定相关规定，对其应当按照组织、领导传销活动罪追究刑事责任。因传销组织资金链断裂，被告人本人投入资金发生损失的，不影响行为性质的认定。

第二百二十五条 【非法经营罪】

违反国家规定,有下列非法经营行为之一,扰乱市场秩序,情节严重的,处五年以下有期徒刑或者拘役,并处或者单处违法所得一倍以上五倍以下罚金;情节特别严重的,处五年以上有期徒刑,并处违法所得一倍以上五倍以下罚金或者没收财产:

(一)未经许可经营法律、行政法规规定的专营、专卖物品或者其他限制买卖的物品的;

(二)买卖进出口许可证、进出口原产地证明以及其他法律、行政法规规定的经营许可证或者批准文件的;

(三)未经国家有关主管部门批准非法经营证券、期货、保险业务的,或者非法从事资金支付结算业务的;

(四)其他严重扰乱市场秩序的非法经营行为。

> 是指未经国家有关主管部门的批准并取得经营许可证,非法经营由法律、行政法规明确规定的由专门的机构经营的专营、专卖的物品或者其他限制买卖物品的行为。

> 是指现有的和将来法律、行政法规规定的所有的经营许可证或者批准文件。

> 是指从事进出口经营活动中,由国家规定的,进出口产品时必须附带的由原产地有关主管机关出具的证明文件。

> 是指国家外贸主管部门对企业颁发的可以从事进出口业务的确认资格的文件。

要点注释

本条规定的其他非法经营行为应当具备以下三个条件:第一,这种行为发生在经营活动中,主要是生产、流通领域中;第二,这种行为违反法律、法规的规定;第三,具有社会危害性,严重扰乱市场经济秩序。

思维导图

违反国家规定的情形
- 违反国家烟草专卖管理法律法规
- 非法经营证券、期货、保险业务，或者非法从事资金支付结算业务
- 实施倒买倒卖外汇或者变相买卖外汇等非法买卖外汇行为，扰乱金融市场秩序
- 出版、印刷、复制、发行严重危害社会秩序和扰乱市场秩序的非法出版物
- 非法从事出版物的出版、印刷、复制、发行业务，严重扰乱市场秩序
- 采取租用国际专线、私设转接设备或者其他方法，擅自经营国际电信业务或者涉港澳台电信业务进行营利活动，扰乱电信市场管理秩序
- 通过信息网络有偿提供删除信息服务，或者明知是虚假信息，通过信息网络有偿提供发布信息等服务，扰乱市场秩序
- 非法生产、销售"黑广播""伪基站"、无线电干扰器等无线电设备
- 以提供给他人开设赌场为目的，违反国家规定，非法生产、销售具有退币、退分、退钢珠等赌博功能的电子游戏设施设备或者其专用软件
- 实施危害食品安全行为
- 未经监管部门批准，或者超越经营范围，以营利为目的，以超过百分之三十六的实际年利率经常性地向社会不特定对象发放贷款
- 其他非法经营活动

拓展适用

《最高人民检察院、公安部关于公安机关管辖的刑事案件立案追诉标准的规定（二）》（2022年4月6日）

第七十一条

《最高人民法院关于审理走私、非法经营、非法使用兴奋剂刑事案件适用法律若干问题的解释》（2019年11月18日）

第二条

《最高人民法院、最高人民检察院关于办理非法生产、销售烟草专卖品等刑事案件具体应用法律若干问题的解释》（2010年3月2日）

第一条、第三条

《最高人民法院关于审理走私、非法经营、非法使用兴奋剂刑事案件适用法律若干问题的解释》（2019年11月18日）

第二条

《最高人民法院关于审理非法集资刑事案件具体应用法律若干问题的解释》（2022年2月23日）

第十一条

《最高人民法院、最高人民检察院关于办理非法从事资金支付结算业务、非法买卖外汇刑事案件适用法律若干问题的解释》（2019年1月31日）

第二条、第五条

第二百二十六条 【强迫交易罪】

> 是指在商品交易中违反法律、法规和商品交易规则，不顾交易对方是否同意，以暴力、威胁手段强行买进或者强行卖出的行为。

以暴力、威胁手段，实施下列行为之一，情节严重的，处三年以下有期徒刑或者拘役，并处或者单处罚金；情节特别严重的，处三年以上七年以下有期徒刑，并处罚金：

（一）强买强卖商品的；

（二）强迫他人提供或者接受服务的；

（三）强迫他人参与或者退出投标、拍卖的；

（四）强迫他人转让或者收购公司、企业的股份、债券或者其他资产的；

（五）强迫他人参与或者退出特定的经营活动的。

> 是指行为人在享受服务性消费时，不遵守公平自愿的原则，不顾提供服务方是否同意，以暴力、威胁手段，强迫对方提供某种服务的行为。

> 是指餐饮业、旅游业、娱乐业、美容服务业、维修业等服务性质的行业，在营业中违反法律、法规和商业道德及公平自愿的原则，不顾消费者是否同意，以暴力、威胁手段强迫消费者接受其服务的行为。

要点注释

构成强迫交易罪应具备以下两个条件：（1）行为人有以暴力、威胁手段强迫交易的行为。本条对行为人以暴力、威胁手段强迫交易的具体行为也作了明确规定，即"强买强卖商品""强迫他人提供服务""强迫他人接受服务"。（2）强迫交易行为，必须达到一定的严重程度，或者给他人造成了一定程度的危害后果，即必须达到情节严重才构成犯罪。

▲思维导图

以暴力、威胁手段强买强卖商品、强迫他人提供服务或者强迫他人接受服务
- 造成被害人轻微伤或者其他严重后果的
- 造成直接经济损失二千元以上的
- 强迫交易三次以上或者强迫三人以上交易的
- 强迫交易数额一万元以上，或者违法所得数额二千元以上的
- 强迫他人购买伪劣商品数额五千元以上，或者违法所得数额一千元以上的
- 其他情节严重的情形

} 应予立案追诉的情形

拓展适用

《最高人民法院、最高人民检察院、公安部、司法部关于办理利用信息网络实施黑恶势力犯罪刑事案件若干问题的意见》（2019年7月23日）

《最高人民法院、最高人民检察院、公安部、司法部关于办理实施"软暴力"的刑事案件若干问题的意见》（2019年4月9日）

案例精析

1. 陆某等强迫交易案

案号：（2022）苏13刑终141号

来源：人民法院案例库 2023-03-1-170-002

裁判要点

物业工作人员滥用物业管理权，利用管理小区的便利，违背他人意志，采取暴力、威胁手段，强迫他人购买或接受与其合谋的第三人的装修商品或服务，以谋取个人利益，构成强迫交易罪。

物业工作人员滥用物业管理权，与第三人合谋，对从该第三人处购买装修建材或服务的业主采取较为宽松的管理方式，对未在该第三人处购买装修建材或服务的业主采取非常严格的管理方式，使得在第三人处购买商品和服务与在他人处购买所遭受的物业管理存在巨大差距；同时，物业工作人员及第三人采取手段制止业主装修，尽管这些手段没有危及业主生命健康，但具有强制性和暴力性。上述情形足以使业主产生恐惧心理从而选择与其进行交易，物业工作人员的行为已超出物业管理权限，达到"暴力、威胁"程度并对业主形成强制心理作用，属强迫交易行为。

2. 李某某等强迫交易案

案号：（2022）赣0403刑初148号

来源：人民法院案例库 2024-03-1-170-001

裁判要点

构成强迫交易罪的"暴力、威胁手段"，其暴力程度应轻于抢劫罪的暴力，包括通过使用言语恐吓、行为威胁等"软暴力"手段。以此"软暴力"实施《刑法》第226条规定的强迫他人购买商品、接受服务等行为，情节严重的，以强迫交易罪定罪处罚。

3. 王某等强迫交易案

案号：（2012）沪一中刑终字第100号

来源：人民法院案例库 2023-03-1-170-001

裁判要点

美容行业乱象经常表现为欺诈和威胁手段并用，认定是否构成强迫交易罪，应结合对他人违背真实意愿进行消费起决定性作用的核心行为、被害人人数、交易金额及对美容行业市场秩序的危害程度等具体情况进行综合判断；主要以威胁手段实现交易的，不属于民事欺诈。

第二百二十七条

是指仿照车票、船票、邮票或者其他有价票证的样式、图案、规格，用印刷、描绘等手段，制作假车票、假船票、假邮票或者其他假有价票证的行为。

【伪造、倒卖伪造的有价票证罪】伪造或者倒卖伪造的车票、船票、邮票或者其他有价票证，数额较大的，处二年以下有期徒刑、拘役或者管制，并处或者单处票证价额一倍以上五倍以下罚金；数额巨大的，处二年以上七年以下有期徒刑，并处票证价额一倍以上五倍以下罚金。

是指该条规定的被伪造或者倒卖伪造的有价票证的票面价额。

【倒卖车票、船票罪】倒卖车票、船票，情节严重的，处三年以下有期徒刑、拘役或者管制，并处或者单处票证价额一倍以上五倍以下罚金。

是指高价、变价、变相加价倒卖车票或者倒卖坐席、卧铺签字号及订购车票凭证，票面数额在五千元以上，或者非法获利数额在二千元以上。

要点注释

根据本条的规定，构成伪造、倒卖伪造的有价票证罪应当同时具备以下几点：（1）行为人有伪造、倒卖伪造的有价票证罪非法牟利的目的。至于是否已经获取实际利益，并不影响本罪的成立。（2）任何单位和个人都可以成为本罪的犯罪主体。（3）行为人实施了伪造、倒卖伪造的有价票证的行为。（4）行为人实施了伪造、倒卖有价票证的犯罪行为，必须达到"数额较大"，否则不构成犯罪。

思维导图

伪造或者倒卖伪造的车票、船票、邮票或者其他有价票证
- 车票、船票票面数额累计二千元以上，或者数量累计五十张以上的
- 邮票票面数额累计五千元以上，或者数量累计一千枚以上的
- 其他有价票证价额累计五千元以上，或者数量累计一百张以上的
- 非法获利累计一千元以上的
- 其他数额较大的情形

应予立案追诉的情形

```
倒卖车票、船票或者倒卖车票坐席、    ┌─ 票面数额累计五千元以上         ┐ 倒卖车票、船票案
卧铺签字号以及订购车票、船票凭证 ────┼─ 非法获利累计二千元以上的       ├ 立案追诉
                                    └─ 其他情节严重的情形             ┘
```

拓展适用

《最高人民法院关于对变造、倒卖变造邮票行为如何适用法律问题的解释》（2000年12月5日）

《最高人民法院关于审理倒卖车票刑事案件有关问题的解释》（1999年9月6日）

第一条

案例精析

1. 杜某、于某、任某伪造、倒卖伪造的有价票证案

案号：（2020）鲁13刑终73号
来源：中国裁判文书网

裁判要点

被告人杜某、于某、任某以牟利为目的，伪造景区门票，数额巨大，其行为侵犯了社会主义市场经济秩序，构成伪造有价票证罪。被告人杜某、于某系主动投案，如实供述犯罪事实，构成自首，依法对其从轻处罚；被告人任某当庭自愿认罪，认罪态度较好，可对其酌定从轻处罚。鉴于三被告人均无前科，系初犯，且与被害人达成和解，并取得谅解，依法可对其酌定从轻处罚。结合被告人的犯罪事实、犯罪性质、情节及对社会的危害程度等予以综合考量，可对被告人任某、杜某、于某从轻处罚，依法适用缓刑。

2. 叶某诉奚某伪造、倒卖伪造的有价票证案

案号：（2017）沪01刑终1569号
来源：中国裁判文书网

裁判要点

叶某、袁某、万某、袁某1、吕某共同伪造有价票证，数额巨大，其行为均已构成伪造有价票证罪；原审被告人奚某明知是伪造的有价票证而予以倒卖，数额巨大，其行为已构成倒卖伪造的有价票证罪。

第二百二十八条 【非法转让、倒卖土地使用权罪】

以牟利为目的,违反土地管理法规,非法转让、倒卖土地使用权,情节严重的,处三年以下有期徒刑或者拘役,并处或者单处非法转让、倒卖土地使用权价额百分之五以上百分之二十以下罚金;情节特别严重的,处三年以上七年以下有期徒刑,并处非法转让、倒卖土地使用权价额百分之五以上百分之二十以下罚金。

> 是指违反了土地管理法、森林法、草原法等法律以及有关行政法规的规定。

> 是指将依法管理和持有的土地使用权,违反法律、法规的有关规定,擅自转让给他人的行为。

> 是指违反法律、法规的规定,将土地使用权进行倒卖,从而进行牟利的行为。

要点注释

非法倒卖、转让土地使用权罪,应当具备以下几个条件:(1)行为人有通过非法倒卖、转让土地使用权来非法牟利的目的。(2)这一犯罪的主体是特殊主体,即土地使用权的经营管理者和土地使用权的享有者;(3)行为人必须有违反土地管理法规,非法转让、倒卖土地使用权的行为;(4)非法转让、倒卖土地使用权的行为,必须情节严重才构成犯罪。对非法倒卖、转让土地使用权构成犯罪的,情节严重的,处三年以下有期徒刑或者拘役,并处或者单处非法转让、倒卖土地使用权价额百分之五以上百分之二十以下罚金;情节特别严重的,处三年以上七年以下有期徒刑,并处非法转让、倒卖土地使用权价额百分之五以上百分之二十以下罚金。

◇思维导图

以牟利为目的,违反土地管理法规,非法转让、倒卖土地使用权:
- 非法转让、倒卖永久基本农田五亩以上的
- 非法转让、倒卖永久基本农田以外的耕地十亩以上的
- 非法转让、倒卖其他土地二十亩以上的
- 违法所得数额在五十万元以上的
- 虽未达到上述数额标准,但因非法转让、倒卖土地使用权受过行政处罚,又非法转让、倒卖土地的
- 其他情节严重的情形

→ 应予立案追诉的情形

> **拓展适用**
>
> 《最高人民检察院、公安部关于公安机关管辖的刑事案件立案追诉标准的规定（二）》（2022年4月6日）
>
> 第七十二条
>
> 《最高人民法院关于审理破坏土地资源刑事案件具体应用法律若干问题的解释》（2000年6月19日）
>
> 第一条

案例精析

1. 陈某非法转让、倒卖土地使用权案

案号：（2017）粤17刑终145号
来源：中国裁判文书网

裁判要点

陈某违反土地管理法规，在未办理国有土地使用登记手续的情况下非法转让土地使用权，并从中获利121.05万元的非法事实清楚，证据确实充分，其行为违反了国家土地登记管理制度。但鉴于其非法行为尚未达到严重扰乱土地管理秩序的危害程度，情节显著轻微、危害不大，可不适用刑罚。

2. 周某非法转让、倒卖土地使用权案

案号：（2018）赣01刑终字第685号
来源：人民法院案例库 2023-03-1-173-001

裁判要点

行为人因政府部门收回土地使用权等客观原因，在没有全部缴纳土地出让金和开发建设未达到一定投资比例的情况下，将公司股权转让给他人，未违反法律、行政法规关于公司股权转让方面的强制性规定，且土地使用权权属没有发生变更，依然属于公司，不宜认定构成非法转让、倒卖土地使用权罪。

3. 田某满、田某利非法转让土地使用权案

案号：（2013）海刑初字第1372号
来源：人民法院案例库 2024-02-1-173-001

裁判要点

对行为人将其所承包土地使用权"转租"的行为，应当结合全案证据对"转租"行为性质进行实质判断。具体判断因素包括：行为人"转租"是否具有非法牟利的目的，"转租"是否业已履行完毕法律规定的必要程序，双方约定的"转租"期限是否超越强制性规定，行为人是否一次性收取全部租赁费用，行为人在"转租"后是否继续履行其所承包土地使用权的义务，行为人是否明知或放任对方改变土地用途，以及行为人获得支付对价的金额等。对于以"转租"之名行转让土地使用权之实的，应依法认定构成非法转让土地使用权罪。

第二百二十九条

既包括伪造的证明文件，也包括内容虚假的文件。

是指故意提供虚假证明文件手段比较恶劣。

【提供虚假证明文件罪】承担资产评估、验资、验证、会计、审计、法律服务、保荐、安全评价、环境影响评价、环境监测等职责的中介组织的人员故意提供虚假证明文件，情节严重的，处五年以下有期徒刑或者拘役，并处罚金；有下列情形之一的，处五年以上十年以下有期徒刑，并处罚金：

（一）提供与证券发行相关的虚假的资产评估、会计、审计、法律服务、保荐等证明文件，情节特别严重的；

（二）提供与重大资产交易相关的虚假的资产评估、会计、审计等证明文件，情节特别严重的；

（三）在涉及公共安全的重大工程、项目中提供虚假的安全评价、环境影响评价等证明文件，致使公共财产、国家和人民利益遭受特别重大损失的。

【提供虚假证明文件罪】有前款行为，同时索取他人财物或者非法收受他人财物构成犯罪的，依照处罚较重的规定定罪处罚。

【出具证明文件重大失实罪】第一款规定的人员，严重不负责任，出具的证明文件有重大失实，造成严重后果的，处三年以下有期徒刑或者拘役，并处或者单处罚金。

要点注释

关于中介组织人员故意或者过失提供虚假证明文件的行为是否构成犯罪。"中介组织"是指依法成立的资产评估事务所、审计师事务所、会计师事务所、律师事务所等。

根据《刑法》的规定，中介组织的人员故意提供虚假证明文件，情节严重的，构成犯罪。"情节严重"主要是指故意提供虚假证明文件手段比较恶劣，如有的故意为违法犯罪活动提供方便和条件、虚假的内容特别重要，以及因故意提供虚假证明文件而造成了严重后果等。构成这一犯罪的主体是特殊主体，即承担资产评估、验资、验证、会计、审计、法律服务等职责的中介组织的人员。承担上述服务项目职责的人员，是指在这些中介组织中，具有国家认可的专业资格的负有职责的专业从业人员。故意提供虚假证明文件中的"虚假证明文件"，既包括伪造的证明文件，也包括内容虚假的文件。

思维导图

中介组织的人员故意提供虚假证明文件
- 给国家、公众或者其他投资者造成直接经济损失数额在五十万元以上的
- 违法所得数额在十万元以上的
- 虚假证明文件虚构数额在一百万元以上且占实际数额百分之三十以上的
- 虽未达到上述数额标准，但二年内因提供虚假证明文件受过二次以上行政处罚，又提供虚假证明文件的
- 其他情节严重的情形

→ 提供虚假证明文件案立案追诉

拓展适用

《最高人民法院、最高人民检察院关于办理环境污染刑事案件适用法律若干问题的解释》（2023年8月8日）

第十条、第十九条

《最高人民检察院、公安部关于公安机关管辖的刑事案件立案追诉标准的规定（二）》（2022年4月6日）

第七十三条、第七十四条

《最高人民法院、最高人民检察院关于办理妨害信用卡管理刑事案件具体应用法律若干问题的解释》（2018年11月28日）

第四条

《最高人民法院、最高人民检察院关于办理危害生产安全刑事案件适用法律若干问题的解释（二）》（2022年12月15日）

第六条

案例精析

某会计师事务所、邹某出具证明文件重大失实案

案号：（2019）赣08刑终238号

来源：中国裁判文书网

裁判要点

邹某作为某会计师事务所承担验资职责的注册会计师、二级复核人员，在向担保公司出具验资报告的审验、复核过程中，严重不负责任，将到账注册资本金仅为50万元的实缴注册资本验资成5000万元，出具的验资报告重大失实，造成严重后果，其行为已构成出具证明文件重大失实罪。

第二百三十条 【逃避商检罪】

> 违反进出口商品检验法的规定,逃避商品检验,将必须经商检机构检验的进口商品未报经检验而擅自销售、使用,或者将必须经商检机构检验的出口商品未报经检验合格而擅自出口,情节严重的,处三年以下有期徒刑或者拘役,并处或者单处罚金。

- 是指行为人将进口商品未经商检机构检验,就自行将该商品在境内销售或者自行使用的情况。
- 是指没有经商检机构检验合格就自行出口的行为。
- 是指逃避商检的手段恶劣,造成严重后果的。

要点注释

根据《刑法》规定,构成逃避商检罪的前提是:违反进出口商品检验法的规定,逃避商品检验。逃避商检罪的行为主要表现为:(1)将必须经商检机构检验的进口商品未报经检验而擅自销售、使用的行为。行为人在未报经检验就自行销售、使用的行为,直接破坏了国家对进出口商品的监督和管理。(2)将必须经商检机构检验的出口商品未报经检验合格而擅自出口的行为。

根据本条的规定,构成逃避商品检验罪的,处三年以下有期徒刑或者拘役,并处或者单处罚金。对于单位犯本罪的,应当对单位判处罚金,并对其直接负责的主管人员和其他直接责任人员,处三年以下有期徒刑或者拘役,并处或者单处罚金。

思维导图

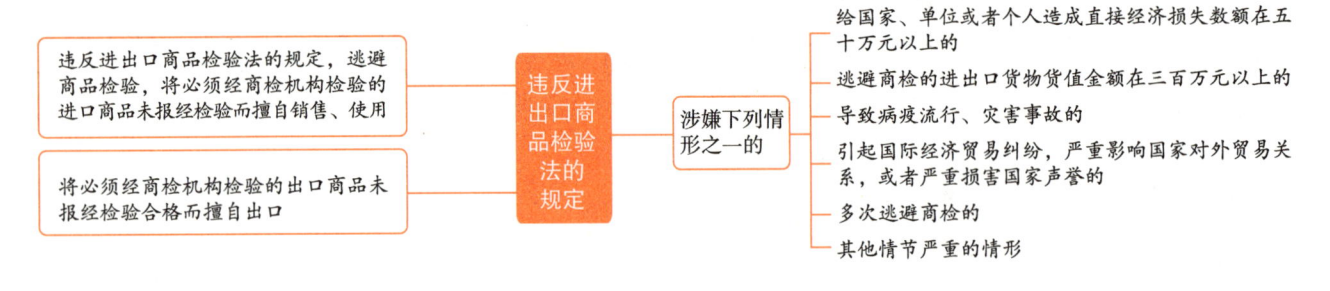

- 违反进出口商品检验法的规定,逃避商品检验,将必须经商检机构检验的进口商品未报经检验而擅自销售、使用
- 将必须经商检机构检验的出口商品未报经检验合格而擅自出口

→ **违反进出口商品检验法的规定** → **涉嫌下列情形之一的**:
- 给国家、单位或者个人造成直接经济损失数额在五十万元以上的
- 逃避商检的进出口货物货值金额在三百万元以上的
- 导致病疫流行、灾害事故的
- 引起国际经济贸易纠纷,严重影响国家对外贸易关系,或者严重损害国家声誉的
- 多次逃避商检的
- 其他情节严重的情形

> **拓展适用**
>
> 《最高人民检察院、公安部关于公安机关管辖的刑事案件立案追诉标准的规定（二）》（2022年4月6日）
> 第七十五条

案例精析

席某、李某等犯非法买卖制毒物品案

案号：（2015）青刑一终字第374号
来源：中国裁判文书网

裁判要点

被告人阿布××、高某违反国家规定，非法运输醋酸酐进出境，其行为构成走私制毒物品罪；被告人席某、李某、刘某甲、贾某甲、贾某乙违反国家规定，在境内非法买卖醋酸酐，其行为构成非法买卖制毒物品罪；被告人徐某违反进出口商品检验法的规定，逃避商品检验，情节严重，其行为构成逃避商检罪；依法均应惩处。被告人徐某在缓刑考验期限内又犯新罪，依法应当撤销缓刑，实行数罪并罚。被告人贾某甲、徐某犯罪后能主动投案，如实供述自己的罪行，均系自首，依法可以从轻处罚。被告人阿布××、高某在起诉书指控的第五笔犯罪中均系犯罪未遂，依法可以比照既遂犯从轻处罚。被告人阿布××、席某、高某、李某、刘某甲、贾某乙均能如实供述自己的罪行，依法可以从轻处罚。

第二百三十一条 【单位犯扰乱市场秩序罪的处罚规定】

单位犯本节第二百二十一条至第二百三十条规定之罪的,对单位判处罚金,并对其直接负责的主管人员和其他直接责任人员,依照本节各该条的规定处罚。

要点注释

根据《刑法》的规定,对单位犯罪的处罚分为两种情况:

(1)一般采取双罚制原则。即单位犯罪的,对单位判处罚金,同时对单位直接负责的主管人员和其他直接责任人员判处刑罚。

(2)由于单位犯罪的复杂性,其社会危害程度差别很大,一律适用双罚制的原则,尚不能全面准确地体现罪刑相适应的原则和符合犯罪的实际情况。根据《刑法》第三十一条的规定,单位犯罪的,对单位判处罚金,并对其直接负责的主管人员和其他直接责任人员判处刑罚。《刑法》分则和其他法律另有规定的,依照规定。

思维导图

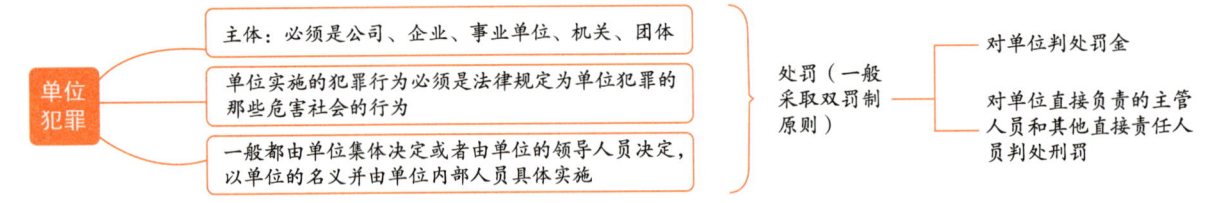

单位犯罪
- 主体:必须是公司、企业、事业单位、机关、团体
- 单位实施的犯罪行为必须是法律规定为单位犯罪的那些危害社会的行为
- 一般都由单位集体决定或者由单位的领导人员决定,以单位的名义并由单位内部人员具体实施
- 处罚(一般采取双罚制原则)
  - 对单位判处罚金
  - 对单位直接负责的主管人员和其他直接责任人员判处刑罚

> **拓展适用**
>
> 《最高人民检察院关于地质工程勘测院和其他履行勘测职责的单位及其工作人员能否成为刑法第二百二十九条规定的有关犯罪主体的批复》（2015年10月27日）

案例精析

1. 杨某虚假出资、非法占用农用地、合同诈骗、单位行贿、对单位行贿、伪造金融票证案

来源：《最高人民检察院公报》2004年第4号

裁判要点

杨某作为实业公司、大酒店公司等5个公司的董事长、法定代表人，在申请外商投资企业登记过程中，违反有关公司登记管理法规，使用虚假证明文件和采取其他欺诈手段，虚报注册资本，取得公司登记，且数额巨大，是上述5个公司虚报注册资本直接负责的主管人员，其行为已构成虚报注册资本罪。被告单位实业公司违反土地管理法规，在农业用地上非法进行非农业建设，数量较大，造成耕地大量毁坏；以非法占有为目的，利用签订合同骗取财物，数额特别巨大；为谋取不正当利益给予国家机关及国家机关工作人员财物，情节严重，其行为已分别构成非法占用农地罪、合同诈骗罪、对单位行贿罪、单位行贿罪。被告人杨某系该单位实施上述犯罪直接负责的主管人员，亦构成上述各罪。被告单位农业公司为虚增该公司业绩，伪造金融票证，情节特别严重，其行为已构成伪造金融票证罪，被告人杨某系该单位实施上述犯罪直接负责的主管人员，亦构成伪造金融票证罪。

2. 广东某检测技术股份有限公司、罗某甲等5人提供虚假证明文件案

案号：（2022）粤2071刑初796号
来源：人民法院案例库2023-11-1-174-002

裁判要点

环境监测中介机构故意提供虚假证明文件情节严重的，应承担刑事责任。人民法院应当严格根据《刑法》第二百二十九条的规定认定提供虚假证明文件罪，并结合《刑法》第二百三十一条关于单位犯扰乱市场秩序罪的处罚规定，对单位及其直接责任人员处以双罚。

第八章 贪污贿赂罪

第三百八十二条 【贪污罪】

国家工作人员利用职务上的便利,侵吞、窃取、骗取或者以其他手段非法占有公共财物的,是贪污罪。

受国家机关、国有公司、企业、事业单位、人民团体委托管理、经营国有财产的人员,利用职务上的便利,侵吞、窃取、骗取或者以其他手段非法占有国有财物的,以贪污论。

与前两款所列人员勾结,伙同贪污的,以共犯论处。

要点注释 ▶ 是指国家机关中从事公务的人员。国有公司、企业、事业单位、人民团体中从事公务的人员和国家机关、国有公司、企业、事业单位委派到非国有公司、企业、事业单位、社会团体从事公务的人员,以及其他依照法律从事公务的人员,以国家工作人员论。

贪污罪所贪污的必须是公共财物。根据《刑法》第九十一条的规定,公共财产是指下列财产:(1)国有财产;(2)劳动群众集体所有的财产;(3)用于扶贫和其他公益事业的社会捐助或者专项基金的财产。在国家机关、国有公司、企业、集体企业和人民团体管理、使用或者运输中的私人财产,以公共财产论。

贪污罪既遂与未遂的认定。应当以行为人是否实际控制财物作为区分贪污罪既遂与未遂的标准。对于行为人利用职务上的便利,实施了虚假平账等贪污行为,但公共财物尚未实际转移,或者尚未被行为人控制就被查获的,应当认定为贪污未遂。行为人控制公共财物后,是否将财物据为己有,不影响贪污既遂的认定。

思维导图

- 利用职务上的便利,侵吞、窃取、骗取或者以其他手段非法占有公共财物的 —— 国家工作人员
- 利用职务上的便利,侵吞、窃取、骗取或者以其他手段非法占有国有财物 —— 受国家机关、国有公司、企业、事业单位、人民团体委托管理、经营国有财产的人员
- 伙同贪污 —— 与国家工作人员,受国家机关、国有公司、企业、事业单位、人民团体委托管理、经营国有财产的人员勾结

→ 贪污罪

拓展适用

《全国法院审理经济犯罪案件工作座谈会纪要》（2003年11月13日）

案例精析

1. 杨某等贪污案

来源：最高人民法院指导案例 11 号

裁判要点

（1）贪污罪中的"利用职务上的便利"，是指利用职务上主管、管理、经手公共财物的权力及方便条件，既包括利用本人职务上主管、管理公共财物的职务便利，也包括利用职务上有隶属关系的其他国家工作人员的职务便利。

（2）土地使用权具有财产性利益，属于《刑法》第三百八十二条第一款规定中的"公共财物"，可以成为贪污的对象。

2. 张某某贪污案

案号：（2021）辽 02 刑终 40 号
来源：人民法院案例库 2023-03-1-402-001

裁判要点

贪污罪是行为人利用职务上的便利，侵吞、骗取、窃取或者用其他手段非法占有公共财物；受贿罪是行为人为他人谋取利益，索取或者非法收受他人财物。国家工作人员利用职务便利，在损害本单位利益的基础上为他人谋取利益，所获利益由行为人与他人共同占有和分配的，视情形可分别认定为贪污罪和受贿罪。如果是以国家工作人员为主导，伙同他人共同变相侵吞本单位财物，对于获取本单位财物起关键作用，事后占有大部分赃款的，一般认定为国家工作人员与他人共同贪污；如果是不具有国家工作人员的人，请托国家工作人员为其谋取商业利益、交易机会等不确定利益，给予国家工作人员好处费，在获取不正当利益过程中，请托人的经营行为不可或缺，一般认定为行受贿性质。

3. 汪某华贪污案

案号：（2011）崇刑初字第 382 号
来源：人民法院案例库 2024-03-1-402-003

裁判要点

行政机关委托私人企业保管的扣押物品，该扣押物品仍在行政机关的管理、控制之下，受托单位并无处置的权利，因此扣押物品仍属于公共财物。被告人利用其行政执法人员的身份，私自将单位扣押的财物提走变卖，符合《刑法》第三百八十二条规定的，以贪污罪论处。

第三百八十三条 【贪污罪的处罚规定】

对犯贪污罪的,根据情节轻重,分别依照下列规定处罚:

(一)贪污数额较大或者有其他较重情节的,处三年以下有期徒刑或者拘役,并处罚金。

(二)贪污数额巨大或者有其他严重情节的,处三年以上十年以下有期徒刑,并处罚金或者没收财产。

(三)贪污数额特别巨大或者有其他特别严重情节的,处十年以上有期徒刑或者无期徒刑,并处罚金或者没收财产;数额特别巨大,并使国家和人民利益遭受特别重大损失的,处无期徒刑或者死刑,并处没收财产。

对**多次贪污未经处理**的,按照累计贪污数额处罚。

犯第一款罪,在**提起公诉**前如实供述自己罪行、真诚悔罪、积极退赃,避免、减少损害结果的发生,有第一项规定情形的,可以从轻、减轻或者免除处罚;有第二项、第三项规定情形的,可以从轻处罚。

犯第一款罪,有第三项规定情形被判处死刑缓期执行的,人民法院根据犯罪情节等情况可以同时决定在其死刑缓期执行二年期满依法减为无期徒刑后,终身监禁,不得减刑、假释。

▶ 是指两次以上的贪污行为,以前既没有受过刑事处罚,也没有受过行政处理,追究其刑事责任时,应当累计计算贪污数额。

▶ 是指人民检察院对监察机关、公安机关移送起诉或者人民检察院自行侦查终结认为应当起诉的案件,经全面审查,对事实清楚,证据确实充分,依法应当判处刑罚的,提交人民法院审判的诉讼活动。

要点注释

本条第二款是对多次贪污未经处理的如何计算贪污数额的规定。本条第三款是关于对贪污犯罪可以从宽处理的规定。对贪污犯罪从宽处理必须同时符合以下几个条件:一是在提起公诉前;二是行为人必须如实供述自己罪行、真诚悔罪、积极退赃。"如实供述自己罪行、真诚悔罪、积极退赃"是并列条件,要求全部具备;三是避免、减少损害结果的发生。在同时具备以上前提的条件下,本款根据贪污受贿的不同情形,规定可以从宽处罚。本条第四款规定只是明确了可以适用"终身监禁"的人员的范围,并不是所有贪污受贿犯罪被判处死刑缓期执行的都要"终身监禁",是否"终身监禁",应由人民法院根据其所实施犯罪的具体情节等情况综合考虑。这里规定的"同时",是指被判处死刑缓期执行的同时,不是在死刑缓期执行二年期满以后减刑的"同时"。

思维导图

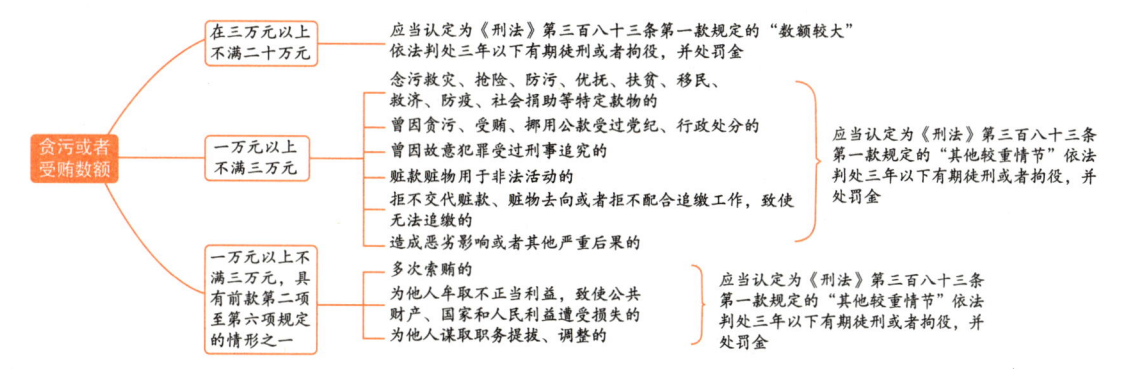

贪污或者受贿数额

- **在三万元以上不满二十万元** —— 应当认定为《刑法》第三百八十三条第一款规定的"数额较大"依法判处三年以下有期徒刑或者拘役,并处罚金

- **一万元以上不满三万元**
  - 贪污救灾、抢险、防汛、优抚、扶贫、移民、救济、防疫、社会捐助等特定款物的
  - 曾因贪污、受贿、挪用公款受过党纪、行政处分的
  - 曾因故意犯罪受过刑事追究的
  - 赃款赃物用于非法活动的
  - 拒不交代赃款、赃物去向或者拒不配合追缴工作,致使无法追缴的
  - 造成恶劣影响或者其他严重后果的

  —— 应当认定为《刑法》第三百八十三条第一款规定的"其他较重情节"依法判处三年以下有期徒刑或者拘役,并处罚金

- **一万元以上不满三万元,具有前款第二项至第六项规定的情形之一**
  - 多次索贿的
  - 为他人牟取不正当利益,致使公共财产、国家和人民利益遭受损失的
  - 为他人谋取职务提拔、调整的

  —— 应当认定为《刑法》第三百八十三条第一款规定的"其他较重情节"依法判处三年以下有期徒刑或者拘役,并处罚金

拓展适用

《最高人民法院、最高人民检察院关于办理贪污贿赂刑事案件适用法律若干问题的解释》(2016年4月18日)

第一条、第二条、第三条

《人力资源社会保障部办公厅关于贯彻落实贪污社会保险基金属于刑法贪污罪中较重情节规定的通知》(2017年8月22日)

案例精析

李某贪污案

来源:最高人民检察院检例第 74 号

裁判要点

1. 对于犯罪嫌疑人、被告人逃匿的贪污贿赂等重大职务犯罪案件,符合法定条件的,人民检察院应依法适用违法所得没收程序办理。对于贪污贿赂等重大职务犯罪案件,犯罪嫌疑人、被告人逃匿,在通缉一年后不能到案,如果有证据证明有犯罪事实,依照刑法规定应当追缴其违法所得及其他涉案财产的,人民检察院应当依法向人民法院提出没收违法所得的申请,促进追赃追逃工作开展。

2. 违法所得没收裁定生效后,犯罪嫌疑人、被告人到案的,人民检察院应当依照普通刑事诉讼程序审查起诉。人民检察院依照特别程序提出没收违法所得申请,人民法院作出没收裁定生效后,犯罪嫌疑人、被告人自动投案或者被抓获的,检察机关应当依照普通刑事诉讼程序进行审查。人民检察院审查后,认为犯罪事实清楚,证据确实充分的,应当向原作出裁定的人民法院提起公诉。

第三百八十四条 【挪用公款罪】

国家工作人员利用职务上的便利，挪用公款归个人使用，进行非法活动的，或者挪用公款数额较大、进行营利活动的，或者挪用公款数额较大、超过三个月未还的，是挪用公款罪，处五年以下有期徒刑或者拘役；情节严重的，处五年以上有期徒刑。挪用公款数额巨大不退还的，处十年以上有期徒刑或者无期徒刑。

挪用用于救灾、抢险、防汛、优抚、扶贫、移民、救济款物归个人使用的，从重处罚。

▶ 是指具有下列情形之一：（1）将公款供本人、亲友或者其他自然人使用的；（2）以个人名义将公款供其他单位使用的；（3）个人决定以单位名义将公款供其他单位使用，谋取个人利益的。

▶ 是指进行营利活动或者超过三个月未还，数额在五万元以上。

▶ 是指数额在三百万元以上。

▶ 是指具有下列情形之一：（1）挪用公款数额在一百万元以上的；（2）挪用救灾、抢险、防汛、优抚、扶贫、移民、救济特定款物，数额在五十万元以上不满一百万元的；（3）挪用公款不退还，数额在五十万元以上不满一百万元的；（4）其他严重的情节。

要点注释

挪用公款罪与贪污罪的主要区别在于行为人主观上是否具有非法占有公款的目的；挪用公款是否转化为贪污，应当按照主客观相一致的原则，具体判断和认定行为人主观上是否具有非法占有公款的目的。在司法实践中，具有以下情形之一的可以认定行为人具有非法占有公款的目的：（1）行为人"携带挪用的公款潜逃的"，对其携带挪用的公款部分，以贪污罪定罪处罚。（2）行为人挪用公款后采取虚假发票平账、销毁有关账目等手段，使所挪用的公款已难以在单位财务账目上反映出来，且没有归还行为的，应当以贪污罪定罪处罚。（3）行为人截取单位收入不入账，非法占有，使所占有的公款难以在单位财务账目上反映出来，且没有归还行为的，应当以贪污罪定罪处罚。（4）有证据证明行为人有能力归还所挪用的公款而拒不归还，并隐瞒挪用的公款去向的，应当以贪污罪定罪处罚。

🔶 思维导图

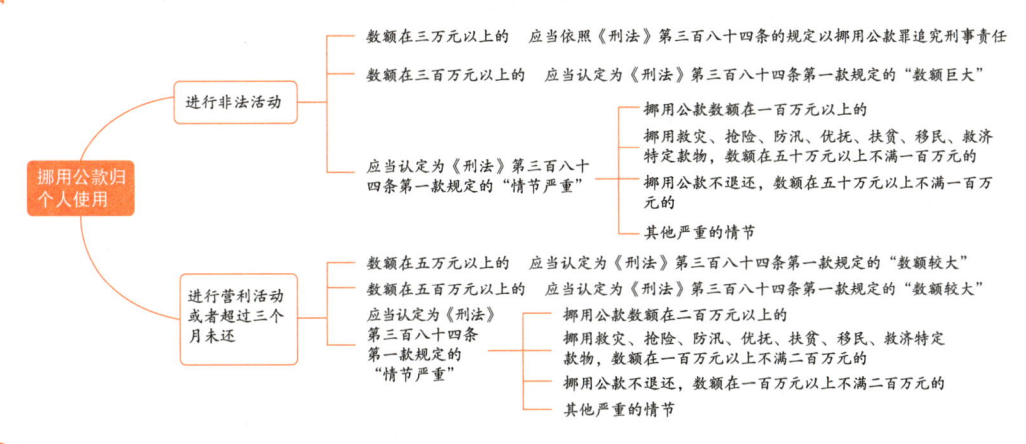

挪用公款归个人使用
- 进行非法活动
  - 数额在三万元以上的　应当依照《刑法》第三百八十四条的规定以挪用公款罪追究刑事责任
  - 数额在三百万元以上的　应当认定为《刑法》第三百八十四条第一款规定的"数额巨大"
  - 应当认定为《刑法》第三百八十四条第一款规定的"情节严重"
    - 挪用公款数额在一百万元以上的
    - 挪用救灾、抢险、防汛、优抚、扶贫、移民、救济特定款物,数额在五十万元以上不满一百万元的
    - 挪用公款不退还,数额在五十万元以上不满一百万元的
    - 其他严重的情节
- 进行营利活动或者超过三个月未还
  - 数额在五万元以上的　应当认定为《刑法》第三百八十四条第一款规定的"数额较大"
  - 数额在五百万元以上的　应当认定为《刑法》第三百八十四条第一款规定的"数额较大"
  - 应当认定为《刑法》第三百八十四条第一款规定的"情节严重"
    - 挪用公款数额在二百万元以上的
    - 挪用救灾、抢险、防汛、优抚、扶贫、移民、救济特定款物,数额在一百万元以上不满二百万元的
    - 挪用公款不退还,数额在一百万元以上不满二百万元的
    - 其他严重的情节

拓展适用

《全国人民代表大会常务委员会关于〈中华人民共和国刑法〉第三百八十四条第一款的解释》（2002年4月28日）

《最高人民法院、最高人民检察院关于办理贪污贿赂刑事案件适用法律若干问题的解释》（2016年4月18日）第五条、第六条

裁判要点

对于行为人实施挪用公款犯罪取得的非法获利,应按照犯罪所得依法予以追缴。在特定情况下,其他不构成犯罪或未被追究刑事责任的相关人员也可能因行为人实施挪用公款行为获利,如能够证实该获利系因挪用公款犯罪行为而直接产生,相关人员主观上对收益的违法性有认知,不属于善意取得,检察机关可以建议监察机关根据《刑法》《监察法》《监察法实施条例》等相关法律法规的规定,将该部分获利作为违法所得,依法予以没收、追缴。

案例精析

李某等挪用公款案

来源：最高人民检察院检例第189号

第三百八十五条 【受贿罪】

> 国家工作人员利用职务上的便利,索取他人财物的,或者非法收受他人财物,为他人谋取利益的,是受贿罪。
>
> 国家工作人员在经济往来中,违反国家规定,收受各种名义的回扣、手续费,归个人所有的,以受贿论处。

既包括利用本人职务上主管、负责、承办某项公共事务的职权,也包括利用职务上有隶属、制约关系的其他国家工作人员的职权。

包括承诺、实施和实现三个阶段的行为。

要点注释

根据《刑法》的规定,国家工作人员利用职务上的便利,索取他人财物,或者非法收受他人财物,为他人谋取利益的,是受贿罪。国家工作人员在经济往来中,违反国家规定,收受各种名义的回扣、手续费,归个人所有的,以受贿罪论处。构成受贿罪应当具备以下几个条件:(1)受贿人必须是国家工作人员,不是国家工作人员不能构成本罪。(2)受贿罪在实践中表现为利用职务上的便利,索取他人财物,或者非法收受他人财物,为他人谋取利益的行为。

本条还规定对国家工作人员在经济往来中,违反国家规定收受各种名义的回扣、手续费,归个人所有,以受贿罪论处。这种行为虽然不是典型的受贿行为,但其利用了国家工作人员的权力或者身份,违反了国家的有关规定,非法占有不应据为己有的财物,其危害是很大的,所以法律规定对这种行为以受贿罪论处。

以借款为名索取或者非法收受财物行为的认定。国家工作人员利用职务上的便利以借款为名向他人索取财物,或者非法收受财物为他人谋取利益的,应当认定为受贿。具体认定时,不能仅看是否有书面借款手续,还应当根据以下因素综合判定:(1)有无正当、合理的借款事由;(2)款项的去向;(3)双方平时关系如何、有无经济往来;(4)出借方是否要求国家工作人员利用职务上的便利为其谋取利益;(5)借款后是否有归还的意思表示及行为;(6)是否有归还的能力;(7)未归还的原因等。

思维导图

- 受贿罪的犯罪形式
  - 索贿 —— 不要求为他人谋取利益
  - 被动受贿 —— 必须要求有收受他人财物和为他人谋取利益两个方面
  - 斡旋受贿 —— 要求为请托人谋取不正当利益,而不是一切利益

拓展适用

《全国人民代表大会常务委员会关于〈中华人民共和国刑法〉第三百一十三条的解释》(2002年8月29日)

案例精析

1. 赛某、韩某受贿、食品监管渎职案

来源:最高人民检察院检例第16号

裁判要点

被告人赛某、韩某作为国家工作人员,利用职务上的便利,非法收受他人财物,为他人谋取利益,其行为已构成受贿罪;被告人赛某、韩某作为质监局工作人员,在查办杨林丰瑞公司无生产许可证生产有毒、有害食品案件中玩忽职守、滥用职权,致使查获的不符合食品安全标准的原料用于生产,有毒、有害油脂流入社会,造成严重后果,其行为还构成食品监管渎职罪。负有食品安全监督管理职责的国家机关工作人员,滥用职权或玩忽职守,而导致发生重大食品安全事故或者造成其他严重后果的,应当认定为食品监管渎职罪。在渎职过程中受贿的,应当以食品监管渎职罪和受贿罪实行数罪并罚。

2. 丰某洪受贿案

案号:(2014)丹刑初字第267号
来源:人民法院案例库2023-03-1-404-012

裁判要点

《最高人民法院、最高人民检察院关于办理受贿刑事案件适用法律若干问题的意见》规定的"国家工作人员收受请托人财物后及时退还或者上交的,不是受贿",是指行为人在客观上虽收受他人财物,但主观上没有受贿故意的情形。故行为人是否及时退还或上交所收财物,只是判断行为人是否具有受贿故意的一个重要参考依据。在行为人已完成收受贿赂行为后,即使于案发前退还或上交所收财物,但综合全案事实足以认定其收受财物时,仍具有受贿故意,不影响受贿罪的认定。

第三百八十六条 【受贿罪的处罚规定】

对犯受贿罪的，根据受贿所得数额及情节，依照本法第三百八十三条的规定处罚。索贿的从重处罚。

要点注释

根据《最高人民法院、最高人民检察院关于办理贪污贿赂刑事案件适用法律若干问题的解释》第一条的规定，贪污或者受贿数额在三万元以上不满二十万元的，应当认定为刑法第三百八十三条第一款规定的"数额较大"，依法判处三年以下有期徒刑或者拘役，并处罚金。贪污数额在一万元以上不满三万元，具有下列情形之一的，应当认定为刑法第三百八十三条第一款规定的"其他较重情节"，依法判处三年以下有期徒刑或者拘役，并处罚金：（1）贪污救灾、抢险、防汛、优抚、扶贫、移民、救济、防疫、社会捐助等特定款物的；（2）曾因贪污、受贿、挪用公款受过党纪、行政处分的；（3）曾因故意犯罪受过刑事追究的；（4）赃款赃物用于非法活动的；（5）拒不交待赃款赃物去向或者拒不配合追缴工作，致使无法追缴的；（6）造成恶劣影响或者其他严重后果的。受贿数额在一万元以上不满三万元，具有前款第二项至第六项规定的情形之一，或者具有下列情形之一的，应当认定为刑法第三百八十三条第一款规定的"其他较重情节"，依法判处三年以下有期徒刑或者拘役，并处罚金：（1）多次索贿的；（2）为他人谋取不正当利益，致使公共财产、国家和人民利益遭受损失的；（3）为他人谋取职务提拔、调整的。

思维导图

犯受贿罪的		
数额较大或者有其他较重情节的	→	处三年以下有期徒刑或者拘役，并处罚金
贪污数额巨大或者有其他严重情节的	→	处三年以上十年以下有期徒刑，并处罚金或者没收财产
贪污数额特别巨大或者有其他特别严重情节的	→	处十年以上有期徒刑或者无期徒刑，并处罚金或者没收财产
数额特别巨大，并使国家和人民利益遭受特别重大损失的	→	处无期徒刑或者死刑，并处没收财产

> **拓展适用**
>
> 《刑法》（2023年12月29日）
> 第三百八十三条
>
> 《最高人民法院、最高人民检察院关于办理贪污贿赂刑事案件适用法律若干问题的解释》（2016年4月18日）
> 第一条、第二条、第三条

案例精析

胡某等生产、销售有毒、有害食品，行贿；骆某、刘某销售伪劣产品；朱某、曾某中生产、销售伪劣产品；黎某等受贿、食品监管渎职案

来源：最高人民检察院检例第15号

裁判要点

2010年至2011年，黎某在组织执法人员查处农产品批发市场的无证腊肉、腊肠加工窝点过程中，收受被告人刘某、胡某、余某等贿款共十一次，每次5000元，合计55000元，其中胡某参与行贿十一次，计55000元，刘某参与行贿十次，合计50000元，余某参与行贿六次，合计30000元。

被告人黎某在收受被告人刘某、胡某、余某等的贿款之后，滥用食品安全监督管理的职权，多次在组织执法人员检查农产品批发市场之前打电话通知余某或胡某，让胡某等做好准备，把加工场内的病、死、残猪猪肉等生产原料和腊肉、腊肠藏好，逃避查处，导致胡某等在一年多时间内持续非法利用病、死、残猪肉生产敌百虫和亚硝酸盐成分严重超标的腊肠、腊肉，销往本市及周边城市的食堂和餐馆。

被告人王某自2007年起任中堂中心屠场稽查队队长，被告人陈某自2009年2月起任屠场稽查队队员，二人所在单位受镇政府委托负责镇内私宰猪肉的稽查工作。2009年7月至2011年10月，王某、陈某在执法过程中收受刘某等贿款，其中王某、陈某共同收受贿款13100元，王某单独受贿3000元。

王某、陈某受贿后，滥用食品安全监督管理的职权，多次在带队稽查过程中，明知刘某等非法销售死猪猪肉、排骨而不履行查处职责，王某还多次在参与镇食安委组织的联合执法行动前打电话给刘某通风报信，让刘某等逃避查处。

实施生产、销售有毒、有害食品犯罪，为逃避查处向负有食品安全监管职责的国家工作人员行贿的，应当以生产、销售有毒、有害食品罪和行贿罪实行数罪并罚。

负有食品安全监督管理职责的国家机关工作人员，滥用职权，向生产、销售有毒、有害食品的犯罪分子通风报信，帮助逃避处罚的，应当认定为食品监管渎职罪；在渎职过程中受贿的，应当以食品监管渎职罪和受贿罪实行数罪并罚。

第三百八十七条 【单位受贿罪】

原	新（《刑法修正案（十二）》）
国家机关、国有公司、企业、事业单位、人民团体，索取、非法收受他人财物，为他人谋取利益，情节严重的，对单位判处罚金，并对其直接负责的主管人员和其他直接责任人员，处五年以下有期徒刑或者拘役。 前款所列单位，在经济往来中，在帐外暗中收受各种名义的回扣、手续费的，以受贿论，依照前款的规定处罚。	国家机关、国有公司、企业、事业单位、人民团体，索取、非法收受他人财物，为他人谋取利益，情节严重的，对单位判处罚金，并对其直接负责的主管人员和其他直接责任人员，处三年以下有期徒刑或者拘役；情节特别严重的，处三年以上十年以下有期徒刑。 前款所列单位，在经济往来中，在帐外暗中收受各种名义的回扣、手续费的，以受贿论，依照前款的规定处罚。

要点注释

《刑法修正案（十二）》将本第一款修改为："国家机关、国有公司、企业、事业单位、人民团体，索取、非法收受他人财物，为他人谋取利益，情节严重的，对单位判处罚金，并对其直接负责的主管人员和其他直接责任人员，处三年以下有期徒刑或者拘役；情节特别严重的，处三年以上十年以下有期徒刑。"本罪的犯罪主体只能由国有单位构成，包括：国家机关、国有公司、企业、事业单位、人民团体。集体经济组织、外商投资企业和私营企业，不能成为单位受贿罪的主体。

思维导图

国家机关、国有公司、企业、事业单位、人民团体，索取、非法收受他人财物，为他人谋取利益
- 情节严重的 → 对单位判处罚金，并对其直接负责的主管人员和其他直接责任人员，处三年以下有期徒刑或者拘役
- 情节特别严重的 → 处三年以上十年以下有期徒刑

> **拓展适用**
>
> 《监察法实施条例》（2021年9月20日）
> 第二十六条
>
> 《最高人民法院、最高人民检察院关于适用犯罪嫌疑人、被告人逃匿、死亡案件违法所得没收程序若干问题的规定》（2017年1月4日）
> 第一条

案例精析

1. 浙江省某县图书馆及赵某、徐某某单位受贿、私分国有资产、贪污案

来源：最高人民检察院检例第73号

裁判要点

（1）检察机关对单位犯罪可依法直接追加起诉。人民检察院审查监察机关移送起诉的案件，应当查明有无遗漏罪行和其他应当追究刑事责任的人。对于单位犯罪案件，监察机关只对直接负责的主管人员和其他直接责任人员移送起诉，未移送起诉涉嫌犯罪单位的，如果犯罪事实清楚，证据确实充分，经与监察机关沟通，检察机关对犯罪单位可以依法直接提起公诉。

（2）检察机关在审查起诉中发现遗漏同案犯或犯罪事实的，应当及时与监察机关沟通，依法处理。检察机关在审查起诉中，如果发现监察机关移送起诉的案件遗漏同案职务犯罪人或犯罪事实的，应当及时与监察机关沟通，依法处理。如果监察机关在本案审查起诉期限内调查终结移送起诉，且犯罪事实清楚，证据确实充分的，可以并案起诉；如果监察机关不能在本案审查起诉期限内调查终结移送起诉，或者虽然移送起诉，但因案情重大复杂等原因不能及时审结的，也可分案起诉。

2. 某区人民医院麻醉科、鲁某某、李某等单位受贿案

案号：（2017）苏0813刑初2号
来源：人民法院案例库2023-03-1-405-001

裁判要点

（1）国有事业单位的内设机构，虽不具有法人资格亦不能对外独立承担责任，但其部门主管人员利用行使职权的便利，以单位名义非法收取他人财物，且所得利益归内设机构所有或支配的，可按照《刑法》第三百八十七条的规定以单位犯罪论处。

（2）在国有事业单位内设机构集体收受他人财物的情况下，构成单位犯罪还是自然人犯罪，应基于该行为是否基于集体意志、是否以国有事业单位或其内设机构名义实施，以及违法所得是否归国有事业单位或其内设机构所有等因素综合考量。

第三百八十八条 【斡旋受贿犯罪】

是指行为人与被其利用的国家工作人员之间在职务上虽然没有隶属、制约关系，但是行为人利用了本人职权或者地位产生的影响和一定的工作联系，如单位内不同部门的国家工作人员之间、上下级单位没有职务上隶属、制约关系的国家工作人员之间、有工作联系的不同单位的国家工作人员之间等。

> 国家工作人员利用本人职权或者地位形成的便利条件，通过其他国家工作人员职务上的行为，为请托人谋取不正当利益，索取请托人财物或者收受请托人财物的，以受贿论处。

思维导图

国家工作人员利用本人职权或者地位形成的便利条件 → 通过其他国家工作人员职务上的行为 → 为请托人谋取不正当利益 → 索取请托人财物 / 收受请托人财物 → 以受贿论处

拓展适用

《全国法院审理经济犯罪案件工作座谈会纪要》（2003年11月13日）

裁判要点

2016年至2020年，被告人卢某利用担任某市粮食局局长、某市粮食和物资储备局局长等职务上的便利，以及利用本人职权或地位形成的便利条件，通过其他国家工作人员职务上的行为，为某投资集团有限公司、王某某、卢某某（均已判决）等单位和个人在企业经营、诉讼活动、职务晋升等事项上提供帮助。2017年至2020年，卢某先后收受上述单位和个人给予的财物共计价值749万余元。

案例精析

1. 卢某受贿、滥用职权案

来源：粮食购销领域职务犯罪典型案例之案例四[①]

[①] 《粮食购销领域职务犯罪典型案例》，载最高人民检察院网站，https://www.spp.gov.cn/xwfbh/dxal/202312/t20231209_636352.shtml，2024年3月5日访问。

针对受贿行为较为隐蔽、受贿犯罪与渎职犯罪相互交织等情况，坚持主客观相统一，从行为性质本身对案件进行定性。投资型受贿具有一定的隐蔽性，受贿人实际出资且由他人代持则更加掩人耳目，查办此类案件要把握权钱交易本质，重点审查受贿人是否实际承担市场风险，如果收受固定回报、不承担风险则与直接贿送钱款并无区别，依法以受贿罪追责。

2. 邓某某利用影响力受贿案

案号：（2020）粤刑终2号
来源：人民法院案例库 2023-03-1-406-001

<u>裁判要点</u>

利用影响力受贿罪的主体通常是非国家工作人员，而《刑法》第三百八十八条规定的斡旋受贿的主体是国家工作人员，因此，一般情况下两罪不难区分。但是，需要注意的是，国家工作人员也并非完全不可能成为利用影响力受贿的主体，斡旋受贿和利用影响力受贿均存在行为人利用影响力进行受贿的情形。当行为人自身具有国家工作人员身份，但同时又与其他特定的国家工作人员具有密切联系时，如其通过该其他国家工作人员职务上的行为，为请托人谋取不正当利益的，应当视其对其他国家工作人员施加的是何种性质的影响而决定定性。总体而言，如果施加的是权力性的影响，就是利用其本人职权或者地位形成的便利条件，或者施加的影响中有权力因素，均以斡旋受贿论处；如所施加的明显是、单纯是非权力性的影响，则应实事求是地依法以利用影响力受贿罪论处。

究竟利用的是权力性影响还是非权力性影响，应当根据具体案件情况，结合社会公众的一般认知作出判定。当具有国家工作人员身份的关系密切人利用对其他国家工作人员的影响力受贿，所利用的影响力兼有"权力性"与"非权力性"时，宜优先考虑其利用的是其国家工作人员本身的职权或地位形成的权力性影响力，其行为应认定为斡旋受贿；但在权力性影响力不存在或不明显的情况下，宜认定其利用的是亲友等关系密切人身份形成的非权力性影响力，其行为应认定为利用影响力受贿。

第三百八十八条之一 【利用影响力受贿罪】

国家工作人员的近亲属或者其他与该国家工作人员关系密切的人,通过该国家工作人员职务上的行为,或者利用该国家工作人员职权或者地位形成的便利条件,通过其他国家工作人员职务上的行为,为请托人谋取不正当利益,索取请托人财物或者收受请托人财物,数额较大或者有其他较重情节的,处三年以下有期徒刑或者拘役,并处罚金;数额巨大或者有其他严重情节的,处三年以上七年以下有期徒刑,并处罚金;数额特别巨大或者有其他特别严重情节的,处七年以上有期徒刑,并处罚金或者没收财产。

离职的国家工作人员或者其近亲属以及其他与其关系密切的人,利用该离职的国家工作人员原职权或者地位形成的便利条件实施前款行为的,依照前款的规定定罪处罚。

▶利用影响力受贿罪中被转请托人系国家工作人员,受贿人并不限于国家工作人员,可以是国家工作人员的近亲属或者其他与该国家工作人员关系密切的人,以及离职的国家工作人员或者其近亲属以及其他与其关系密切的人。

要点注释

《刑法修正案(七)》在《刑法》第三百八十八条后增加一条作为第三百八十八条之一,将国家工作人员的近亲属或者其他与该国家工作人员关系密切的人,通过该国家工作人员职务上的行为,或者利用该国家工作人员职权或者地位形成的便利条件,通过其他国家工作人员职务上的行为,为请托人谋取不正当利益,索取或者收受贿赂数额较大或者有其他较重情节的行为,以及离职的国家工作人员或者其近亲属以及其他与其关系密切的人,利用该离职的国家工作人员原职权或者地位形成的便利条件实施的索贿受贿行为,规定为犯罪。

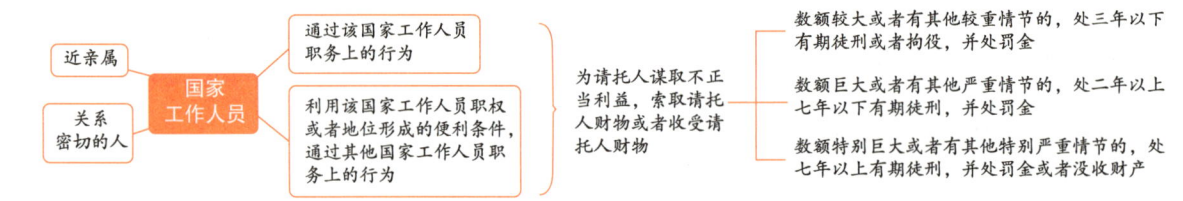

思维导图

- 近亲属 ┐
- 关系密切的人 ┘→ 国家工作人员
  - 通过该国家工作人员职务上的行为
  - 利用该国家工作人员职权或者地位形成的便利条件,通过其他国家工作人员职务上的行为

→ 为请托人谋取不正当利益,索取请托人财物或者收受请托人财物

- 数额较大或者有其他较重情节的,处三年以下有期徒刑或者拘役,并处罚金
- 数额巨大或者有其他严重情节的,处二年以上七年以下有期徒刑,并处罚金
- 数额特别巨大或者有其他特别严重情节的,处七年以上有期徒刑,并处罚金或者没收财产

拓展适用

《最高人民法院、最高人民检察院关于办理贪污贿赂刑事案件适用法律若干问题的解释》（2016年4月18日）

第十条

《监察法实施条例》（2021年9月20日）

第二十六条、第四十六条

《最高人民法院、最高人民检察院关于适用犯罪嫌疑人、被告人逃匿、死亡案件违法所得没收程序若干问题的规定》（2017年1月4日）

第一条

《最高人民法院、最高人民检察院关于办理贪污贿赂刑事案件适用法律若干问题的解释》（2016年4月18日）

第一条、第二条、第三条、第十条

案例精析

1. 邓某贪污、受贿、串通投标、利用影响力受贿案

案号：（2020）粤刑终2号

来源：人民法院案例 2023-03-1-406-001

裁判要点

邓某身为国家工作人员，利用职务上的便利，侵吞公共财物，数额巨大，其行为已构成贪污罪。邓某身为国家工作人员，利用职务上的便利，非法收受他人财物，为他人谋取利益，数额巨大，其行为已构成受贿罪。邓某与投标人串通投标，损害国家、集体、公民的利益，其行为已构成串通投标罪。邓某作为与国家工作人员关系密切的人，利用该国家工作人员职权形成的便利条件，通过其他国家工作人员职务上的便利，为他人谋取不正当利益，收受他人财物，数额巨大，其行为已构成利用影响力受贿罪。邓某犯数罪，应予并罚。邓某如实供述司法机关尚未掌握的受贿及利用影响力受贿罪行，是首自，二罪名依法可减轻处罚。邓某检举黄某犯罪行为，经查证属实，有立功表现，依法可从轻处罚。邓某归案后如实供述自己的罪行、积极退赃、悔罪态度较好，依法可以从轻处罚。

2. 孙某甲利用影响力受贿案

案号：（2021）云01刑终806号

来源：人民法院案例库 2024-03-1-406-001

裁判要点

对于国家工作人员近亲属以外的人员，认定为《刑法》第三百八十八条之一规定的"其他与该国家工作人员关系密切的人"，应结合交往时间、频次、对外称呼以及能否对国家工作人员履职行为产生影响力等情况进行综合判断。

第三百八十九条 【行贿罪】

为谋取不正当利益,给予国家工作人员以财物的,是行贿罪。

在经济往来中,违反国家规定,给予国家工作人员以财物,数额较大的,或者违反国家规定,给予国家工作人员以各种名义的回扣、手续费的,以行贿论处。

因被勒索给予国家工作人员以财物,没有获得不正当利益的,不是行贿。

是指行贿人谋取的利益违反法律、法规、规章、政策规定,或者要求国家工作人员违反法律、法规、规章、政策、行业规范的规定,为自己提供帮助或者方便条件。

▲ 思维导图

实施行贿犯罪,一般不适用缓刑和免予刑事处罚
- 向三人以上行贿的
- 因行贿受过行政处罚或者刑事处罚的
- 为实施违法犯罪活动而行贿的
- 造成严重危害后果的
- 其他不适用缓刑和免予刑事处罚的情形

行贿人在被追诉前主动交待行贿行为的,可以从轻或者减轻处罚。其中,犯罪较轻的,对调查突破、侦破重大案件起关键作用的,或者有重大立功表现的,可以减轻或者免除处罚。不受上述规定的限制。

拓展适用

《海关法》(2021年4月29日)
第九十条

《药品管理法》(2019年8月26日)
第一百四十一条

《建筑法》(2019年4月23日)

第十七条、第六十八条
《监察法》(2018年3月20日)
第二十二条

《最高人民法院、最高人民检察院关于办理行贿刑事案件具体应用法律若干问题的解释》(2012年12月26日)

案例精析

1. 杨某某受贿案

案号：（2021）鲁02刑终208号
来源：人民法院案例库 2024-03-1-404-012

裁判要点

对于代持股份型受贿，双方约定以行贿人代持股份的形式收受贿赂，受贿犯罪已经着手实施，但受贿人既无实际控制股份的行为，亦无实际控制股份的权力，则应根据实际情况区分犯罪中止与未遂：受贿人基于自己意志并出于真实意思表示放弃该代持股份，该代持股份亦解除代持状态，即为受贿人主动放弃受贿犯罪，应当评价为犯罪中止；截至案发，在行贿受贿双方已经约定由行贿方代持股份的情况下，受贿人并未真实表示放弃该股份，而是由于案发的原因导致受贿人无法获取该股份的权益，则犯罪未得逞是由于行为人意志以外的原因，应当评价为犯罪未遂。

2. 袁某行贿案

案号：（2011）泰兴刑初字第304号
来源：人民法院案例库 2023-05-1-407-001

裁判要点

（1）在配合检察机关侦办受贿案件时主动交代自己的行贿事实，属于在追诉前主动交代行贿行为。行贿人在纪检监察部门查处他人受贿案件时，交代（承认）向他人行贿的事实，属于被追诉前主动交代行贿行为的情形。

（2）行贿犯罪中"不正当利益"既包括谋取各种形式的不正当利益，也包括以不正当手段谋取合法利益。"谋取不正当利益"既包括谋取各种形式的不正当利益，也包括以不正当手段谋取合法利益，既包括实体违规，也包括程序违规，其中程序违规是指国家工作人员或有关单位为行贿人提供违法、违规或违反国家政策的帮助或者便利条件，即利益取得方式不正当，其可罚性基础并不在于利益本身的违法，而是基于为谋取利益所提供的"帮助或者方便条件"违规。

3. 吴某宝受贿案

案号：（2019）浙07刑终636号
来源：人民法院案例库 2023-03-1-404-025

裁判要点

索贿的本质为违背行贿人的主观意愿，虽然不要求达到被胁迫、勒索的程度，但应当反映出行贿人是出于压力、无奈、不情愿才交付财物。实践中可以根据受贿人为行贿人谋取利益大小，行贿人请托事项是否违法，受贿人提出的财物要求是否在行贿人心理预期之内等进行综合判断。

第三百九十条 【行贿罪的处罚规定】

原	新（《刑法修正案（十二）》）
对犯行贿罪的，处五年以下有期徒刑或者拘役，并处罚金；因行贿谋取不正当利益，情节严重的，或者使国家利益遭受重大损失的，处五年以上十年以下有期徒刑，并处罚金；情节特别严重的，或者使国家利益遭受特别重大损失的，处十年以上有期徒刑或者无期徒刑，并处罚金或者没收财产。 行贿人在被追诉前主动交待行贿行为的，可以从轻或者减轻处罚。其中，犯罪较轻的，对侦破重大案件起关键作用的，或者有重大立功表现的，可以减轻或者免除处罚。	对犯行贿罪的，处三年以下有期徒刑或者拘役，并处罚金；因行贿谋取不正当利益，情节严重的，或者使国家利益遭受重大损失的，处三年以上十年以下有期徒刑，并处罚金；情节特别严重的，或者使国家利益遭受特别重大损失的，处十年以上有期徒刑或者无期徒刑，并处罚金或者没收财产。 有下列情形之一的，从重处罚： （一）多次行贿或者向多人行贿的； （二）国家工作人员行贿的； （三）在国家重点工程、重大项目中行贿的； （四）为谋取职务、职级晋升、调整行贿的； （五）对监察、行政执法、司法工作人员行贿的； （六）在生态环境、财政金融、安全生产、食品药品、防灾救灾、社会保障、教育、医疗等领域行贿，实施违法犯罪活动的； （七）将违法所得用于行贿的。 行贿人在被追诉前主动交待行贿行为的，可以从轻或者减轻处罚。其中，犯罪较轻的，对调查突破、侦破重大案件起关键作用的，或者有重大立功表现的，可以减轻或者免除处罚。

> **情节特别严重**：是指具有下列情形之一：（1）行贿数额在一百万元以上的；（2）行贿数额在五十万元以上不满一百万元，并具有下列情形之一的：①向三人以上行贿的；②将违法所得用于行贿的；③为实施违法犯罪活动，向负有食品、药品、安全生产、环境保护等监督管理职责的国家工作人员行贿，严重危害民生、侵犯公众生命财产安全的；④向行政执法机关、司法机关的国家工作人员行贿，影响行政执法和司法公正的；（3）造成直接经济损失数额在五百万元以上的；（4）其他情节特别严重的情形。

> **使国家利益遭受特别重大损失**：是指因行贿谋取不正当利益，造成直接经济损失数额在一百万元以上的。

思维导图

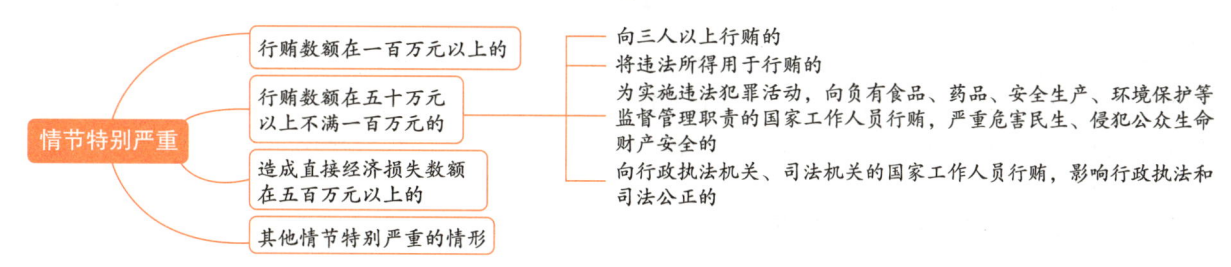

情节特别严重
- 行贿数额在一百万元以上的
- 行贿数额在五十万元以上不满一百万元的
- 造成直接经济损失数额在五百万元以上的
- 其他情节特别严重的情形
- 向三人以上行贿的
- 将违法所得用于行贿的
- 为实施违法犯罪活动,向负有食品、药品、安全生产、环境保护等监督管理职责的国家工作人员行贿,严重危害民生、侵犯公众生命财产安全的
- 向行政执法机关、司法机关的国家工作人员行贿,影响行政执法和司法公正的

拓展适用

《最高人民法院、最高人民检察院关于办理行贿刑事案件具体应用法律若干问题的解释》(2012年12月26日)

案例精析

张某受贿、郭某行贿、职务侵占、诈骗案

来源:最高人民检察院检例第76号

裁判要点

2014年11月至2017年9月,张某接受郭某请托,利用担任某街道办事处环卫所职员、副所长的职务便利,不严格监督检查上述补贴款发放,非法收受郭某给予的人民币8.85万元。

根据主客观相统一原则,准确区分受贿罪和贪污罪。对于国家工作人员收受贿赂后故意不履行监管职责,使非国家工作人员非法占有财物的,如该财物又涉及公款,应根据主客观相统一原则,准确认定案件性质。一要看主观上是否对侵吞公款进行过共谋,二要看客观上是否共同实施侵吞公款行为。如果具有共同侵占公款故意,且共同实施了侵占公款行为,应认定为贪污罪共犯;如果国家工作人员主观上没有侵占公款故意,只是收受贿赂后放弃职守,客观上使非国家工作人员任意处理其经手的钱款成为可能,应认定为为他人谋取利益,国家工作人员构成受贿罪,非国家工作人员构成行贿罪。如果国家工作人员行为同时构成玩忽职守罪的,则以受贿罪和玩忽职守罪数罪并罚。

第三百九十条之一 【对有影响力的人行贿罪】

为谋取不正当利益,向国家工作人员的近亲属或者其他与该国家工作人员关系密切的人,或者向离职的国家工作人员或者其近亲属以及其他与其关系密切的人行贿的,处三年以下有期徒刑或者拘役,并处罚金;情节严重的,或者使国家利益遭受重大损失的,处三年以上七年以下有期徒刑,并处罚金;情节特别严重的,或者使国家利益遭受特别重大损失的,处七年以上十年以下有期徒刑,并处罚金。

单位犯前款罪的,对单位判处罚金,并对其直接负责的主管人员和其他直接责任人员,处三年以下有期徒刑或者拘役,并处罚金。

要点注释

《刑法修正案(九)》在第三百九十条后增加一条,作为第三百九十条之一。

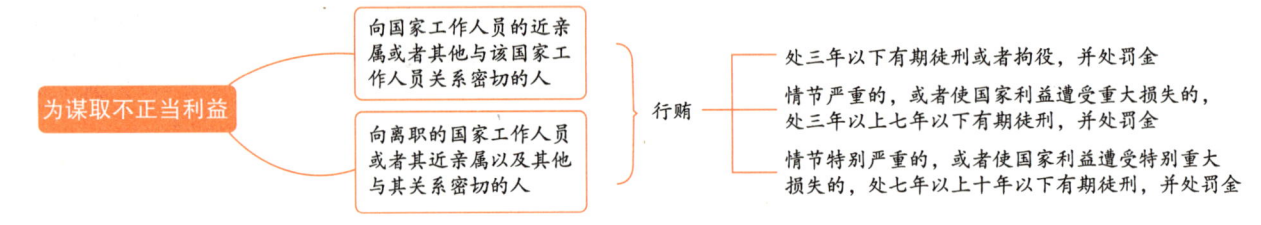

◎思维导图

为谋取不正当利益
- 向国家工作人员的近亲属或者其他与该国家工作人员关系密切的人
- 向离职的国家工作人员或者其近亲属以及其他与其关系密切的人

行贿
- 处三年以下有期徒刑或者拘役,并处罚金
- 情节严重的,或者使国家利益遭受重大损失的,处三年以上七年以下有期徒刑,并处罚金
- 情节特别严重的,或者使国家利益遭受特别重大损失的,处七年以上十年以下有期徒刑,并处罚金

拓展适用

《监察法实施条例》（2021年9月20日）

第二十六条

《最高人民法院、最高人民检察院关于适用犯罪嫌疑人、被告人逃匿、死亡案件违法所得没收程序若干问题的规定》（2017年1月4日）

第一条

案例精析

1. 陈某某行贿、对有影响力的人行贿、对非国家工作人员行贿案

来源：行贿犯罪典型案例（第二批）之一[①]

裁判要点

本案中，陈某某犯罪性质恶劣、影响重大，且一人犯数罪，分别由不同地方的监察机关、公安机关调查、侦查，且办案时间、阶段存在不同。为保证案件衔接顺畅，监察机关加强与公安机关的协调工作，强化对全案的统筹指导，就案件调查、侦查工作进度及司法管辖等事项及时与检察机关沟通。在陈某某涉黑、故意伤害等犯罪案件已由海口市人民检察院提起公诉后，检察机关及时商请审判机关将陈某某涉嫌行贿犯罪一并指定海口市司法机关管辖，以利于查明全案事实及此罪与彼罪的关联问题，确保总体把握案情和正确适用法律。

监察机关以陈某某涉嫌行贿罪、对非国家工作人员行贿罪移送起诉，检察机关经审查发现，在行贿罪中，陈某某向麦某行贿的犯罪事实定性可能不准确，向监察机关提出意见。监察机关经补证，查明麦某是时任某市主要领导的专职司机，系与国家机关签订劳务合同的聘用人员，不具有国家工作人员身份，工作职责也不属于从事公务；其主要利用与领导的密切关系以及领导司机的特殊身份，直接或通过该领导向其他国家工作人员打招呼，帮助陈某某在承揽工程项目等方面获取不正当利益。检察机关经与监察机关沟通，认定为对有影响力的人行贿罪，起诉后得到审判机关判决的确认。

2. 胡某松行贿案

案号：（2022）晋03刑终76号

来源：人民法院案例库 2024-03-1-407-002

裁判要点

行受贿双方形成长期权钱交易关系，受贿人向行贿人主动提出给付财物的要求，行贿人积极回应、投其所好，未受到心理强制而被迫行贿的，不属于被索贿。

[①] 《行贿犯罪典型案例（第二批）》，载最高人民检察院网站，https://www.spp.gov.cn/xwfbh/wsfbt/202303/t20230329_609053.shtml#2，2024年3月5日访问。

第三百九十一条 【对单位行贿罪】

包括公司、企业、事业单位、机关、团体。

原	新（《刑法修正案（十二）》）
为谋取不正当利益，给予国家机关、国有公司、企业、事业单位、人民团体以财物的，或者在经济往来中，违反国家规定，给予各种名义的回扣、手续费的，处三年以下有期徒刑或者拘役，并处罚金。 单位犯前款罪的，对单位判处罚金，并对其直接负责的主管人员和其他直接责任人员，依照前款的规定处罚。	为谋取不正当利益，给予国家机关、国有公司、企业、事业单位、人民团体以财物的，或者在经济往来中，违反国家规定，给予各种名义的回扣、手续费的，处三年以下有期徒刑或者拘役，并处罚金；情节严重的，处三年以上七年以下有期徒刑，并处罚金。 单位犯前款罪的，对单位判处罚金，并对其直接负责的主管人员和其他直接责任人员，依照前款的规定处罚。

根据 2023 年 12 月 29 日《刑法修正案（十二）》修改本条第一款，对其他贿赂犯罪的刑罚作出相应调整。我国《刑法》根据贿赂犯罪的主体、对象、行为等不同，规定了较多罪名，对行贿罪、单位行贿罪作出调整后，相应地调整其他贿赂犯罪的法定刑，做好衔接和平衡。

思维导图

- 为谋取不正当利益
  - 给予国家机关、国有公司、企业、事业单位、人民团体
    - 财物
    - 在经济往来中，违反国家规定，给予各种名义的回扣、手续费
  - 对单位行贿罪
    - 处三年以下有期徒刑或者拘役，并处罚金
    - 情节严重的，处三年以上七年以下有期徒刑，并处罚金

拓展适用

《监察法实施条例》（2021 年 9 月 20 日）
第二十六条

《最高人民法院、最高人民检察院关于适用犯罪嫌疑人、被告人逃匿、死亡案件违法所得没收程序若干问题的规定》（2017 年 1 月 4 日）
第一条

📌 案例精析

1. 张某甲诈骗、单位行贿、挪用资金案

案号：（2018）最高法刑再 3 号
来源：人民法院案例库 2023-16-1-222-001

裁判要点

在申报项目过程中，虽然存在违规行为，但未实施虚构事实、隐瞒真相以骗取国债技改贴息资金的诈骗行为，并无非法占有 3190 万元国债技改贴息资金的主观故意的，不符合诈骗罪的构成要件。

2. 马某某等单位行贿案

案号：（2016）津 0111 刑初 93 号
来源：人民法院案例库 2023-03-1-411-001

裁判要点

（1）对于单位负责人实施的行贿行为，应当注意区分单位行贿和个人行贿。行贿款来源于单位还是个人，不是区分单位行贿和个人行贿的关键因素。两者的区分，关键要看行贿行为体现的是单位意志还是个人意志，谋取的利益归属于单位还是个人。

（2）判断单位负责人实施的行贿行为是否代表单位意志，要注意审查通过行贿获得的利益与本单位业务之间是否具有关联性，如果获得的利益与单位业务没有关联性，则不能认定代表单位意志。

（3）对于单位负责人实施的行贿行为，判断谋取的利益归属，关键要看是单位还是个人对利益有处分支配权，要注意区分利益归属于单位后又向个人进行分配与利益归属于个人后个人又将违法所得用于单位支出两种情形。对于违法所得打入单位账户，单位根据奖励政策对单位负责人予以一定奖励的，则应当认定为归单位所有。对于违法所得打入个人账户，个人又全部上缴单位，或者抵扣单位欠个人的工资或者奖金的，应当认定为单位所有。对于违法所得归属于个人后，个人将违法所得投入单位的，则应当视为违法所得归属于个人。

第三百九十二条 【介绍贿赂罪】

> 是指在行贿人和受贿人之间进行联系、沟通，促使贿赂得以实现的行为。

向国家工作人员介绍贿赂，情节严重的，处三年以下有期徒刑或者拘役，并处罚金。

介绍贿赂人在被追诉前主动交待介绍贿赂行为的，可以减轻处罚或者免除处罚。

要点注释

介绍贿赂罪，是指在行贿人和受贿人之间进行联系、沟通，促使贿赂得以实现的行为。行为人知道有人要向国家工作人员行贿而故意进行介绍。如果行为人不知道行贿人有给付国家工作人员财物的意图，而从中帮忙联系的，即使行贿人事实上暗中给予了国家工作人员以财物的，该介绍人也不构成介绍贿赂罪。根据本条的规定，向国家工作人员介绍贿赂，情节严重的，处三年以下有期徒刑或者拘役。根据本条的规定，介绍贿赂人主动交待介绍贿赂行为，可以减轻或者免除处罚。

思维导图

行贿人 ─┐
　　　　├─ 介绍贿赂人 ─── 介绍贿赂罪 ─── 情节严重的，处三年以下有期徒刑或者拘役，并处罚金
受贿人 ─┘

> **拓展适用**
>
> 《律师法》（2017年9月1日）
> 第四十条、第四十九条
>
> 《公职人员政务处分法》（2020年6月20日）
> 第三十二条、第三十三条

案例精析

1. 孙某介绍贿赂案

来源：《最高人民法院公报》2002年第6期

裁判要点

周某具有国家工作人员身份，孙某向周某介绍贿赂，其行为触犯了1979年《刑法》第一百八十五条第三款的规定，构成介绍贿赂罪，应当处三年以下有期徒刑或者拘役。其在介绍贿赂过程中分得的5万元，是违法所得。无论根据1979年《刑法》第七十六条的规定，还是根据修订后《刑法》第四章第八节的规定，法定最高刑为不满五年有期徒刑的犯罪，经过五年都不再追诉。1979年《刑法》第七十七条还规定："在人民法院、人民检察院、公安机关采取强制措施以后，逃避侦察或者审判的，不受追诉期限的限制。"第七十八条规定："追诉期限从犯罪之日起计算；犯罪行为有连续或者继续状态的，从犯罪行为终了之日起计算。""在追诉期限以内又犯罪的，前罪追诉的期限从犯后罪之日起计算。"孙某于1994年6月犯介绍贿赂罪，至2001年6月21日被拘留。其间，孙某没有被采取过任何强制措施，也没有重新犯罪。根据1979年《刑法》，介绍贿赂罪的五年追诉期限已过，依法不能再追究其刑事责任。但是其违法所得，应当依法追缴。

2. 徐某受贿、贪污、滥用职权案

案号：（2019）浙10刑终982号
来源：人民法院案例库 2023-03-1-404-018

裁判要点

行为人受行贿人之托，为其物色行贿对象、引荐受贿人、疏通行贿渠道等，或者按照受贿人意图，为其寻找索贿对象、转告索贿人的要求，使行贿受贿得以实现的，均应以介绍贿赂论处。介绍贿赂与共同受贿的区分在于，介绍贿赂人要对自己在整个行贿受贿行为中的地位有着明确的认识，即行为人知道自己是处于第三者的地位介绍行贿受贿。如果行为人偏向于受贿方，与受贿方达成合谋并主要为受贿方谋取利益并从中获利的，构成共同受贿。

第三百九十三条 【单位行贿罪】

原	新（《刑法修正案（十二）》）
单位为谋取不正当利益而行贿，或者违反国家规定，给予国家工作人员以回扣、手续费，情节严重的，对单位判处罚金，并对其直接负责的主管人员和其他直接责任人员，处五年以下有期徒刑或者拘役，并处罚金。因行贿取得的违法所得归个人所有的，依照本法第三百八十九条、第三百九十条的规定定罪处罚。	单位为谋取不正当利益而行贿，或者违反国家规定，给予国家工作人员以回扣、手续费，情节严重的，对单位判处罚金，并对其直接负责的主管人员和其他直接责任人员，处三年以下有期徒刑或者拘役，并处罚金；情节特别严重的，处三年以上十年以下有期徒刑，并处罚金。因行贿取得的违法所得归个人所有的，依照本法第三百八十九条、第三百九十条的规定定罪处罚。

> 调整了单位行贿罪的刑罚。
> 包括公司、企业、事业单位、机关、团体。

要点注释

根据 2023 年 12 月 29 日《刑法修正案（十二）》修改本条。

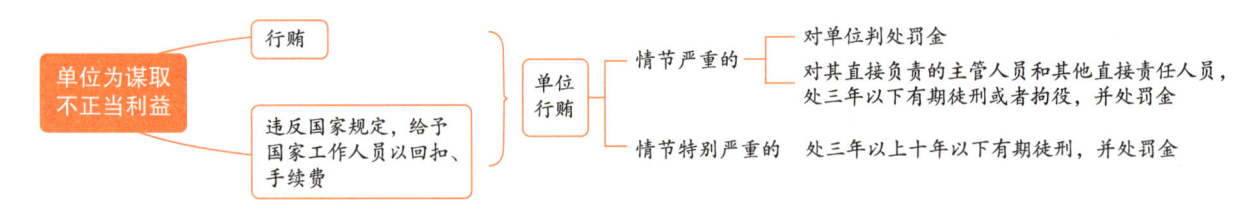

思维导图

- 单位为谋取不正当利益
  - 行贿
  - 违反国家规定，给予国家工作人员以回扣、手续费
- 单位行贿
  - 情节严重的
    - 对单位判处罚金
    - 对其直接负责的主管人员和其他直接责任人员，处三年以下有期徒刑或者拘役，并处罚金
  - 情节特别严重的 处三年以上十年以下有期徒刑，并处罚金

> **拓展适用**
>
> 《最高人民法院、最高人民检察院关于办理商业贿赂刑事案件适用法律若干问题的意见》（2008年11月20日）
>
> 《最高人民法院、最高人民检察院关于办理危害生产安全刑事案件适用法律若干问题的解释（二）》（2022年12月15日）
> 第三条

案例精析

1. 浙江贵某贵金属有限公司、李某某单位行贿案

来源：行贿犯罪典型案例之二[①]

裁判要点

2021年9月1日，仙居县监察委员会就李某某涉嫌行贿罪、王某某涉嫌受贿罪同时书面商请检察机关提前介入。对本案系个人行贿还是单位行贿存在不同认识。监察机关和检察机关共同会商案件后，认为本案构成单位行贿罪。一是从案件事实看，李某某作为公司法定代表人，行贿出发点是为单位谋取不正当利益，使公司在办理危废许可证、经营生产、逃避环保执法检查等方面得到照顾，其行贿资金绝大多数来源于公司经营所得，应当认定其行贿体现的是单位意志，且最终受益对象系单位，对该行为认定为单位行贿更符合案件事实，更能体现罪责刑相适应原则。二是从办案效果看，以单位行贿罪认定，既有利于对贵某公司进行刑事惩处，保护各类市场主体公平竞争，优化法治化营商环境，又有利于促进涉案企业规范经营活动，保护民营经济持续健康发展，激发市场活力。监检达成共识后，检察机关向监察机关书面反馈提前介入审查意见，仙居县监察委员会依法对贵某公司进行补充立案调查，确保程序合法，保障被调查单位的权利义务。调查终结后，仙居县监察委员会以贵某公司、李某某涉嫌单位行贿罪移送审查起诉。

2. 苗某某诈骗、单位行贿案

案号：（2020）辽07刑终74号
来源：人民法院案例库 2023-03-1-222-007

裁判要点

为骗取国家补助金，虚构事实的同时又向国家机关工作人员行贿，两行为虽有一定的牵连，但行贿不是诈骗犯罪构成中的必要手段，能得到受贿人的关照而得以骗取国家补助金也不是行贿后的必然结果。诈骗和行贿两个行为具有独立性，前一行为侵犯的法益是公私财产所有权，后一行为侵犯的法益是公职行为的不可收买性，应实行双重评价。以行贿手段诈骗的应数罪并罚，是罪刑法定原则的内在要求。

[①]《行贿犯罪典型案例》，载最高人民检察院网站，https://www.spp.gov.cn/xwfbh/dxal/202204/t20220420_554596.shtml，2024年3月5日访问。

第三百九十四条 【贪污罪】

国家工作人员在国内公务活动或者对外交往中接受礼物，依照国家规定应当交公而不交公，数额较大的，依照本法第三百八十二条、第三百八十三条的规定定罪处罚。

（是指在国内参加的各种与本人工作有关的公务活动。）

（包括各种作为赠礼的物品、礼金、礼券等。）

要点注释

本条规定的"依照国家有关规定应当交公而不交公"，是指违反国家有关法律、行政法规、政策文件中关于国家工作人员在国内外公务活动中接受礼物应当交公的规定。

思维导图

国家工作人员 → 在国内公务活动 / 对外交往中 → 接受礼物 → 依照国家规定应当交公而不交公，数额较大的，依照《刑法》第三百八十二条、第三百八十三条的规定定罪处罚

拓展适用

《刑法》（2023年12月29日）
第三百八十二条、第三百八十三条

《国务院关于在对外公务活动中赠送和接受礼品的规定》（1993年12月5日）
第一条、第二条、第七条、第八条、第十二条

《国家行政机关及其工作人员在国内公务活动中不得赠送和接受礼品的规定》（1988年12月1日）

案例精析

1. 黄某某贪污违法所得没收案

案号：（2019）桂刑终18号
来源：人民法院案例库 2023-03-1-402-006

裁判要点

（1）利害关系人不限于对申请没收的财产主张所有权的人，担保物权人等其他享有财产权利的相关权利人亦属于利害关系人。只要是在启动违法所得没收程序之前善意取得的财产权利都应当受到承认与保护。如果违法所得没收裁定可能直接导致权利主张者丧失在涉案财产上的权利，就应当准许相关权利人提出主张。

（2）贪污贿赂等犯罪行为直接或者间接获得财产，部分或者全部转变、转化的财产及其收益，以及来自违法所得相混合财产中违法所得相应部分的收益，均应视为"违法所得及其他涉案财产"。

（3）在使用赃款进行按揭贷款的情形下，对于按揭贷款欠款、迟延履行期间的一般债务利息应予支持，对于支付迟延履行期间的逾期利息和加倍债务利息（罚息）的主张不予支持。

2. 丁某、王某受贿、贪污案

案号：（2020）沪01刑初26号
来源：人民法院案例库 2023-03-1-404-031

裁判要点

受贿犯罪中被告人与行贿人之间存在互送财物的情况，应当根据双方互送财物的目的、时间、事由、价值等情况，综合分析判断是权钱交易还是礼尚往来。双方互送财物目的各不相同，时间、事由不具有对应性，被告人收受财物与利用职务上的便利或者职权、地位形成的便利条件为他人谋取利益密切相关，送给行贿人财物与收受财物价值悬殊，不影响受贿性质和犯罪数额的认定。

第三百九十五条

（左侧批注：是指国家工作人员私人所有的房屋、车辆、存款、现金、股票、生活用品等一切财产。）

【巨额财产来源不明罪】国家工作人员的财产、支出明显超过合法收入，差额巨大的，可以责令该国家工作人员说明来源，不能说明来源的，差额部分以非法所得论，处五年以下有期徒刑或者拘役；差额特别巨大的，处五年以上十年以下有期徒刑。财产的差额部分予以追缴。

【隐瞒境外存款罪】国家工作人员在境外的存款，应当依照国家规定申报。数额较大、隐瞒不报的，处二年以下有期徒刑或者拘役；情节较轻的，由其所在单位或者上级主管机关酌情给予行政处分。

要点注释

根据本条的规定，只有在确实无法查清其巨额财产非法来源的情况下，本人又不能说明合法来源的，才应按巨额财产来源不明罪进行追究。对于构成巨额财产来源不明罪的，处五年以下有期徒刑或者拘役。

思维导图

- 国家工作人员的财产、支出明显超过合法收入
  - 差额巨大，不能说明来源的 —— 差额部分以非法所得论，处五年以下有期徒刑或者拘役　财产的差额部分予以追缴
  - 差额特别巨大的 —— 处五年以上十年以下有期徒刑　财产的差额部分予以追缴

拓展适用

《公职人员政务处分法》（2020年6月20日）

第二十九条

《最高人民法院、最高人民检察院关于适用犯罪嫌疑人、被告人逃匿、死亡案件违法所得没收程序若干问题的规定》（2017年1月4日）

第一条

案例精析

任某受贿、巨额财产来源不明违法所得没收案

来源：最高人民检察院检例第130号

裁判要点

涉嫌巨额财产来源不明犯罪的人在立案前死亡，依照刑法规定应当追缴其违法所得及其他涉案财产的，可以依法适用违法所得没收程序。对涉案的巨额财产，可以由其近亲属或其他利害关系人说明来源。没有近亲属或其他利害关系人主张权利或者说明来源，或者近亲属或其他利害关系人主张权利所提供的证据达不到相应证明标准，或说明的来源经查证不属实的，依法认定为违法所得予以申请没收。违法所得与合法财产混同并产生孳息的，可以按照违法所得占比计算孳息予以申请没收。

（1）涉嫌贪污贿赂等重大犯罪的人立案前死亡的，依法可以适用违法所得没收程序。违法所得没收程序的目的在于解决违法所得及其他涉案财产的追缴问题，不是追究被申请人的刑事责任。涉嫌实施贪污贿赂等重大犯罪行为的人，依照刑法规定应当追缴其犯罪所得及其他涉案财产的，无论立案之前死亡或立案后作为犯罪嫌疑人、被告人在诉讼中死亡，都可以适用违法所得没收程序。

（2）巨额财产来源不明犯罪案件中，本人因死亡不能对财产来源作出说明的，应当结合其近亲属说明的来源，或者其他利害关系人主张权利以及提供的证据情况，依法认定是否属于违法所得。已死亡人员的近亲属或其他利害关系人主张权利或说明来源的，应要求其提供相关证据或线索，并进行调查核实。没有近亲属或其他利害关系人主张权利或说明来源，或者近亲属或其他利害关系人虽然主张权利但提供的证据没有达到相应证明标准，或者说明的来源经查证不属实的，应当依法认定为违法所得，予以申请没收。

（3）违法所得与合法财产混同并产生孳息的，可以按照比例计算违法所得孳息。在依法查封、扣押、冻结的犯罪嫌疑人财产中，对违法所得与合法财产混同后产生的孳息，可以按照全案中合法财产与违法所得的比例，计算违法所得的孳息数额，依法申请没收。对合法财产及其产生的孳息，及时予以返还。

第三百九十六条

【私分国有资产罪】国家机关、国有公司、企业、事业单位、人民团体,违反国家规定,以单位名义将国有资产集体私分给个人,数额较大的,对其直接负责的主管人员和其他直接责任人员,处三年以下有期徒刑或者拘役,并处或者单处罚金;数额巨大的,处三年以上七年以下有期徒刑,并处罚金。

【私分罚没财物罪】司法机关、行政执法机关违反国家规定,将应当上缴国家的罚没财物,以单位名义集体私分给个人的,依照前款的规定处罚。

要点注释

构成私分国有资产罪应当具备以下几个条件:(1)私分国有资产的必须是国家机关、国有公司、企业、事业单位、人民团体的行为,而不是某个人的行为。(2)本罪表现为违反国家规定,以单位名义将国有资产集体私分给个人的行为。(3)集体私分国有资产必须达到数额较大,才能构成犯罪。根据本条规定,单位犯私分国有资产罪的,对单位直接负责的主管人员和其他直接责任人员,处三年以下有期徒刑或者拘役,并处或者单处罚金。数额巨大的,处三年以上七年以下有期徒刑,并处罚金。

思维导图

国家机关、国有公司、企业、事业单位、人民团体,违反国家规定,以单位名义将国有资产集体私分给个人

- 数额较大的 —— 对其直接负责的主管人员和其他直接责任人员,处三年以下有期徒刑或者拘役,并处或者单处罚金
- 数额巨大的 —— 处三年以上七年以下有期徒刑,并处罚金

拓展适用

《监察法实施条例》（2021 年 9 月 20 日）

第二十六条

《最高人民法院、最高人民检察院关于适用犯罪嫌疑人、被告人逃匿、死亡案件违法所得没收程序若干问题的规定》（2017 年 1 月 4 日）

第一条

案例精析

1. 浙江省某县图书馆及赵某、徐某某单位受贿、私分国有资产、贪污案

来源：最高人民检察院检例第 73 号

裁判要点

2012 年至 2016 年，某县图书馆通过从 A 书社、B 公司、C 图书经营部虚开购书发票、虚列劳务支出、采购价格虚高的借书卡等手段套取财政资金 63 万余元，经赵某、徐某某等人集体讨论决定，将其中的 56 万余元以单位名义集体私分给本单位工作人员。

检察机关对赵某案审查起诉时，认为徐某某作为参与集体研究并具体负责采购业务的副馆长，属于其他直接责任人员，也应以单位受贿罪、私分国有资产罪追究其刑事责任。同时在审查供书商账目时发现，其共有两次帮助某县图书馆以虚增借书卡制作价格方式套取财政资金，但赵某供述只套取一次财政资金用于私分，检察人员分析另一次套取的 3.8 万元财政资金很有可能被经手该笔资金的徐某某贪污，检察机关遂将徐某某涉嫌贪污犯罪线索移交监察机关。监察机关立案调查后，通过进一步补充证据，查明了徐某某参与单位受贿、私分国有资产以及个人贪污的犯罪事实。

2. 王某某贪污、私分国有资产案

案号：（2021）川 20 刑终 62 号

来源：人民法院案例库 2023-03-1-402-007

裁判要点

（1）违规使用国有资金炒股所得收益属于国有资产。

（2）违反国家有关管理、使用、保护国有资产的相关规定，以单位名义将国有资产及国有资产产生的收益集体私分给个人的，构成私分国有资产罪。

3. 陈某某、陶某某私分国有资产、陈某某贪污、受贿案

案号：（2017）沪 02 刑终 895 号

来源：人民法院案例库 2024-03-1-414-001

裁判要点

国有公司直接负责的主管人员和其他直接责任人员，违反国家财经管理制度，采用虚开发票等方式套取国有公司资产，擅自决定违规发放职工福利，数额较大的，构成私分国有资产罪。

图书在版编目（CIP）数据

图解刑法修正案（十二）：含破坏社会主义市场经济秩序罪　贪污贿赂罪 / 法规应用研究中心编 . —北京：中国法制出版社，2024.4

（图解法律系列）

ISBN 978-7-5216-4278-0

Ⅰ.①图… Ⅱ.①法… Ⅲ.①刑法－法律解释－中国－图解 Ⅳ.① D924.05

中国国家版本馆 CIP 数据核字（2024）第 047611 号

策划编辑：韩璐玮（hanluwei666@163.com）　白天园　贺鹏娟
责任编辑：白天园　　　　　　　　　　　　　　封面设计：周黎明

图解刑法修正案（十二）：含破坏社会主义市场经济秩序罪　贪污贿赂罪
TUJIE XINGFA XIUZHENG'AN（SHI'ER）：HAN POHUAI SHEHUI ZHUYI SHICHANG JINGJI ZHIXUZUI　TANWU HUILUZUI

编者 / 法规应用研究中心
经销 / 新华书店
印刷 / 三河市紫恒印装有限公司
开本 / 880 毫米 ×1230 毫米　32 开　　　印张 / 7.5　字数 / 128 千
版次 / 2024 年 4 月第 1 版　　　　　　　2024 年 4 月第 1 次印刷

中国法制出版社出版
书号 ISBN 978-7-5216-4278-0　　　　　　　　　　　定价：58.00 元

北京市西城区西便门西里甲 16 号西便门办公区
邮政编码：100053　　　　　　　　　　　　　　传真：010-63141600
网址：http://www.zgfzs.com　　　　　　　　编辑部电话：010-63141792
市场营销部电话：010-63141612　　　　　　　印务部电话：010-63141606

（如有印装质量问题，请与本社印务部联系。）